FL SPA 980 V4222c
Vega, Carlos B.
Conquistadoras :
33090020690931

de Americ

33090020690931   MAIN   12/13

W9-BRB-435

LONG BEACH PUBLIC LIBRARY
101 PACIFIC AVENUE
LONG BEACH, CA 90822

LONG BEACH PUBLIC LIBRARY

Conquistadoras

Conquistadoras

Mujeres heroicas de la conquista de América

CARLOS B. VEGA, Ph.D

JANAWAY PUBLISHING, INC.
Santa Maria, California
2012

Copyright © 2003 Carlos B. Vega

ALL RIGHTS RESERVED. Written permission must be secured
from the author or publisher to use or reproduce any part of
this book, in any form or by any means, including
electronic reproduction, except for brief
quotations in critical reviews
or articles.

Originally published:
Jefferson, North Carolina, 2003

Reprinted by:
Janaway Publishing, Inc.
732 Kelsey Ct.
Santa Maria, California 93454
(805) 925-1038
www.JanawayPublishing.com

2012

Library of Congress Control Number: 2012935471

ISBN: 978-1-59641-261-3

Cover design by Janaway Publishing, Inc.

Cover image of Beatriz de la Cueva courtesy of
Missouri State University, History Department.

3 3090 02069 0931

le in the United States of America

A las tres mujeres de mi vida:
Emilia, mi madre; Coqui, mi hermana,
Dagmar, mi esposa,
conquistadoras también
aunque en otros tiempos

Contenido

Prólogo

En una de mis clases de la Universidad Estatal de Montclair, en Nueva Jersey, en la que la mayoría de los estudiantes eran hispanos y muchos de ellos mujeres, mencioné una vez que estaba escribiendo un libro sobre la mujer en la conquista de América. Gran sorpresa y asombro causó tal noticia por dos motivos: uno, por ser el autor profesor de español, no de historia, y dos por ser hombre y no mujer, y hasta cabría añadir un tercero que sería ser natural de España y no de Hispanoamérica. He de confesar, después de pensarlo bien, que nada me extrañó esta reacción de los estudiantes pues tenían sobrada razón. Después de todo, no se espera de un carpintero que sea relojero, o de un albañil que sea herrero. Como bien dice el refrán, *zapatero a tus zapatos,* que equivale a decir cada cual en lo suyo.

En realidad, siendo zapatero, y de los de remendón, de esos que ponen la suela con la punta del clavo traspasándola hacia arriba, me las quise dar de sabio, o al menos de erudito y ducho en materias historiográficas, y me metí en un laberinto del que no sé aún si he salido ileso, andando con los pies y no con la cabeza. Poca o ninguna excusa puedo ofrecer, a no ser la temeridad propia de un descabellado, de un señor que quiere decir mucho pero que no sabe cómo hacerlo, que es un escritor pobretón y novato, al menos en materias de grande envergadura que quedan fuera de su campo.

Los estudiantes, por respeto y estima, pienso yo, me pidieron que les leyera parte del manuscrito y que lo trajera a la clase. Accedí de buena gana y quedamos en hacerlo para la próxima clase.

—¿Lo trajo profesor?
—Lo traje; aquí está.
—¿Todo?
—No, sólo parte de un capítulo.
—¿Puede usted leerlo en alta voz para que lo escuchemos todos?

1

—Bien, pero que lo lea Fernando, que tiene buena voz.

—Con gusto, profesor—dijo Fernando.—Clase, atención y silencio.

Se leyeron en total seis páginas. Mientras Fernando leía los estudiantes permanecieron callados y sumidos en la lectura. Al terminar dije:

—Muy bien, Fernando, gracias.

—Gracias a usted, profesor, a usted.

—Bueno, ¿qué les pareció?—pregunté.

Rosa fue la primera en opinar:

—Profesor Vega, he de decirle que todo esto ha sido para mí muy revelador. Nunca antes me había enterado de lo que la mujer fue capaz de hacer durante la conquista, pues jamás se nos mencionó en la escuela o en la universidad, lo cual por un lado me avergüenza y por el otro me indigna. Como mujer me siento muy honrada y orgullosa, y como persona muy humilde y cristiana. Le auguro un gran éxito a su libro y lo felicito por su sentido de justicia y equidad históricas. Me imagino que el resto de la clase pensará igual.

—Así es—exclamaron todos.

—Profesor Vega, ¿puedo añadir algo?—preguntó Gloria.

—Desde luego.

—Lo que más me ha impresionado a mí del libro es, no sólo la importancia que le da usted a la mujer, sino el hablar de todas ellas, incluyendo a la india y sobre todo a la negra. ¿A quién se le hubiera ocurrido darle tal categoría a un ser considerado ínfrahumano en aquellos tiempos? Esto me demuestra a mí que tiene usted un gran corazón y un sentido muy profundo y humano de la historia, de la verdad, de los hechos reales. Debe estar usted muy contento y satisfecho y me uno al resto de la clase en darle la enhorabuena.

Muchas son las personas a las que he de agradecer su colaboración en esta obra, tantas en verdad que no sé por cuál empezar. En primer término, mi mujer, Dagmar, cubana de *lanza en ristre*, mi compañera fiel e inseparable, mi otro yo, mi conciencia por muchos años. A ella le debo, entre otras muchas cosas, sus sabios y oportunos comentarios al escribir esta obra y el haberla corregido con impecable diligencia y laboriosidad. Siguen mis hijos, Carlos e Isabel, que si nada tuvieron que ver con su escritura, por estar ya fuera del hogar, me sirvieron de inspiración como mis herederos y como buenos hijos que siempre han sido. Mis padres, claro, Carlos y Emilia, y mi hermana María, la sin par *Coqui*, fuentes inagotables de sabiduría y humanidad. Y continúo, aunque quizás no en el orden debido. Todos mis estudiantes de la universidad de Montclair, hispanos y norteamericanos, así como de otras razas y culturas, que con tanto cariño y consideración me han siempre acogido. Todo el personal de la Sprague Library de la Universidad Estatal de Montclair, Nueva Jersey, y en especial Louise Melnerney por su valiosa ayuda en obtener muchas obras capitales. Varias instituciones y bibliotecas españolas e hispanoamericanas, entre ellas la Biblioteca Nacional de Madrid, Sr.D. Fernando de la Fuente Arranz; el Archivo Nacional de Lima, Srta. Delfina González del Riego; El Archivo Arzobispal de Lima, Srta. Laura Gutiérrez; la Biblioteca Pública del Estado, Segovia, España, Sr.D. Luis García Méndez; Don Augusto Salamanca de la Embajada del Perú en Washington y su colaboradora en Lima Yolanda Bisso del Ministerio de Relaciones Exteriores del Perú; Don Vladimir Mirabal, de la Embajada de Cuba en Canadá. Todos ellos me proporcionaron información utilísima que facilitaron mi trabajo de investigación. Y los demás quedan en silencio, aunque nunca olvidados, pues tendría que remontarme cuarenta años atrás para incluir a tantas y tantas personas que contribuyeron de mil formas diferentes a lo que hoy soy. A todos ellos mi agradecimiento imperecedero.

Quiero también dejar constancia del aprecio, admiración y respeto que siempre he profesado por varios escritores insignes que me han guiado por el buen camino de las letras y de la vida a lo largo de los años, y son: Bernal Díaz del Castillo, Charles F. Lummis, Salvador de Madariaga, José Ortega y Gasset, José Martínez Ruiz, *Azorín*, José Vasconcelos, Américo Castro, Ramón Menéndez Pidal, Miguel de Unamuno, Antonio Machado, Benito Pérez Galdós y José Martí. Y finalmente, o primeramente, a Cervantes, cuyo *Don Quijote* me leyó mi padre, palabra por palabra, ambas partes, día tras día, a la tierna edad de ocho años alojándose desde entonces y para siempre en lo más profundo de mi mente y de mi ser.

Carlos B. Vega

Introducción

La influencia de la mujer es poco visible precisamente porque es difusa y se halla dondequiera. No es turbulenta, como la del hombre, sino estática, como la de la atmósfera. Hay evidentemente en la esencia femenina una índole atmosférica que opera lentamente, a la manera de un clima. Esto es lo que quisiera sugerir cuando afirmo que el hombre vale por lo que hace, y la mujer por lo que es.

José Ortega y Gasset

Muchos historiadores coinciden en afirmar que la conquista de América fue y es uno de los acontecimientos más trascendentales de todos los tiempos. Entre ellos descuella Charles F. Lummis, antiguo profesor de la universidad de Harvard y autor de *Los exploradores españoles del siglo XVI*, obra cimera en la amplia bibliografía existente en este campo. En ella señala que *la exploración de las Américas por los españoles fue la más grande, la más larga y la más maravillosa serie de valientes proezas que registra la historia.*[1] Y mucho antes que él, Francisco López de Gómara se expresó así: *La mayor cosa después de la creación del mundo, sacando la Encarnación y la Muerte del que la creó, es el descubrimiento de las Indias.*[2]

Esta gran empresa, lanzada y sostenida por España por cinco centurias, fue obra de hombres y también de mujeres. A los hombres los conocemos todos: Colón, Cortés, Pizarro, Balboa, Alvarado, Orellana, de Soto, Coronado ¿pero y a las mujeres? Si preguntásemos en una clase de escuela secundaria o universitaria quiénes fueron Isabel de Bobadilla, María de Toledo, Isabel Barreto, Ana Francisca de Borja ¿quiénes las reconocerían? Casi seguro que nadie. Que se pensase así en aquella época, se entiende, aunque no fueron pocos los que reconocieron y aun alabaron, si bien parcamente, el proceder digno de muchas mujeres como Oviedo, Herrera, del Castillo, Torquemada, y otros. Pero, al cabo de quinientos años, en estos tiempos modernos supuestamente de gran avance científico, investigación y exactitud histórica, tal pensar no tiene a nuestro juicio justificación. Ciertamente andan por ahí algunas obras que han intendtado singularizar a la mujer en tiempos de la conquista, y aunque se les reconoce su mérito, adolecen no sólo de originalidad pues se repiten sus nombres de una obra a otra, sino que ignoran el hecho cierto de que al hablar de la mujer en América han de incluírse, forzosamente, las tres razas que la componen y no exclusivamente la española. Verdad es que de éstas es de las que más se ha escrito por haber sido mujeres de linaje y bien casadas con afamados conquistadores, pero haciéndose un trabajo de investigación concienzudo van apareciendo las otras aunque no en tanto detalle pero lo suficiente para dar una imagen cabal de sus personas. También abundan unos diccionarios que llaman de mujeres célebres con los consabidos nombres de reinas y emperatrices, santas y heroínas, literatas y artistas, pero en los que brillan por su ausencia muchas o casi todas las mujeres que dieron tanta gloria y honra a la historia de América, especialmente en sus años de formación. No se trata de hacer correr la tinta en caminos ya trillados, sino de rescatar del olvido a cientos de mujeres que, junto al hombre, contribuyeron a la creación de lo que llámase hoy América.

Este ha sido precisamente el objetivo primordial de nuestra obra. Muchos de los cronistas clásicos españoles e hispanoamericanos de América han hablado en ocasiones de algunas de estas mujeres, pero lo han hecho esporádicamente, de pasada, por venir más o menos al caso, pero nadie, que se sepa, las ha reunido en un solo volumen mezclándolas a todas en la medida que permite la información existente. Y de las que no se ha encontrado suficiente datos, al menos se han incluído para que se reconozcan y veneren sus nombres. De las primeras se presentan a ocho, y de las segundas pasan de cuarenta. Y nos duele enormemente el haber dejado fuera, por necesidad, a una buena representación de la mujer negra y, aunque le dedicamos a ella y a su raza todo un capítulo, no nos ha sido posible mencionar los nombres de todas aquellas mujeres negras o mulatas que nos consta procedieron con gran dignidad e hidalguía.

Quitando a una, quizás a dos, ninguna de las mujeres que aquí aparecen reseñadas buscó gloria o fama ni les interesó. Vinieron a América siguiendo a sus maridos y por un afán de mantener viva la unión y calor familiar, pero muy poco les traía en cuenta enfrascarse personalmente en las empresas conquistadoras que dejaban en manos de sus consortes. Al fin y al cabo, ellos eran los nombrados marqueses, condes, caballeros de Santiago, virreyes, gobernadores, presidentes, y de ellos y de sus grandes hechos eran de los que se escribían copiosas obras que le daban la vuelta al mundo y le ganaban honra. Ellas eran felices en su hogar, cuidando de sus hijos y criándolos y educándolos como correspondía a su posición y linaje. Buscaban ser, por encima de todo, buenas esposas y buenas madres y mantener viva y fecunda la tradición de su tierra y de sus antepasados. Pero el destino les tenía reservada una sorpresa y a sus puertas tocó un día y les reclamó un proceder muy distinto al que estaban acostumbradas, y lo aceptaron e hicieron gala de su inteligencia, virilidad, resolución y don de mando en un mundo visto de lejos e incomprendido. Y es aquí donde estas mujeres brillan en todo su esplendor, en el hecho de ser sin haber sido por sólo cumplir con sus obligaciones y deberes a las que las circunstancias imperantes las habían llamado. Del sabio se esperan buenos discursos y juicios; del carpintero buenos y finos muebles; del soldado buen pelear y el salir victorioso de la contienda bélica; de una madre, buena crianza de sus hijos y fidelidad a su marido y orden en su hogar, pero la que rebasa su normal y acostumbrado proceder y se lanza a la escena de los hechos y sobresale en ella como el que más o mejor, ha de considerarse un ser sumamente excepcional, único, inaudito.

Y no ha de extrañar la conducta de estas mujeres—y nos referimos ahora a las españolas—, pues la mujer española siempre ha dicho presente a su destino histórico pero, a diferencia de otras, lo ha hecho sin renunciar a su exquisitez femenina, a su deber natural y divino. Es decir, la mujer española nunca se ha jactado de ser lo que no ha sido o no ha querido ser, en vana y superflua imitación del varón y en desprecio o renuncia de su sexo. Ha sido lo que es, *mujer*, mezclando en su esencia toda calidad innata no en su sexo sino en su condición humana. Su diferencia con el varón reside sólo en lo físico y jamás en lo psíquico o espiritual, en lo que ambos son iguales e inseparables. Vistas así, se tendrán en gran estima a todas estas mujeres, dignas representantes de una tradición y forma de ser milenaria, junto a una Isabel la Católica, Isabel de Portugal, Mariana Pineda, María Pacheco, Agustina de Aragón, María Pita, Bruna María Ráfols y miles más. Al dar a luz a su primogénito Felipe II, parto complicado y doloroso, *la delicada emperatriz sufría conteniendo los gemidos. Rogóle la comadre que se desahogase; pero ella le respondió en portugués: "Nao me faleis tal, minha comadre, que eu morrerei, mas non gritarei."*[3]

Como ejemplo de estas mujeres, las españolas en América en este caso, nos parece oportuno citar aquí este breve episodio sobre una de ellas, Beatriz Bermúdez de Velasco, que nos describe el célebre cronista Francisco Cervantes de Salazar, con lo que ya se irá familiarizando el lector con el augusto proceder de estas matronas americanas. Cedámosle la palabra a don Francisco:

CAPÍTULO CLXIX
CÓMO VINIERON LOS ESPAÑOLES HUYENDO, Y
BEATRIZ BERMÚDEZ SALIO Á ELLOS Y
LOS AVERGONZÓ, Y VOLVIENDO, VENCIERON

No es digno de pasar en silencio, pues de semejantes cosas se adornan y ennoblecen las historias, el hecho de una mujer española y de noble linaje, llamada Beatriz Bermúdez de Velasco, mujer de Francisco de Olmos, conquistador, ca estando los mexicanos, por los españoles, que por mar y tierra les daban recio combate, como desesperados y que les parescía que para vencer ó morir de presto no les quedaba otro remedio sino como perros rabiosos meterse de tropel con los españoles, hiriendo y matando cuantos pudiesen, lo cual hicieron de común consentimiento, y así revolvieron con tanta furia sobre dos ó tres capitanías, que les hicieron afrentosamente volver las espaldas, é ya que, más que retrayéndose, volvían hacia su real, Beatriz Bermúdez, que entonces acababa de llegar de otro real, viendo así españoles como indios amigos todos revueltos, que venían huyendo, saliendo á ellos en medio de la calzada con una rodela de indios é una espada española é con una celada en la cabeza, armado el cuerpo como un escaupil, les dixo: "¡Vergüenza, vergüenza, españoles, empacho, empacho! ¿Qué es esto que vengáis huyendo de una gente tan vil, á quien tantas veces habéis vencido? Volved, volved á ayudar y socorrer á vuestros compañeros que quedan peleando, haciendo lo que deben; y si no, por Dios os prometo de no dexar pasar á hombre de vosotros que no le mate; que los que de tan ruin gente vienen huyendo, merescen que mueran a manos de una flaca mujer como yo." Avergonzáronse tanto con estas tan avergonzantes palabras los nuestros, que volviendo sobre sí como quien despierta de sueño, dieron la vuelta sobre los enemigos ya victoriosos, que en breve se trabó una brava batalla; los mexicanos, por no volver atrás, y los españoles por ir adelante é volver por su honra, que de tanto por tanto fué la más sangrienta y reñida que jamás hasta entonces se había visto. Finalmente, al cabo de gran espacio, los españoles vencieron, poniendo en huída á los enemigos, siguiendo el alcance hasta donde los compañeros estaban peleando, á los cuales ayudaron de tal manera que todos salieron aquel día vencedores, de donde se entenderá lo mucho que una mujer tan valerosa como ésta hizo y puede hacer con hombres que tienen más cuenta con la honra que con la vida, cuales entre todas las nasciones suelen ser los españoles.[4]

Y junto a la española la india, que en nada la desmerecía. En el sitio de México, las indias se dedicaban a hacer hondas y a labrar las piedras mientras atendían y curaban a los heridos que iban cayendo en el campo de batalla, y al ver morir a sus maridos y padres se quitaban ellas mismas la vida muriendo junto a ellos. En el Perú, la india era fiel aliada de su marido ayudándole y peleando a su lado, por lo que recibían el nombre de las *rabonas*.

En vista de lo cual bien chocan aquellas estólidas palabras de un noble español de Lima, el conde de Bornos quien, al consultársele el nombramiento de Ana Francisca de Borja para el cargo de virreina del Perú en ausencia de su marido, el virrey Pedro Antonio Fernández de Castro, gritó a pecho lleno que la mujer *sólo reunía condiciones para gobernar doce gallinas y un gallo*[5]. Este señor o estaba loco o ignoraba su propia historia y el mundo que le rodeaba. No puede tomarse la opinión de este ignorante como típica del hombre español de la época, pues en general no pensaba así aunque consideraba que la mujer era mejor servida haciendo otras labores más propias de su sexo y alejada de las preocupaciones y rigores de la guerra y gobierno. No vemos en esto discriminación sino más bien un profundo deseo de honrarla y protegerla.

Damos a continuación los nombres de nuestras insignes mujeres, seis españolas y dos indias:

María de Toledo
Isabel de Bobadilla
Ana Francisca de Borja
Isabel Barreto y Quirós
Beatriz de la Cueva
María de Peñalosa
Francisca Pizarro
Leonor de Alvarado

La obra va dividida en dos partes con un total de siete capítulos. El capítulo 1 trata de distintos aspectos de la mujer y de ciertas consideraciones de interés sobre el tema; el capítulo 2 sirve para situar a la mujer en su tiempo, en la época que le tocó vivir con una cronología de los hechos más relevantes de Europa y América; los capítulos 3, 4 y 5 ofrecen un panorama más o menos completo, sin ser exhaustivo, de las vidas de las tres mujeres principales de América: española, india y negra; el capítulo 6 presenta a las ocho protagonistas; y el capítulo 7 da una relación lo más completa posible de otras mujeres honorables. Siguen al final los apuntes a capítulos, una bibliografía selecta y el índice.

La obra va apoyada en trabajos laboriosos y concordados de los más insignes escritores de la época, quedando así establecida la autenticidad de los hechos presentados, muchos de los cuales se citan textualmente cuando se ha considerado oportuno. Estos escritores fueron, y seguirán siendo, las fuentes inagotables de las que se ha nutrido todo aquel que ha estudiado el tema de la conquista; sin ellos, en vano trataríamos de estudiar y mucho menos comprender tan magna epopeya. Loados sean los

Herrera, Sahagún, Mártir, Castillo, Gómara, Oviedo, Velasco, Torquemada, Pereyra, de León, Solís, Durán, Fuentes y Guzmán, Remesal, Navarrete, Montesinos, Gamboa, Inca Garcilaso y tantos otros que con su pluma plasmaron aquel mundo maravilloso que sólo ellos comprendieron. Y loados sean también sus discípulos tardíos, los Lummis, Madariaga, Palma, Vasconcelos, Bowman, Helps, Robertson, entre otros muchos. Todos ellos honran estas páginas.

En cuanto al lenguaje, nos hemos esmerado en emplear un español claro y sencillo, libre de maromas y laberintos lingüísticos, poéticos o estilísticos, que no hacen sino enmarañar, entorpecer y hacer tediosa la lectura, lo que llamaríamos hoy en inglés un lenguaje *reader friendly*, es decir, transparente y al alcance de todos. Nuestros maestros han sido muchos, Bernal Díaz y el propio Solís, que decía que de *los adornos de la elocuencia son accidentes de la Historia, cuya substancia es la verdad, que dicha como fue, se dice bien: siendo la puntualidad de la noticia la mejor elegancia de la narración.*[6] Y el maravilloso Cervantes que se dirigió al lector así: *Y puesto que esta vuetra escritura no mira a más que á deshacer la autoridad y cabida que en el mundo y en el vulgo tienen los libros de caballerías, no hay para qué andéis mendigando sentencias de filósofos, consejos de la Divina Escritura, fábulas de poetas, oraciones de retóricos, milagros de santos; sino procurar que á la llana, con palabras significantes, honestas y bien colocadas, salga vuestra oración y período sonoro y festivo, pintado, en todo lo que alcanzáredes y fuere posible vuestra intención; dando a entender vuestros conceptos sin intrincarlos y escurecerlos.*[7] Y lo hemos hecho padeciendo *trabajo y gusto*, como le dijo Felipe II a Juan López de Velasco al concederle los privilegios de su obra.

Algunos se preguntarán la razón que nos impulsó a escribir la presente obra. He aquí nuestra breve respuesta. Mientras escribíamos un libro anterior titulado *The Truth Must Be Told: How Spain and Hispanics Helped Build The United States*, publicado en inglés recientemente, nos topamos con algunas mujeres cuyo proceder nos llamó la atención. Al no más terminar la obra, les seguimos la pista y en los primeros tanteos descubrimos la parquedad documental que existía sobre ellas, avivando aún más nuestro interés y curiosidad. No eran éstas mujeres corrientes, personajes marginales de los hechos de aquel tiempo, sino figuras de primerísimo orden, grandes matronas de loable memoria pero que, por indiferencia o injusticia, o quizás por ignorancia, quedaron relegadas al más triste e inmerecido olvido. Y es así que nos dimos a la tarea de rescatarlas de ese olvido y a situarlas en un primer plano histórico para conocimiento de todos.

Pero eso fue sólo el comienzo. A medida que avanzábamos surgió en nuestra mente, y se hizo presa de ella, el recuerdo de otras mujeres más allegadas, más íntimas, más entrañables: las mujeres de nuestra propia familia. Tema de otro libro sería hablar de ellas como se merecen, de su singular conducta en aquellos años aciagos en que España atravesó una de las más trágicas etapas de su historia: la fatídica y cruel guerra entre hermanos, la Civil del 36. Unas quedaron atrás, en suelo patrio; otras, por necesidad imperiosa, marcharon a lejanas tierras y allí trataron de rehacer sus vidas asidas fuertemente de un recuerdo que nunca abandonaron. Unas vieron la muerte muy de cerca y otras muy de lejos, pero sintiéndola igual, pues eran padres, hijos, maridos los que caían. Fueron tres años interminables, apocalíticos que dejaron a la vieja España sumida en llanto y congoja, pero que no cambiaron a estas mujeres que se mantuvieron firmes y desafiantes en defensa de sus seres queridos. Un día fueron cayendo las que en vida sostuvieron a tantos, pero permanece el recuerdo, latente, entrañable, imperecedero. Nuestro libro va dedicado a estas magnánimas mujeres, heraldos de la España eterna.

Cerramos estas páginas con una cita del padre Feijóo y una opinión de Platón. He aquí las palabras del buen padre: *Séneca, cuyo estoicismo se ahorró con nadie, y cuya severidad le puso bien lejos de toda sospecha de adulación, hizo comparación no menos ventajosa a favor de las mujeres; pues las constituye absolutamente iguales con los hombres en todas las disposiciones o facultades naturales apreciables.*[8] Y ahora la opinión de Platón. Decía el sabio griego que en todas las funciones de la República, tanto de paz como de guerra, el hombre y la mujer llevaban igual parte y carga.[9]

1

Consideraciones preliminares

Gloria a ellas, gloria a su memoria; que doquiera fue su presencia estímulo en los azares, ejemplo en los trabajos, nervio en el peligro, bálsamo en la adversidad, germen perenne de los hechos históricos.

Cesáreo Fernández Duro

Al hablar de la mujer en América hay que mencionar fundamentalmente a siete razas o grupos étnicos distintos: india, española, criolla, mestiza, negra, mulata y zamba, en ese orden. De la mezcla del española con la india, surgió la mestiza, de la negra, la mulata, y de la negra e india la zamba (éstos eran hijos de indios y esclavas negras o de negros e indias). La criolla fue la mujer nacida en América de padres españoles, aunque después llegó a significar el español en general. También se les llamaba "americanos" para distinguirlos del español peninsular, nombre que con el tiempo adquirió gran honra. España, pues, creó tres grandes razas en América, las cuales con el tiempo se impusieron tragándose, como dice el profesor Lipschutz al blanco[1]: la criolla, la mestiza, y la mulata. La fusión de todas ellas es lo que llamamos hoy "La Raza" o la "Raza Hispánica." Por su bajo número en comparación con las demás, no incluimos otras razas menores como los *cuarterones* (de mestizo y española), *prietos* y *quinterones* (de blanco y cuarterona), *morenos o pardos*, hijos de negros y negras libres. Profundizando más en el tema, el historiador español Francisco Morales Padrón menciona otras mezclas raciales que detalla como sigue:

Castizo: mestizo-española o español-mestizo; *morisco*: castizo-española o español-castiza; *albino*: morisco-española o español-morisca; *calpanmulato*: mulato-india o indio-mulata; *cuarterón*: mulato- mestiza o mestizo-mulata; *saltatrás*: mulato-española o español-mulata; *chino, lobo* (nota del ed: rojo vivo), jíbaro, albarrazado (nota del autor: de color albarazado, es decir, mezclado de negro o cetrino y rojo, según la Academia), etc.[2] Dicho esto, las tres razas matrices de América fueron la blanca,

13

india, y negra, y del cruce de ellas surgieron todas las demás, los grupos étnicos mayormente exógenos.

Durante los primeros años también emigraron a América muchos extranjeros, aunque la Corona en un principio lo tenía prohibido conforme a la estipulación dada a la Casa de Contratación en 1505. Pero así y todo siguieron pasando muchos de ellos ilícitamente durante el siglo XVI. Existían, no obstante, ciertas excepciones mediante las cuales se concedían carta de naturalización a los extranjeros que probasen: haber residido en territorios españoles por tiempo continuado, estar casado con española, o ser dueños de propiedades. Con el reinado de Felipe II, monarca nada aficionado al extranjero, se trató de restringir aún más dicha emigración. A pesar de todas las trabas el extranjero, atraído como los demás por la gran promesa de las tierras vírgenes, se las arreglaba para de una forma u otra poner pie en América. Y así, fueron tantos y tantos los que pasaron, en especial portugueses, flamencos y alemanes, que para el siglo XVIII se crearon las Cédulas de Composición, cuyo único fin era, francamente, desalentar al extranjero a su venida o a su estancia. He aquí parte de sus estipulaciones: el extranjero tenía que residir en el interior del país, no en grandes pueblos o ciudades, no se le permitía negociar de forma alguna con España, y mucho menos entre México, Perú, o Filipinas. En otras palabras, tenía que conformarse con muy poco por no decir nada. Caso curioso es que las mujeres y los no católicos estuviesen exentos de todos los beneficio de estas cédulas. En cuanto a esta emigración de extranjeros, nos viene a la mente un tal Ulrico Schmidel, soldado alemán que formó parte de la expedición de Pedro de Mendoza (con su propia nave) al río de la Plata, y no solamente él, sino unos 80 alemanes y neerlandeses más que le acompañaron. Es de notar que este señor, al regresar a su tierra, publicó en alemán una obra que circuló con bastante éxito en aquellos años titulada *Derrotero y viaje a España y a las Indias o Viaje al Río de la Plata*, traducida al español en 1749. También recordamos a los Welser, banqueros alemanes a los que Carlos V concedió una capitulación en 1528 (a pesar de ser opuesta a la legislación española, siendo derogada más tarde en 1556) para el descubrimiento, exploración y colonización de Venezuela, nombrando a gobernadores alemanes, como a Ambrosio Alfinger y Nicolás Federmann, siendo éste el primero en atravesar a los Andes en 1531. Ya entrado el siglo XIX, fueron llegando a América diversas razas, como la china, japonesa, coreana, árabe, judía, estas dos principalmente a Cuba y Centroamérica. En la Habana había una numerosa y bien arraigada colonia china y judía, esta última en lo que era entonces la Habana Vieja y la otra en el centro de la ciudad, en la calle, o más bien en el barrio de Zanja. Sólo en 1850 emigraron a Cuba más de 50.000 chinos. Al judío en general le llamaba el cubano (con tono afectuoso y nunca ofensivo) *polaco*, de igual forma que llamaba al español cariñosamente *gallego*. Es decir, que todos los judíos eran polacos y todos los españoles gallegos.

Se verá con lo dicho la gran diversidad de razas que cruzaron el océano en busca del anhelado pero escurridizo *sueño americano*. Por eso, Germán Arciniegas acertadamente llamó a América *El continente de los siete colores* o, lo que es igual, el continente de las mil y una razas. No extrañe, pues, que al preguntársele a un ciudadano de estas tierras –¿quién eres?, vacile en contestar pues en verdad y a fondo lo desconoce. Contestar *soy colombiano* es simplemente aclarar, fijar, el lugar de nacimiento, Colombia, en contraposición a Uruguay o Guatemala, pero de ninguna manera establece o define una raza o cultura específica. Ahora bien, si se contestase *hispano* o *hispánico*, o mejor aún *americano*, ya sí hablaríamos de algo más concreto, más amplio, más definido. El estadounidense no se llama así mismo *New Yorker*, Californian o *Floridian*, sino *americano*, aunque esto también es incorrecto puesto que americanos los somos todos, los del Norte, los del Sur y los del medio. Mejor correspondería llamarse, como los llamamos nosotros, *norteamericanos*. A los nacidos en Europa se les llama europeos, si bien cabe la subclasificación de españoles, franceses, italianos, alemanes, etc. Pero, ante todo, son europeos. Igual debería hacerse en nuestra América.—¿Usted de dónde es?— De América. Soy americano.—¿De qué parte?— De Colombia. Y al sajón: —¿Usted de dónde es? –De América. Soy americano.—¿De qué parte?— De Norteamérica. Así suena mejor.

Pero si ha de insistirse en el uso de este vocablo, ya muy generalizado, de *Hispánico*, sepamos al menos su origen. Los griegos llamaban a España *Iberia*, y al llegar los romanos la llamaron *Hispania*, vocablo que parece ser de origen púnico, *Spajina* (tierra de conejos), y de donde lo tomaron los romanos. Se ha empleado con diferentes grafías, tales como *Ispania*, sin la *h*, *Hispalis*, *Hiberia*, y otras. Es decir, que Hispania se remonta a la segunda guerra púnica, pues aparece usado por primera vez en un fragmento del poeta latino Quintus Ennius de esa época, 200 años antes de Jesucristo. Ser hispano es, pues, pertenecer a una cultura regia que abarca más de dos milenios. Bueno es saberlo para que, al decir, *soy hispano*, se tenga conciencia de lo que se infiere.

Vemos, pues, que los españoles, al pasar a América, no tuvieron a menos mezclarse con la mujer indígena y fundir su sangre con la de ella y, a pesar de que la Corona en un principio recelaba de tal unión y llegó a prohibirla en parte para mantener la *pureza de la sangre castellana*, lo cierto es que muchos españoles casaron con indias siempre que fuesen católicas, bautizadas y preferiblemente hijas de caciques o nobles. Ya en tiempos de Diego Colón comenzó el español a mezclarse con la indígena en Santo Domingo, y de esa unión surgió el mestizo, al que llama Juan Solórzano de Pereyra *la mejor mezcla que hay en Indias.*[3] Esta insistencia en conservar la pureza de la sangre, que a simple vista aparenta ser discriminatoria, racista con el sentido de hoy, partía de la España medieval en la que se igualaba el concepto de nobleza con el de la sangre vieja o castellana, libre de toda mezcla contaminatoria de judíos o moros herejes. Entiéndase, sin embargo, que esto estaba muy lejos de significar lo que la palabra *racismo* implica hoy, puesto que se entendía por tal el ser descendiente de católico, o sea, que no era discriminación en cuanto a raza, sino a religión, a creencia, a fe. Pero pronto el español olvidó todo esto y casó con la india del pueblo, con la plebeya, y si bien en los primeros años la india hizo función mayormente de su amante y concubina, más tarde fue su esposa y madre de sus hijos. Tal liberalidad de proceder ha excusado siempre al español de prejuicios raciales tan patentes en las otras potencias europeas de aquel tiempo y aún de hoy. Sobre este particular nos aclara el insigne escritor español Salvador de Madariaga:

> El orgullo racial de los blancos era fuerte, y, habida cuenta de la hazaña que fue la Conquista, explicable. Sin embargo aquellos primeros españoles que fueron a las Indias mezclaron su sangre con la de los aborígenes. Los primeros conquistadores, y en particular Cortés, dejaron vastos dominios en manos de los "señores indios"; y tanto en la parte del norte como en la del sur del Nuevo Mundo, tuvieron lugar uniones libres y matrimonios frecuentes entre conquistadores y mujeres de las familias pudientes e influyentes de la raza conquistada. El marquesado de Moctezuma y el Inca Garcilaso son dos ejemplos notables de nobleza mestiza. Pero, con el correr del tiempo, vino a manchar la sangre mestiza borrón de ilegitimidad. Esta fue la causa principal de la insistencia que ponían los "blancos," ya criollos, ya españoles, en hacer alarde de sangre absolutamente europea. Lo que se buscaba en el matrimonio con el europeo era la legitimidad más todavía que el rango social.[4]

Y después añade:

> Pero no cabe duda de que el número de "españoles" o criollos de raza blanca absolutamente pura siempre ha debido de ser en las Indias muy exiguo, aun cuando en la inmensa mayoría de ellos fuese la proporción de sangre indígena lo bastante leve para no influir apenas en su color y tipo. Esta no es una opinión arbitraria sino proposición que cabe demostrar por las razones ya apuntadas. Pocas fueron las mujeres españolas que pasaron a las Indias en los primeros años y por lo tanto, la segunda y tercera generación de descendientes de conquistadores (es decir las dos generaciones de más prestigio histórico) han tenido que ser mestizas. "Es rara la familia donde falte mezcla de sangre," escriben dos de los mejores observadores de las Indias en el siglo XVIII.[5]

#10 02-10-2016 2:54PM
Item(s) checked out to PEREZ, ANA R.

DUE DATE: 03-02-16
TITLE: The body language advantage : max
BARCODE: 33090020661411

DUE DATE: 03-02-16
TITLE: Conquistadoras : mujeres heroicas
BARCODE: 33090020690931

Main Library
Renewal Line: 570-5496 or 570-5498

Y sobre este mismo tema, Ángel Rosenblat apunta:

> El mestizaje se inició el día mismo del descubrimiento, primero en las
> Antillas, luego en el continente. Se debió en general a que los españoles y
> portugueses carecían de prejuicios raciales, y a que llegaron a América sin
> mujeres. La falta de prejuicio racial del español y del portugués se debe a la for-
> mación misma del hombre ibérico, resultado de la mezcla de los pueblos
> más diversos: pueblos procedentes de Europa a través de los Pirineos,
> pueblos procedentes de África a través del Mediterráneo, fenicios, grie-
> gos, cartagineses, judíos, celtas, romanos, germanos, árabes, y con éstos
> una amalgama de pueblos diversos del norte de África. En su expansión
> americana el hombre hispano no tenía que defender ninguna pureza
> racial: le interesaba sobre todo su religión, de la que España era entonces
> campeona en el mundo. Preocupaciones de pureza de sangre surgieron
> más tarde, como derivación de conflictos religiosos, y fueron, además, de
> artificiales, muy pasajeras. España y Portugal legaron a América su liber-
> tad de espíritu en materia racial, no sólo frente al indio, sino también
> frente al negro... Los pueblos de estirpe hispánica han resuelto siempre
> sus conflictos raciales mediante la amalgama de razas.[6]

Pero no todos los españoles veían el mestizaje con buenos ojos, a pesar
de haberse legalizado ya por bula del Papa Paulo III en 1537. El conde de
Nieva, virrey del Perú, no sólo desdeñaba el matrimonio entre español e
india, sino que lo tenía prohibido a los encomenderos por considerar que
sus hijos saldrían deformes, temiendo, además, que se alborotase la paz
del virreinato.

Mencionaremos como ejemplos más notables de mestizaje en América
los de Cortés con Doña Marina, y Pizarro con Inés Huayles, o la Pizpita
(apodo que le puso en recuerdo del pájaro de este nombre de Extremadura,
su tierra natal, e Inés por su hermana, a quien adoraba), como él cariñosamente la llamaba. Esta mujer, cuyo verdadero nombre era Quispezira,
pertenecía a la alta nobleza incaica, siendo hermana de Huáscar y de
Atahualpa e hija como ellos del Inca Huayna Cápac y de una colla. Por
mandato de Atahualpa, fue llevada a Cajamarca donde presenció el gran
asalto de Pizarro, y donde el emperador se la entregó al conquistador
diciéndole estas palabras: *Cata ay mi hermana, hija de mi padre, que la
quiero mucho.*[7] Con ella tuvo Pizarro dos hijos, Gonzalo y Francisca, y con
otra princesa inca dos hijos más. Pizarro amó entrañablemente a la Pizpita,
a quien conoció desde muy joven. Siempre la traía a su lado y al comer la
sentaba a la mesa diciendo: *Veis aquí a mi mujer.* Con sus dos hijos se
portó como buen padre, declarando al varón como su único y verdadero
heredero así del marquesado como de la gobernación del Perú, haciéndolo

así constar en su testamento. También tenemos como casos de mestizaje importantes, el de Pedro de Alvarado y doña Luisa Xicoténcatl, cacica de Tlaxcala, su intérprete y fiel compañera. De esta unión nació una hija bautizada con el nombre de Leonor, la cual casó muy bien con don Francisco de la Cueva, primo del duque de Alburquerque, y que pasado el tiempo fuese comendador de Santiago y adelantado y gobernador de Guatemala. Juntos engendraron cuatro o cinco hijos, todos buenos caballeros. Tenemos aquí un casamiento entre un alto noble castellano y una india, aunque noble también. También el del famoso cronista español Juan de Betanzos (*Suma y narración de los Incas*, escrita en 1552) que casó con Angelina, hermana de Atahualpa. Y el de Juan de Oñate, gran descubridor y explorador de América del Norte, e Isabel Tolosa Cortés Moztezuma, hija de Juan de Tolosa y de Leonor Cortés de Moztezuma, hija a su vez de Hernán Cortés y de Isabel Moctezuma (*Tecuichpochtzin*), hija del emperador azteca. En España se mezclaron los condes de Moctezuma y Tula, descendientes de Tohualicahhuatzin o Pedro de Moctezuma, hijo del emperador azteca, y los Cano Mendoza y Andrade Moctezuma con los condes de Miravalle, en México, descendientes de Moctezuma Xocojotzin, hija menor del emperador. También tenemos a los marqueses de Oropesa, descendientes del Inca Sairetupamanco Cápac Yupangui, hijo de Manco Inca. La opinión generalizada de que los españoles se unieron a la indígena exclusivamente por conveniencia, necesidad física o biológica es muy simplista además de equivocada. Lo cierto es que no se crea toda una nueva raza, toda civilización tan grandiosa, sobre una base tan endeble y efímera. El español se unió a la indígena y posteriormente a la negra porque se enamoró de ella y porque la quiso, y no digamos a sus hijos mestizos, incluyendo a los ilegítimos. Al hablar de su hijo bastardo, Martín, Hernán Cortés se refiere a él con estas tiernas y sentidas palabras: *"No lo quiero menos que al que Dios me ha dado en la Marquesa."*[8], y no dudamos que no menos cariño sintiese por sus dos hijas, Catalina Pizarro, la cual tuvo con una india cubana, y Leonor, a quien tuvo con Tecuichpochtzin o Isabel Moctezuma, hija de Moctezuma y anteriormente casada con Cuauhtémoc, Alonso de Grado y otros españoles.[9] El legado de buen padre que dejó Cortés se ve claramente al arribar a México juntos, ya muerto Cortés, en 1563, sus dos hijos, el Martín legítimo y el Martín bastardo, el que tuvo con Doña Marina, este último ostentando en su pecho la cruz del hábito de Santiago. El propio mestizo se sentía muy honrado de sus ancestros mixtos. El Inca Garcilaso de la Vega se jactaba diciéndolo de esta manera: *A los hijos de español y de india o de indio y española nos llaman mestizos, por decir que somos mezclados de ambas naciones; fue impuesto por los primeros españoles que tuvieron hijos en indias, y por ser nombre impuesto por nuestros padres y por su significación, me lo llamo yo a boca llena y me honro en él.* Él fue de los mestizos más notables, autor de los *Comentarios Reales*, e hijo de un capitán noble de Francisco Pizarro, Garcilaso de la Vega y de Isabel Chimpo Oello, su amante de sangre noble. Incluimos para terminar estos ejemplos a Martín García Oñez de Loyola y Doña Beatriz Clara Coya, sobrina del príncipe Tupac-Amaru, de especial interés por la representación que se hizo del casamiento en un gran lienzo, conservado hoy en la iglesia de la Compañía del Cuzco, en Perú; y el muy singular de Juan de Porras y una negra criolla de Panamá, cuyo hijo fue San Martín de Porras (Lima, 1579-1639), canonizado en 1962. Y terminaremos con el ejemplo, también muy singular, del casamiento de José Sarmiento de Valladares, virrey de México (1696-1701) con doña María Andrea Moctezuma Jofre de Loaisa, cuarta nieta del emperador azteca por su hijo Pedro Pohualicahualt.

Y no es nada extraño que tal mestizaje ocurriese pues, como queda dicho, el español llegó a amar a América entrañablemente, así a la tierra como a sus mujeres. En palabras del historiador Francisco Morales Padrón: *El español que desembarcó en el Nuevo Mundo se vio tempranamente conquistado por la tierra. Allí derramó su sangre, derrochó su esfuerzo, plantó su casa, y allí nacieron sus hijos blancos o amarillentos.*[10] Y de igual manera, otro historiador español, Pedro Aguado Bleye, al hablar del amor del español por la tierra americana, nos dice:

Todos los conquistadores españoles sentían, como Cortés, este amor a la tierra, tan distinto de la sed de oro que se les suele creer poseídos. Humbolt dijo ya hace un siglo lo necesario para destruir este prejuicio: "Cuando estudiamos la historia de la conquista admiramos la actividad extraordinaria con que los españoles del siglo XVI extendieron el cultivo de los vegetales europeos en las planicies de las cordilleras, desde un extremo al otro del continente. Los eclesiásticos, y sobre todo los frailes misioneros, contribuyeron a esos progresos rápidos de la industria. Las huertas de los conventos y de los curatos eran almácigas de donde salían los vegetales útiles recientemente aclimatados. Los mismos conquistadores, a quienes no debemos considerar en masa como guerreros bárbaros, se dedicaban en su vejez a la vida de los campos. Aquellos hombres sencillos, rodeados de sus indios, cultivaban de preferencia las plantas que les recordaban el suelo de Extremadura y de las dos Castillas como para consolarse de su soledad. No es posible leer sin el mayor interés lo que refiere el Inca Garcilaso acerca de de la vida de aquellos primitivos colonos. Cuenta, con un candor que conmueve, cómo su padre, el valiente Andrés de la Vega, reunió a sus viejos compañeros de armas para compartir con ellos los tres primeros espárragos que se dieron en el llano del Cuzco."[11]

Y tanto era el amor a la tierra, que Bernal Díaz del Castillo, uno de los primeros conquistadores de la Nueva España, y autor de la célebre crónica de su conquista, una vez ganado México se dedicó a cuidar su jardín, en el que sembró por primera vez naranjos que tuvo la dicha de ver florecer. Y no sólo el hombre sentía tal apego a la tierra sino asimismo las mujeres, como Inés Muñoz, mujer del hermano de Pizarro, Francisco Martín Alcántara, que sembró por primera vez granos de trigo en la Nueva España, al igual que lo hizo María de Escobar en el Perú. Y según consta por sus propias palabras, Francisco de Castellanos hacia 1559 introdujo en Guatemala trigo, uvas y otras muchas semillas de Castilla, así como ovejas y vacas.

En otras palabras, América, en su conjunto, embrujó al español, y aunque ciertamente cobijaba en su corazón el recuerdo de la patria lejana, difícil de borrar, fueron las nuevas tierras las que despertaron en él un amor inusitado que lo atrapó para siempre, y mucho más cuando llegó a conocer a sus mujeres. Desde el conquistador del siglo XVI hasta el hombre de hoy, no ha habido nadie que no haya visto en América un mundo lleno de ilusión y esperanza. Claro que muchos enemigos de España se han negado a verlo así, empeñándose en crear una imagen del español totalmente opuesta. Para ellos, el español fue el prototipo de depredador, del hombre sin extrañas y vil que vino a arrancar del suelo americano toda su riqueza y a hincharse de poder, a ultrajar a sus mujeres y a convertirlas en meras esclavas, concubinas y prostitutas. Pero la ciencia moderna nos demuestra todo lo contrario (Lummis, Madariaga, Parker Thomson, Bourne, Fiske, Davies, Vasconcelos). Ni el español ultrajó a la india ni ella se dejó ultrajar por él. Es más, nunca hubo tal ultraje sino simplemente amor, cariño, compañerismo. En cuanto al sentimiento de la india, el padre Acosta nos dice que *la ocasión frecuentísima, sin que sea preciso buscarla, es que ella misma se ofreció*[12] e igual nos dice Fernández de Oviedo de la india de Haití y Santo Domingo, y muchos otros escritores de la época. Cristóbal Colón decía que en Cuba eran las mujeres las primeras que venían y halagaban a los españoles. Pero veamos algunos ejemplos concretos. Había en Chile dos cacicas, Elvira de Talagante y Mariana de Chacabuco, esposas de los conquistadores Bartolomé Blumen y Francisco Martínez de Vergara y Ahumada (sobrino, por cierto, de Santa Teresa de Jesús). Estas dos mujeres se marcharon con sus maridos a Chile y junto con ellos pelearon en guerras o los asistieron en lo que fuera menester por el gran amor que les profesaban. Muchas indias por así quererlo abandonaban sus hogares y se iban con los españoles adonde fuese. La *Capillana*, princesa peruana, se enamoró locamente de Francisco Pizarro (amor correspondido) al llegar éste a las costas de Puno en 1531 y, a partir de ese momento, le siguió fielmente en todas sus campañas. En 1541 fue bautizada, y a punto de casarse ambos fue asesinado Pizarro y ella compungida de dolor hizo vida hermitaña. Esta fue la única vez que Pizarro contempló casarse pues murió soltero.y también se dio el caso de una india brasileira llamada *Paraguassu* y un portugués, Diego Alvares Correa, náufrago en las costas del Brasil poco después de su descubrimiento. Estando el marido en la costa con unos indios, divisó a lejos una nave y añorando el regreso a su patria se lanzó al agua para alcanzarla. Su mujer al no más verle le siguió y juntos arribaron a Portugal. Más tarde pasaron a Francia donde Catalina de Médicis les hizo grandes mercedes y ofició como madrina de Paraguassu en su bautizo Vueltos al Brasil, se enemistaron con el regente Coutinho que encarceló a Diego. Al enterarse Paraguassu, exaltó a la tribu de los tupinambas y mataron al tal regente poniendo en libertad a Diego. Y no menos se quisieron el español y la española, como lo demuestran Pedro de Valdivia e Inés Suárez, compañeros inseparables en las luchas contra los fieros indios araucanos de Chile, y Francisco de Coronado, afamado explorador de la América del Norte y su mujer doña Marina Vázquez de Coronado. En sus largas caminatas por las desoladas praderas de aquella inhóspita tierra nunca cesó de suspirar por su mujer y ella por él. Y no digamos del amor entre Pedrarias Dávila y su mujer Isabel de Bobadilla (véase más informacion en el Capítulo 7).

Y ya que se habla del amor entre españoles, vale consignar aquí esta tierna historia de amor entre el general Francisco Hernández y su mujer doña Mencía, la cual había llegado al Cuzco con sus padres temerosos de que el capitán Hernández se la llevase consigo a las guerras. Presto el capitán a salir, manda a sus suegros que traigan a su mujer para despedirse de ellos y, una vez juntos, les expresa su deseo de llevársela en su compañía. Los padres le ruegan que no lo haga, pero él persiste diciendo que no quería que quedase entre sus enemigos tan magnífica mujer. Se van los dos. Después de mucho andar y de pasar juntos varios incidentes, el marido se ve perdido y decide escaparse. Seguro de que le habían de matar, le ruega su mujer que se quede pero ella no quiere, prefiere partir con él diciéndole que pues él la había sacado de su casa y de sus padres que no quería sino seguirle y serle compañera en todos sus trabajos. El marido insiste y ella mucho más. Finalmente, parte él solo con *los ojos arrasados en aguas* pues los soldados la culpan a ella de todos sus infortunios. Diego Fernández termina el episodio con estas palabras: *Había quedado doña Mencía desmayada al tiempo que Francisco Hernández la dexó. Y vuelta algo en sí, preguntó por su marido; y dixeron que ya era partido. Por lo cual rogó afectuosamente se le dexasen ver antes de su partida. Y de allí se baxó a un andén, donde viéndola acudieron todos los capitanes (que aún no eran par-*

tidos) y fue dellos certificada que no le podía ver porque iba ya caminando.
Ella, entonces, reportándose algo de su tristeza, y mostrando más ánimo del
que tenía, se esforzó cuanto pudo para hablar a los capitanes, animándolos
y persuadiéndolos a seguir la empresa con su marido, rogándoles no le desam-
parasen. Ellos promerieron así hacer. Quedó doña Mencía sola, sin cama ni
otra cosa que vestir pudiese más de aquello que vestido traía.[13]

Pedro de Alvarado, el impertérrito capitán español, *se perdía por una*
isleña (cubana en este caso) según nos relata Gómara. Y de Gonzalo Pizarro
dice Agustín de Zárate que era muy dado a mujeres, así indias como
españolas y que buscaba siempre su compañía. Resalta asimismo el amor
que suscitó entre los rivales Francisco Roldán y Hernando de Guevara la
hija de la cacica Anacaona, hasta el punto de que este último se rebeló
contra Cristóbal Colón por el afán de poseerla.Y no digamos del amor de
Cortés por la mujer indígena y de su apego a la tierra mexicana. Durante
sus dos visitas a España suspiraba por verse nuevamente en México, y en
la última, sintiendo que se avecinaba la muerte, apresuró el viaje de *regreso*
pasando a Sevilla con voluntad de volver a la Nueva España y morir en Méxi-
co, como dice Gómara.[14] Haciendo los preparativos cayó enfermo de
gravedad acogiéndose a la casa de su amigo Juan Rodríguez, en la villa
de Castilleja de la Cuesta. Allí le sorprendió la muerte y quedaron mar-
chitados sus anhelos de volver a su añorado México. Pero allí fue trasladado
su cuerpo según su propio testamento, y se le enterró en el monasterio de
Cuyoacán, deseo que cumplió fielmente su hijo Martín, pasando en 1569
sus cenizas al monasterio franciscano de Tezcuco. Una vez más se cumplía
el viejo adagio de *Cada uno es hijo del país de su fortuna*. Conviene recordar, asimismo, al español Diego Méndez, vecino de la ciudad de Santo
Domingo en La Española, y allegado a los Colón, que dejó dicho en su
testamento que en el epitafio de la lápida de su sepultura figurase... ¡una
canoa! No queda atrás el propio Colón, al dejar dicho en su testamento
que al morir le enterrasen en Santo Domingo, *la tierra que más quiso en*
su vida.

Y en cuanto al amor entre español e india, veamos lo ocurrido a unos
españoles en la punta de Catoche a poco de arribar Hernán Cortés a México. Enterado éste por unos indios que allí vivían unos españoles esclavos,
posiblemente náufragos de la expedición de Francisco Hernández de Córdoba, mandó que se les rescatase para lo que envió a Diego de Ordáz con
dos navíos y una carta para ellos. Bernal Díaz de Castillo nos detalla el dulce
episodio:

> Y luego se embarcaron en los navíos con las cartas y los dos indios mer-
> caderes de Cozumel que las llevaban, y en tres horas atravesaron el golfete

y echaron en tierra los mensajeros con las cartas y rescates; y en dos días les dieron a un español que se decía Gerónimo de Aguilar, que entonces supimos que así se llamaba, y de aquí en adelante así le nombraré, y después que las hubo leído y recibido el rescate de las cuentas que les enviamos, él se holgó con ello y lo llevó a su amo el cacique para que le diese licencia la cual luego se la dio [para] que se fuese adonde quisiese. Y caminó Aguilar adonde estaba su compañero, que se decía Gonzalo Guerrero, en otro pueblo cinco leguas de allí, y como le leyó las cartas, Gonzalo Guerrero le respondió: "Hermano Aguilar: Yo soy casado y tengo tres hijos,* y tiénenme por cacique y capitán cuando hay guerras; idos con Dios, que yo tengo labrada la cara y horadadas las orejas. ¡Qué dirán de mí desde que me vean esos españoles ir de esta manera! Y ya veis estos mis hijitos cuán bonicos son. Por vida vuestra que me deis de esas cuentas verdes que traéis, para ellos, y diré que mis hermanos me las envían de mi tierra." Y así mismo, la india mujer del Gonzalo habló a Aguilar en su lengua, muy enojada, y le dijo: "Mira con qué viene este esclavo a llamar a mi marido; idos vos y no curéis de más pláticas." Y Aguilar tornó a hablar a Gonzalo que mirase que era cristiano, que por una india no se perdiese el ánima, y que si por mujer e hijos lo hacía, que la llevase consigo si no los quería dejar. Y por más que le dijo y amonestó, no quiso venir.[15] [*Nota del autor: Según el cronista Francisco Cervantes de Salazar, el tal soldado Guerrero, que casó con india principal, llegó a tener dieciséis hijos.]

La expedición de Francisco Hernández de Córdoba salió de la Habana el ocho de febrero de 1517, siendo la primera, y la de Cortés en 1519, siendo la última y definitiva. Quiere esto decir que Gonzalo Guerrero debió conocer a su mujer a finales de 1517 y que en menos de dos años ya había formado con ella hogar y tenido hijos. Más asombroso es que llegase a tener más hijos, lo que demuestra lo mucho que se querían ambos. De nada valieron las cartas de Cortés ni los ruegos de sus compañeros para que se fuera con ellos. Y su mujer, temerosa de que le convenciesen, se lo reprobó a los españoles. En esta pareja nos parece ver a los primeros padres de América y en sus hijos a la raza mestiza de la futura América. También como ejemplo del amor entre europeo e india, nos habla Oviedo de un portugués llamado Diego Alvarez que vivía entre los indios de Tierra Firme por más de veinticinco años, que era casado con india y con muchos hijos varones y dos hijas casadas con españoles, y que era muy feliz y que jamás los abandonaría. Y no sólo quiso el español a la india sino que mostró por ella gran consideración. A Doña Marina la estimaban mucho los indios por ver el trato que recibía de los españoles, especialmente de Cortés, teniéndola por diosa. Y cuando al capitán extremeño le ofrecían indias para su servicio, muy respetuosamente las recibía y se las entregaba a sus mejores soldados y capitanes, rogándoles que las cuidasen y honrasen mucho. Y el mismo Cristóbal Colón, al traérsele una mozuela india estando en La Española, mandó en seguida que se le arropase y la trató y agasajó sobremanera, y después ordenó que se restituyese a su tierra con mucho respeto y estima. Hizo lo mismo al llegar a Cuba, exigiendo que no se enojase a las indias y que se les pagase cuanto se obtuviese de ellas.

E igual era el amor entre española e indio. Hallándose en tierras de la Florida, Tristán de Luna topó con cuatro españolas que habitaban entre los indios, posiblemente náufragas de algún buque. Al no más ver a sus coterráneos lloraban de alegría y le daban gracias al cielo por haberlos traído allí, pero, al decirles los españoles que tenían que marchar y que se fueron con ellos, las cuatro contestaron que de ninguna manera se apartarían de sus maridos e hijos y que se fueran en buena hora. (Bonito episodio que nos relata el Inca Garcilaso en su *Historia de la Florida*).

Y veamos ahora el amor de un español y dos caciques por una española, Doña Lucía Miranda, esposa de Sebastián Hurtado. Estando ambos en La Plata en 1531 se enamoran de ella dos caciques, Siripo y Mangoré, y este último la rapta pero muere en combate; el otro, aprovechando la ausencia del marido, se apodera de ella y la obliga a casarse con él. Regresa el marido, y al enterarse de lo ocurrido, se hace prisionero de los indios para estar con su mujer. Siripo los descubre y los manda matar. Al final, ninguno de los tres poseyó a tan preciada mujer.

Y no menos se querían los indios entre ellos. Pedro Mártir de Anglería nos relata esta bella historia de amor en Santo Domingo:

> Acompañaba a Mayobanex en estas adversidades una parienta, esposa de otro régulo, cuyo reino estaba intacto aún, mujer, al decir de todos, la más hermosa que la naturaleza criara en aquella tierra. Su marido, tan profundamente apasionado de ella como su belleza lo merecía, al saberla cautiva, vagaba enloquecido y fuera de sí por los desiertos, sin saber qué partido tomar; por fin se presentó al Almirante, prometiéndole someter su persona y todo lo suyo a su poder, sin obstáculo ninguno, si le devolvía a su mujer. Hízolo el Almirante, entregándole también muchos de los principales súbditos del régulo, obligándose todos con juramento a ejecutar lo que se les mandase.[16]

Hagamos aquí una breve pausa. Reflexiónese sobre lo que sigue que es buen alimento para el entendimiento y alma. ¿Y qué hicieron los inmigrantes ingleses en este sentido al desembarcar en Virginia, cien años después? ¿En qué momento se mezclaron con los indígenas o convivieron con ellos? ¿Cuándo intentaron conocer su lengua, su cultura, sus costumbres o educarlos? ¿Qué instituciones establecieron entre ellos; qué escuelas, iglesias, hospitales y asilos fundaron, qué libros escribieron? Los puritanos británicos plantaron sus pies de plomo en tierra y claro que, a la larga, les resultó mejor (económica y políticamente) pues no tuvieron que lidiar con la naturaleza inhóspita de todo un continente virgen ni con vastos y hostiles imperios y, así, se dedicaron a la automanutención y a comerciar baratillas con los indígenas. Cada cual en su sitio, aislado uno del otro, aunque después se le echaron encima y se lo arrebataron todo. El único vestigio que queda de esta América indígena son las tristes reservaciones en las que languidecen los que en un tiempo fueron los orgullosos dueños de esas tierras. Y aquí se nos presentan estas dos figuras tan opuestas en todo, la del expatriado británico y la del ciudadano español; uno flemático, bucólico, pusilámine y apático, y el otro soñador, ambicioso, gallardo y amante de su patria y de su rey. Al cabo de doscientos años, finalmente despertaron aquéllos y decidieron cruzar la frontera allende el Misisipí para plantarse en tierra ajena, la que había sido descubierta, explorada y colonizada por España y, con más maña que audacia, la reclamaron para ellos aprovechándose de la desunión e inercia de la otra América. Cómo una floreció, la Septentrional, y la otra se estancó, la Meridional, continúa siendo gran paradoja pues, dados los antecedentes históricos y culturales de las dos, la que más debería haber florecido era la segunda, saltándole por encima a la otra a gran distancia. Pero no hubo de ser. La nuestra cayó en un profundo letargo y la otra no cerró ojo, tomándole la delantera y tragándosela, a pesar de los banderines y los himnos nacionales.

Cuando arribaron esos puritanos en el tardío año de 1607, ya se habían descubierto y nombrado en sonante castellano sus más caudalosos ríos, sus grandes montes y desiertos, sus mares, océanos y golfos; fundado sus primeras colonias, pueblos y ciudades; eregido sus primeras iglesias, misiones, escuelas, conventos, hospitales y asilos; establecido sus primeros municipios y audiencias; recorridos y atravesados sus caminos, selvas y pantanos; sembrado sus primeras mieses; estudiado sus culturas indígenas y aprendido sus lenguas y costumbres; escrito sus primeras crónicas, tratados científicos y geográficos, libros de gramática y lenguaje; montados sus primeros caballos y criado sus primeros ganados. Gran parte de ese inmenso territorio se hallaba ya más que trillado para dar cabida a los otros. Con la hábil adquisición de Luisiana en 1803 y el "regalito" que les hizo la patria de Morelos a mediados de ese siglo, se completó la empresa expansionista soñada por Jefferson y otros colonistas norteamericanos. Dejemos aquí este asunto para no sentir *dolores en el alma*, como prorrumpió Pedro de Alvarado al morir.

Antes de entrar de lleno en el tema que nos incumbe, interesa dar una idea de las lenguas aborígenes que se hablaban en América al llegar los españoles. Según los expertos, existían en América más de ciento veinte y tres familias linguísticas diferentes. De estas unas formaban parte de una sola lengua, como la araucana de Chile, mientras que otras comprendían docenas de ellas, como la *uto-azteca* o *shoshone-azteca*. Tan grande era la diversidad de lenguas que como dice Germán Arciniegas con una no bastaba para entenderse pasando de Centroamérica hacia el sur. Igual dice Cristóbal Colón en una de sus cartas a los Reyes Católicos de la región de Veragua (parte occidental del istmo de Panamá), aunque señala que era más en la costa que en el interior.Y el jesuita Bernabé Cobo aserta que sobrepasaban las dos mil y que en el Perú no se podía ir de un valle a otro sin mudar de habla; es más, dice que en las siete parcialidades de Lima o *ayllos,* no se entendían los de una con los de otra por la diversidad de lenguas. Y Américo Vespucio se extraña de que se calculasen las lenguas del mundo en 77, pues sólo en la tierra de Paria había oído él más de 40. Según Antonio Vázquez de Espinosa, que escribió prolíjicamente sobre las lenguas de América, había no menos de 50.000.

Las familias linguísticas de mayor extensión en América eran las siguientes:

Maya, que se hablaba en la región de Yucatán, Honduras y Guatemala.

Quechua, en el antiplano boliviano, la zona andina de la Argentina, y entre los ríos Angasmayo y Biobío.

Chibcha, principalmente en Colombia, pero también en zonas comprendidas en el sur de Centroamérica y el norte de los Andes.

Utoazteca, América del Norte, entre los que se encontraban los grupos *azteca* (central) y *nahuas* (sur).

Aymará, lengua predecesora del quechua, y la hablada hoy en las zonas montañosas de Perú y Bolivia y el lago Titicaca.

En cuanto a las Antillas, las más importantes eran la *caribe* y *tupí.*

Tupí-Guaraní, en la zona que va desde los Andes al Atlántico, y desde el noreste del continente hasta el Río de la Plata.

Finalmente, el *araucano*, en la zona central de Chile.

(Nota: Sobre este tema, se recomienda al interesado la obra *Catálogo de lenguas*, de Lorenzo Hervás y Panduro, Madrid, 1800)

Estas lenguas aborígenes, junto con el español y el portugués en el Brasil, eran las más habladas en América al llegar los españoles. Posteriormente el esclavo africano trajo las suyas propias y también llegó a hablarse el latín, si bien entre las gentes doctas.

Curioso es que en los primeros años el quechua se reconociese como lengua oficial y que los frailes tuviesen que aprenderla. Es más, según prescribía la Recopilación de leyes de Indias llegó a establecerse una cátedra de quechua en los seminarios del Perú. Y en la provisión y ordenanzas de Felipe II firmadas en 1580 en Badajoz y remitidas al virrey don Martín Enríquez, se ordenaba que se estableciese una cátedra de la lengua común de los indios en la Universidad de San Marcos para facilitar su aprendizaje y conversión. Se insistía, además, que nadie recibiese beneficio sin conocer esta lengua y que a los que no la supiesen debidamente se les dispensase.[17] Es asombroso que de tal forma se le diese preferencia al quechua sobre el español, y que fuese un rey de la estatura de Felipe II el que lo ordenase. Y hablando del quechua, la primera gramática que se escribió en esta lengua fue la del fraile Domingo de Santo Tomás (impresa en Valladolid en 1560), llegando a ser indispensable para la evangelización del indio. Fue este sacerdote el primero en predicarles a los indios peruanos en su propia lengua. También Santo Toribio de Mogrovejo escribió un catecismo, un prontuario y un confesionario en quechua. De todas formas, si bien el rey estaba a favor de aprender las lenguas naturales, muchos otros no lo veían de igual forma. Al respecto nos dice Solórzano Pereyra:

> Hácese más segura la opinión que voy fundando, si consideramos que no sólo para dilatar la Fe de Christo, conviene que los Españoles y los Indios usemos un mismo lenguaje, como en semejante caso hablando de los Agarenos, o Moros, lo advierte Luis Vives, sino también para que nos cobren más amor y voluntad, se estrechen más con nosotros: cosa, que en sumo grado se consigue con la inteligencia, y conformidad del idioma, como hablando en general y ponderando el gran castigo que en la división de lenguas envió Dios a los hombres, lo dicen con palabras graves, y dignas de leerse, Filon y Josefo Judíos y Genebrardo.[18]

No se puede decir más en cuanto al sentir humanístico de aquellas gentes, afanándose de tal forma para obviar las muchas diferencias que existían entre ambos y lograr un mejor entendimiento y armonía. Dígase qué otra nación dominadora en tiempos modernos y aún antiguos se ha esforzado por despertar amor y comprensión en la raza subyugada. Sépase que, tradicionalmente, el que dominaba imponía, y así hicieron los romanos al imponer el latín como lengua oficial en todas las provincias de su vasto imperio.

Y con tal multitud de lenguas diferentes ¿cómo se entendían los españoles con los naturales en aquellos primeros años? Decía Colón que por señas y gestos, y así fue por varios años hasta que fueron apareciendo intérpretes que *suplieron con los brazos los defectos de la lengua*, como dijo

Antonio de Solís. *Porque todos somos sordos en las lenguas que no enten-*
demos según sentencia de Cicerón. Y lo mismo es no hablar, que hablar de
suerte que no nos entendamos, como altamente lo dicen, y prosiguen Lapo,
y el Cardenal Tusco.[19] Cuatro fueron los más conocidos: En el Perú, fue
Felipillo, indio natural de Poechos y llamado Felipe al bautizarse, que
aprendió el español en España cuando fue con Pizarro. Fue asimismo intérprete de Diego de Almagro cuando le acompañó a Chile a saldar cuentas
con Pedro de Alvarado. También en el Perú Juan de Betanzos (casado con
una hermana de Atahualpa) fue intérprete de Pizarro y luego del virrey
Hurtado de Mendoza. Escribió además la *Suma y narración de los Incas.* Y
en la Nueva España, como intérpretes de Cortés, Jerónimo de Aguilar
primero y después la sin par Doña Marina. Aguilar hablaba la lengua de
Yucatán y Doña Marina ésta más la de los mexicanos. En la conquista de
la Florida, con de Soto, le asistió como intérprete el cautivo Juan Ortíz,
náufrago de la expedición de Pánfilo de Narváez. También el gallego Gonzalo de Vigo prestó gran ayuda a la tripulación de Sebastián Elcano (ya
fallecido) cuando se dirigía a las Molucas. Para la conquista del Darién,
contaba ya Pedrarias Dávila con varios intérpretes como lo asienta Pedro
Mártir:

> ...llevan consigo intérpretes de los nuestros, conocedores de las lenguas
> australes, que aprendieron aquellos idiomas de los esclavos que se tomó
> Vasco cuando recorría aquellos territorios, y también les servían como
> intérpretes algunos de los mismos esclavos que entienden ya la lengua
> española.[20]

Este dato es interesantísimo, pues revela que poco después del descubrimiento (1514), ya comenzaba a subsanarse el enorme problema de la
comunicación entre españoles e indios, aprendiéndose las lenguas requeri-
das por ambas partes. Buena lección de rápido y eficaz aprendizaje de
idiomas para profesores y alumnos de hoy, especialmente en las escuelas
y colegios norteamericanos en los que tanto tiempo y energía se pierden.
De todas formas, aunque esos intérpretes realizaron una magna labor, la
cual debe reconocérseles, hay que recordar que al traducir o interpretar de
una lengua a otra mucho se pierde en el sentido y significado de lo que
realmente se quiere decir. Decía Cervantes que *una traducción era como*
un tapiz visto al revés, y el propio Solórzano Pereyra recalca ... *a lo que*
podemos añadir lo que refiere Filostrato, en nombre de Apolonio Tianeo, de
los daños y dificultades que resultan de ignorar las lenguas, y tener necesi-
dad de hablar por Intérpretes o Farautes.[21] O sea que, durante todos los años
de la conquista la comunicación siempre fue a medias, lo cual tiene que
haber dificultado grandemente el logro de las metas propuestas.

En cuanto a la escritura, los mayas habían alcanzado un nivel de mayor desarrollo aunque aún no se han descifrado muchos de sus jeroglíficos. Los aztecas se valían de un sistema pictográfico y jeroglífico que hacían sobre telas de algodón. Después pasaron al ideograma y al fonetismo, aplicándose a palabras compuestas y sílabas pero sin llegar a constituir un alfabeto. Antonio de Solís nos dice al respecto:

> Hacíanse estas Pinturas de orden de Teutile, para avisar con ellas a Motezuma de aquella novedad; y a fin de facilitar su inteligencia, iban poniendo a trechos algunos caracteres, con que al parecer explicaban, y dan significación a lo pintado. Era este su modo de escribir, porque no alcanzaron el uso de las letras, ni supieron fingir aquellas señales, o elementos, que inventaron otras Naciones para retratar las sílabas, y hacer visibles las palabras; pero se daban a entender con pinceles, significando las cosas materiales con sus propias imágenes, y lo demás con números, y señales significativas: en tal posición, que el número, la letra, y la figura formaban concepto, y daban entera la razón. Primoroso artificio, de que se infiere su capacidad semejante a los jeroglíficos que practicaron los egipcios, siendo en ellos obstentación del ingenio, lo que en estos indios estilo familiar, de que usaron con tanta destreza y facilidad los mexicanos, que tenían libros enteros de este género de caracteres y figuras legibles, en que conservaban la memoria de sus antigüedades y daban a la posteridad los Anales de sus Reyes.[22]

2

La mujer y su época: Cronología histórica, siglos XV–XVII

Nos proponemos señalar en este capítulo los hechos históricos más sobresalientes que influenciaron la vida de la mujer a lo largo de dos siglos, del siglo XV al XVII. No ser humano permanece aislado, suspendido en el vacío, sino que es parte de un determinado tiempo y circunstancia que le amolda su carácter y le da personalidad propia, el *yo soy yo y mi circunstancia* del que hablaba Ortega y Gasset. Así, nos ha parecido indispensable enmarcarlas en su propio tiempo y circunstancia, en la época en la que les tocó vivir y en la que se desarrollaron.

Sólo así se les comprenderá y se le dará mucho más valor a sus personas. Veamos. En la España de aquel tiempo, como en toda Europa, la mujer tenía su sitio en la sociedad y de ella se esperaba cierta conducta específica propia de su sexo: cuidar de la casa, atender al marido, criar a los hijos. Todo lo demás era labor del hombre. El hombre mandaba y la mujer acataba su decisión sin chistar. Ahora bien, ninguno de los dos llevaba culpa en tal proceder puesto que esa era la costumbre de la época, el tiempo y circunstancia al que ambos pertenecían. Y es así que, cuando una mujer se salía de ese molde quedaban todos asombrados y se le consideraba persona muy especial. Cortés y Pizarro pasaron a América a dirigir, a guerrear, a ganar imperios y al hacerlo alabamos sus hazañas pero no nos extrañan puesto que eso era lo que se esperaba de ellos, al menos de los hombres de aquel tiempo. ¿Pero que lo hiciera una mujer, una simple ama de casa? Esto ya es algo muy distinto, inusitado, no conforme al patrón acostumbrado, por cuanto no puede menos que maravillarnos y catalogarlas como seres extraordinarios.

Por otro lado, existían costumbres entre los indios las cuales, vistas hoy, nos chocan y repulsan. Veamos dos de ellas. En muchas partes de

América la virginidad llegado el matrimonio se tenía como gran menoscabo de la mujer y, para evitarlo, era la propia madre de la novia la que la desfloraba (o *corrompía* como se decía entonces) con sus dedos o puño. Aquí va la otra. Después de destacarse en un combate, se agasajó a un capitán indio sirviéndole como gran manjar la natura o sexo de su propia mujer a la que se había matado y descuartizado para tal fin, y el hombre, holgadísimo y consciente de lo que hacía, se lo comió.

Todos los hechos históricos que van señalados a continuación tienen que haber ejercido una gran influencia en nuestras mujeres, en su carácter, en sus creencias, en su proceder. En el mundo de hoy, hechos sobresalientes como la Segunda Guerra Mundial, la guerra de Vietnam, el asesinato del presidente Kennedy, el desmoronamiento de la Unión Soviética, y el hundimiento de las Torres Gemelas en Nueva York, han sobrepesado enormemente en la conciencia de todo ser humano y nos han dado una perspectiva distinta de la vida y del mundo actual. Somos, pues, parte de esos hechos. De igual forma, el descubrimiento de América, el de México, el del Perú, las batallas de Lepanto y la Invencible, la coronación de Carlos V y Felipe II, las epidemias, la llegada de los jesuitas, y la infinidad de leyes indianas adoptadas por la Corona española, tienen que haber influenciado notablemente a todo ser viviente de aquella época.

¿Y qué decir de España en este sentido? ¿Debió o no descubrir y conquistar América? A España, sin pensarlo ni proponérselo, le tocó bailar con la fea, como se dice vulgarmente. Quizás hubiese sido mejor que Colón se hubiese ido con sus historias a Portugal, Francia, o a la misma Inglaterra y que España o se quedase tranquilita en su casa o hubiese dado un pequeño salto del otro lado de Gibraltar, como quería el rey Fernando. Pero no, quedó en España y engatusó con sus fantasías a los Monarcas Católicos y, en busca de la lejana India, topó con más casualidad que acierto en América desencadenando un furor que la dejó planchada y arruinada a través de cinco siglos, ganándose como si fuera poco la enemistad y desidia de medio mundo. Pero ¡ay!, por el otro lado, ¿concebir una América sin España o una España sin América? Quizás lo segundo sí, pero lo primero, imposible, desatinado, inverosímil. ¿Una América sin la plaza, sin la cruz, sin la mantilla, sin la dulce y sonora lengua de Castilla? Saque cada cual su conclusión.

Damos a continuación, como queda dicho, una breve cronología histórica anotada de los hechos más relevantes de la época en la que vivieron nuestras heroicas mujeres, mitad del siglo XV al XVII.

1451 Nace Cristóbal Colón, posiblemente en Génova (Italia), aunque no se sabe con seguridad su pueblo natal. La única referencia que se hace al respecto es en la institución del mayorazgo de 22 de febrero de 1498. Se cree además haber sido genovés por el amor que profesaba por su supuesta patria y sobre todo el ser italiano. Colón tuvo dos hermanos, Bartolomé y Fernando, y dos hijos, Diego y Fernando. El primero, su heredero, llegó a ser el primer virrey de América en Santo Domingo, y el segundo su mejor biógrafo. Toda la familia Colón tuvo que ver, de una forma u otra, en la empresa descrubridora.

1453 Finaliza el imperio romano en Oriente con la ocupación de Constantinopla por los turcos.

1466 Nace en Rotterdam Desiderio Erasmo. En 1500 publica *Adagios* y en 1504 *Enchiridion militis christiani*, en la que trata de una nueva religión fundada en las Sagradas Escrituras. También en este año nace Moctezuma II, emperador azteca a la llegada de Cortés (muere en 1520).

1468 Isabel de Castilla es declarada heredera del trono por su hermano Enrique IV.

1469 Casamiento de los futuros Reyes Católicos, Isabel de Castilla y Fernando de Aragón, quedando así unida España como nación. El título de *Católicos* les fue dado por Bula del Papa Alejandro VI en 1494, por la posición de liderazgo que ya ocupaban al descubrirse América en extender el evangelio por todo el mundo. El casamiento de estos dos reyes representa uno de los hechos más significativos en la historia de la humanidad, pues fueron ellos los que jugaron un papel preponderante en el descubrimiento de la otra mitad del universo. En cuanto a su capacidad como reyes, como estadistas, tanto uno como el otro, no han tenido igual dentro o fuera de España. Y es muy de notar que una mujer, que no aspiraba ni le interesaba ser reina, haya llegado a alcanzar tantos honores y triunfos.

En este mismo año comienza en México el reinado azteca de Axayacatl, durante el cual se talla el famoso *Calendario azteca* y se continúa la gran expansión y construcciones iniciadas por su predecesor Itacoatl. A éste le sigue su hermano, Tizoc (1483), quien construye los grandes templos dedicados a Huitzilopochtli, dios de la guerra, y a Tláloc, dios de la lluvia. Después reina otro hermano, Ahuitzotl, (1486) quien ordena construir el gran templo de México y otro acueducto. En 1502, comienza su reinado el gran emperador Moctezuma II, hijo de Axayacatl y sobrino de Ahuitzotl. A Moctezuma le sigue Cuittlahuac (1520), que muere de viruelas a los pocos meses, y finalmente, el último monarca azteca, Cuauhtemoc, quien tan valientemente defendió a su ciudad en el sitio que le dio Cortés, muriendo en 1523. Es de notar que cuando llegó Cortés en 1519, el imperio azteca se encontraba en plena decadencia, empezada ya cien años antes. Añadamos aquí, pues conviene saberlo, que la sociedad azteca estaba compuesta por tres clases principales que eran los nobles, plebeyos, y esclavos, y como raza superior también los sacerdotes, los encargados de todos sus ritos religiosos, incluyendo los sacrificios. La nobleza azteca no era realmente hereditaria sino más bien por el mérito ganado en la guerra. Los plebeyos, sin ser nobles, eran libres y tenían derecho a ciertos privilegios y a ejercer distintas profesiones; sobre ellos recaía la carga de pagar la gran parte de los tributos. Los esclavos lo eran por causas de delitos, y los que sacrificaban eran mayormente los prisioneros de guerra (igual hacían los mayas). Más que un imperio, los aztecas eran una confederación oligárquica formada por distintas tribus, y cuya sede era la gran ciudad de Tenochtitlán. En cuanto a su origen, los aztecas descienden del grupo étnico utoazteca que procedía de las zona occidental de la América del Norte.

1474 Comienza el reinado de los Reyes Católicos (hasta 1517) y con él la formación del imperio español que se extendiera posteriormente por todo el mundo. Tiene su mayor auge durante los reinados de Carlos V y Felipe II, y comienza a decaer en los de Felipe III (1598–1621), Felipe IV (1621–1665) y Carlos II (1665–1700).

En este año se imprime en Valencia *Les trobes en labors de la Verge Marie*, primera obra impresa en España.

1478 El Papa Sixto IV autoriza el restablecimiento de la Inquisición y en 1483 se nombra al primer gran inquisidor, Juan de Torquemada.

1483 Nace Martín Lutero en Eisleben. En 1520 se publican sus obras principales, *A la nobleza cristiana de la nación alemana*, *De la cautividad babilónica de la Iglesia*, y *De la libertad cristiana*.

1492 En este año tuvieron lugar tres hechos trascendentales: Los Reyes Católicos conquistan la ciudad de Granada, con lo cual se pone fin a la dominación musulmana y se crea la España moderna; se lleva a cabo la expulsión de los judíos de territorio español; Cristóbal Colón descubre el Nuevo Mundo el doce de octubre. En total hizo Colón cuatro viajes, 1492, 1493, 1498, 1502, y las tierras descubiertas fueron: en los dos primeros viajes las Antillas, Cuba, Haití, Puerto Rico y Jamaica; en el tercero llega al continente americano (Tierra de Paria, Venezuela) y divisa los Andes; en el cuarto y último descubre Veragua (la parte occidental del istmo de Panamá). Otro hecho importante de este año fue la publicación de la *Gramática* de Antonio Nebrija en Salamanca (tres años después publicaría otra obra capital, el *Dictionarium* (diccionario Español-Latín), también en Salamanca). A partir de este año el mundo entero, y en especial América, no serían ya lo que en un tiempo fueron.

En este mismo año y en el siguiente, se incorpora definitivamente a la Corona española el archipiélago de las Islas Canarias con la conquista de La Palma, y después (1494–96) de Tenerife. A partir de ese momento este sería uno de los puntos de enlace más importantes entre la península y el Nuevo Mundo.

En este mismo año el alemán Martín Behaim crea el primer globo terrestre con leyendas explicativas, y en el aparece el mundo tal como se veía antes del descubrimiento de América.

En este mismo año (17 de abril) se conciertan las Capitulaciones de Santa Fe entre los Reyes Católicos y Cristóbal Colón, mediante las cuales los reyes aceptan las peticiones del almirante.

1493 Se fundan las primeras iglesias en Santo Domingo, primera ciudad española de América.

1494 Funda Cristóbal Colón la Isabela en la costa Septentrional de Santo Domingo, la primera ciudad española en América.

1499 Entre este año y el siguiente, se prolonga el descubrimiento colombino del continente suramericano en la costa de Venezuela (Paria), por los exploradores Alonso de Hojeda, Americo Vespucio, Pedro Alonso Niño, Diego de Lepe y Vicente Yáñez Pinzón. Alonso de Hojeda, en compañía de Juan de la Cosa y Vespucio, descubren la zona oriental de Colombia y un año después, en 1500, Rodrigo de Bastidas con Juan de la Cosa descubren el litoral atlántico de este país. Parece ser que en este mismo año fuese Vespucio el que entrase por primera vez en el río Amazonas, según su propio relato.

1500 Se publica el mapa de Juan de la Cosa, el primero en representar a América. En este mismo año el portugués Alvares Cabral descubre oficialmente el Brasil. Ya habían estado allí (río Amazonas, cabo de Santa María de la Consolación) poco antes los españoles Vicente Yáñez Pinzón y Diego de Lepe.

En este mismo año, Rodrigo de Bastidas descubre Colombia y Panamá, y en 1525 funda la ciudad de Santa Marta, la primera ciudad de Colombia.

1501 Prohíbe la Corona española la explotación de minas americanas sin licencia. Tres años después, establece el quinto real como impuesto.

En este mismo año Rodrigo de Bastidas descubre el Darién, territorio comprendido entre el istmo de Panamá en su extremo oriental y el golfo de Urabá al Este, llamado después *Castilla del Oro*.

1502 Américo Vespucio descubre las costas de Argentina en su segundo o tercer viaje, después de haber recorrido la costa brasileira.

1503 Se funda la Casa de Contratación en Sevilla, organismo que tenía como principal función regular toda actividad mercantil entre España y sus posesiones de ultramar, y sobre las que tenía absoluta jurisdicción. Con el tiempo fue ampliando sus funciones, incluyendo, además, la organización de las flotas de Indias y expediciones colonizadoras, la administración de los bienes procedentes de América, los registros de barcos, todos los permisos o licencias de inmigración de extranjeros, así como otras funciones fiscales y judiciales.

1504 Se crea el primer arzobispado en Santo Domingo.

1505 Se fija por primera vez el valor legal de la moneda en América como sigue: la moneda de vellón con un valor de cuatro maravedís, los reales 44, los medios 22, y los cuartillos 11. En 1535 se establece la Casa de la Moneda en México. Otras Casas de Moneda fueron establecidas en Potosí durante el reinado de Felipe II, en Lima bajo Felipe IV y en Guatemala bajo Carlos III.

En este mismo año fray Hernán Suárez funda una escuela en el convento franciscano de Santo Domingo.

1508 Se publica el *Amadís de Gaula*, la más famosa de todas las novelas de caballerías.

En este mismo año Alonso de Hojeda es nombrado gobernador de Nueva Andalucía y Diego Nicuesa de Castilla del Oro.

1509 Juan de Esquivel conquista Jamaica.

En este mismo año se funda la ciudad de San Juan de Puerto Rico.

1510 Funda Vasco Núñez de Balboa Santa María de la Antigua, primera ciudad en la América del Sur.

En este mismo año el padre Bartolomé de las Casas celebra la primera misa de América en La Española a la que asistieron, entre otros, el virrey Diego Colón y su esposa, la virreina María de Toledo.

1511 Parte Diego Velázquez de Cuéllar de Santo Domingo hacia su conquista de la isla de Cuba. En 1514–1515 funda Santiago de Cuba y Francisco de Montejo funda San Cristóbal de la la Habana en 1515.

En este mismo año se crea la primera Audiencia en Santo Domingo.

En este mismo año se crean los arzobispados de Santo Domingo, Concepción de la Vega y Puerto Rico.

1512 Se promulgan las Leyes de Burgos, encaminadas a proteger a la población indígena de América, especialmente como consecuencia de las quejas y denuncias de los frailes dominicos, entre ellos fray Antonio de Montesinos, sobre el atropello de que era víctima el indio por parte de los colonizadores en Santo Domingo. Fueron complementadas en Valladolid en 1513, y comprendían en total 32 capítulos. Mantenían la libertad absoluta del indio, si bien se le obligaba a trabajar bajo condiciones muy específicas de horario, jornal, etc, y sobre todo se autorizaba el repartimiento de indios en encomiendas, sistema que la la larga dio poco resultado, principalmente en el Perú y México. También procuraban la debida alimentación del indio, vivienda, higiene, y otros pormenores relacionados con su vida en general. En incumplimiento de estas ordenanzas trajo como consecuencia las Nuevas Leyes promulgadas en 1542.

En este mismo año Diego Velázquez funda Baracoa, la primera población de Cuba.

1513 Vasco Núñez de Balboa descubre el océano Pacífico, al que llama Mar del Sur, en el istmo de Panamá. Con este descubrimiento se abre el camino hacia el resto del continente sudamericano al igual que Oceanía, siendo, pues, uno de los hechos más significativos de la historia de América.

En este mismo año Juan Ponce de León desembarca en la Florida, siendo el primer europeo en poner los pies en ella.

En este mismo año llega al Darién Juan de Quevedo, primer obispo del continente americano.

1514 Se publican dos *Biblias políglotas* en Alcalá de Henares.

En este mismo año Francisco Becerra, recorriendo la costa del Pacífico, oye por primera vez mencionar entre los indios la palabra *Birú* (Perú) aplicada a un río (del Oeste de Colombia) o cacique (del golfo de Panamá).

En este mismo año, Diego Velázquez funda Santiago de Cuba y la hace la capital de la isla.

1515 Se declara al indio libre para el casamiento con españoles, mayormente siendo de la nobleza y caciques.

En este mismo año Francisco Montejo funda la ciudad de San Cristóbal de La Habana.

1516 Juan Díaz de Solís explora la región del Río de la Plata.

En este mismo año se importan a La Española plátanos de las Islas Canarias.

1517 Francisco Hernández de Córdoba y Antón de Alaminos descubren la península de Yucatán y la civilización maya.

En este mismo año comienza el reinado de Carlos V al arribar a España (Asturias) el 17 de septiembre.

1518 Comienza la primera de cuatro expediciones del emperador Carlos V contra Argel (las otras tres fueron en 1519, 1535, 1541) para poner fin a la gran amenaza argelina en el Mediterráneo, capitaneada por los hermanos Barbarroja con la ayuda de los turcos. A pesar del esfuerzo español, y de la presencia del mismo Hernán Cortés, no se pudo acabar con dicha amenaza hasta mucho después con la batalla de Lepanto en 1571.

En este mismo año Juan de Grijalba descubre la isla de Cozumel que llamó Santa Cruz, y por ende México (en su litoral), y es el primero en establecer contacto con la civilización azteca.

En este mismo año (18 de noviembre) sale Hernán Cortés de Santiago de Cuba hacia su conquista de México.

En este mismo año se introduce la viruela en las Antillas.

1519 Alonso Álvarez de Pineda descubre las costas de Texas y las bocas del Misisipí.

1520 Francisco de Magallanes descubre el estrecho que lleva su nombre (27 de noviembre) y al cruzarlo nombra al Mar del Sur Océano Pacífico.

En este mismo año tiene lugar la batalla de Otumba, después de perderse a México la primera vez.

1521 Conquista de México por Hernán Cortés, después de tres años de esfuerzo. Si hubiese de señalarse el acontecimiento histórico de mayores consecuencias en la historia de América, después del descubrimiento, éste se llevaría el primer lugar, conjuntamente con la conquista del Perú. México abrió la vía hacia el norte, hacia los Estados Unidos e infinidad de otros descubrimientos y exploraciones en este continente así como en el Pacífico, y el Perú fue, entre otras cosas, el territorio donde adquirió el español su gran conocimiento y pericia militar y exploradora. Fueron ambos, además, por sus riquezas, las fuentes financieras que movieron al mundo por más de doscientos años. Las minas de oro y plata halladas en ellos, valieron no sólo para el gran desarollo de América, sino el de otras naciones, principalmente los de Inglaterra, Holanda y Francia y aun el de los futuros Estados Unidos. Valga señalar que la independencia política de esta nación fue posible, en gran medida, a la ayuda económica de España a lo largo del siglo XVIII.

En este mismo año Carlos V crea el Consejo Supremo de las Indias, similar a la Casa de Contratación pero con más funciones y poderes. Estaba formado por un presidente y ocho o diez consejeros, así como varios funcionarios de toda clase, tales como un fiscal, escribanos, secretarios, etc.

En este mismo año Pascual de Andagoya funda la ciudad de Panamá y se radica en ella. Un año después le dieron los indios noticias del Perú (llamado por los indios *Birú*), pero se enfermó y no pudo continuar con su viaje dejándole la conquista a Pizarro y Almagro.

En este mismo año se establece la Armada de la Carrera de Indias, escuadra patrullera que acompañaba a las flotas mercantes en sus viajes a América, debido a los ataques de los piratas franceses.

En este mismo año se erige la primera catedral en Santo Domingo. Otras catedrales fueron las de México en 1563, Lima en 1572, y Antigua Guatemala en 1669.

En este mismo año Fernando de Magallanes descubre Filipinas, nombrada así en honor de Felipe II.

1522 El 6 de septiembre desembarca en Sanlúcar de Barrameda Juan Sebastián Elcano, habiendo sido el primero en haber dado la vuelta alrededor del mundo.

En este mismo año Juan Bermúdez descubre las islas Bermudas, de donde proviene el nombre. Fue también llamada la Garza por el nombre de su nave.

En este mismo año Gil González Dávila descubre Nicaragua, llamada así por el cacique Nicarao o Nicaragua que allí reinaba.

En este mismo año Hernán Cortés introduce en México, traídos de España, la caña de azúcar, el trigo, la vid y la morera.

En este mismo año, Pedro de Alvarado y su hueste se dirigen a la conquista de Guatemala, El Salvador y Honduras.

1524 Fray Pedro de Gante funda en México la escuelas de primeras letras y artes y oficios, la cual tuvo muchísimo éxito. Unos años después (1533–36) el colegio de Santa Cruz de Tlaltelolco, obra del obispo Zumárraga y otros, cambiando luego de nombre al de San Gregorio Magno para la instrucción de hijos de caciques.

En este mismo año Pedro de Alvarado funda la ciudad de Santiago de los Caballeros de Guatemala (25 de julio), después de haber conquistado el país, el cual comprendía entonces toda la América Central exceptuando Panamá.

En este mismo año se crea el Consejo de Indias.

En este mismo año comienzan a llegar esclavos negros a Cuba.

En este mismo año, inicia Hernán Cortés su desastrosa expedición a Honduras.

En este mismo año logra Carlos V del papa Clemente VII la erección de las Indias en patriarcado en la persona de Antonio de Rojas, arzobispo de Granada.

En este mismo año Francisco Pizarro y Diego de Almagro dan comienzo a la gran empresa del Perú

En este mismo año llegan a San Juan de Ulúa los *doce apóstoles* dirigidos por el franciscano fray Martín de Valencia, que tanto bien hicieron en beneficio de los indios por todo México, fundando conventos y escuelas y bautizando a más de un millón de indios.

1525 Al morir el Inca Huayna Cápac en este año, divide el reino entre sus dos hijos Huáscar y Atahualpa, con lo que se debilita el imperio incaico y se facilita la conquista de Francisco Pizarro. Poco o nada se sabe de los verdaderos orígenes de la civilización incaica atribuyéndose los pocos datos con que se cuenta más a la leyenda que a hechos históricos. Su sociedad estaba dividida en varias clases: la familia real o inca; la aristocracia; la nobleza, mezcla de la aristocracia y el pueblo; el pueblo en sí; y, por último, los esclavos que se adquirían en las conquistas. A éstos no se les sacrificaba, como hacían los aztecas, sino que se les mantenían esclavizados o se les desterraba a lejanas tierras. Contaban los incas con un ejército bien organizado y con una intendencia formada mayormente por mujeres (portadoras de cargas). Fue una civilización altamente desarrollada en el orden político, social y cultural.

En este mismo año Carlos V establece el Correo de Indias y nombra a Lorenzo Galíndez de Carvajal Correo Mayor.

En este mismo año tiene lugar la batalla de Pavía entre Francisco I de Francia y las huestes imperiales de Carlos V, quedando derrotado aquél.

En este mismo año Esteban Gómez explora la costa de Norteamérica.

1526 Bartolomé Ruíz ve las costas del Ecuador y atraviesa la línea equinoccial en el Pacífico oriental de norte a sur.

En este mismo año, Francisco Pizarro, Diego de Almagro y Hernando de Luque hacen las escrituras para la conquista del Perú.

1527 Zarpa de Sanlúcar Alvar Núñez Cabeza de Vaca en la expedición de Pánfilo de Narváez a la Florida. En 1536, a los ocho años de haber arribado a la Florida, y después de haber recorrido miles de kilómetros a lo largo de todo el suroeste norteamericano, llega Cabeza de Vaca a México.

En este mismo año se introduce la viruela en Perú.

1528 Sebastián Caboto (al servicio de España) descubre el Paraguay. Un año antes había navegado por primera vez el río Paraná.

En este mismo año se crea la Audiencia de México.

1529 Se firma la Paz de Cambray poniendo fin a las guerras entre Carlos V y Francisco I de Francia.

1530 Carlos V promulga una ley concediendo privilegios de primer voto en Cortes en México, concedido análogamente en el Cuzco en 1540 siendo confirmado por Felipe II en 1593.

En este mismo año Nuño de Guzmán conquista Nueva Galicia, en México.

En este mismo año el obispo Vasco de Quiroga crea en Santa Fe de la Laguna, México, su primer hospital y un colegio para indios convertidos. En este mismo año se introduce el sarampión en México y Perú.

1531 El alemán Nicolás Federmann, de la casa Welser, al entrar en Coro, atraviesa por vez primera la zona andina de la América del Sur.

En este mismo año Diego de Ordás recorre el río Orinoco y explora Guayana.

En este mismo año una epidemia extingue la casi totalidad de la población indígena de Cuba.

En este mismo año, y desde su convento en Tlaxcala, fray Toribio de Motolinia ayuda a fundar la ciudad Puebla de los Ángeles en México. Fue fray Toribio el célebre autor de la obra *Historia de los indios de la Nueva España*, que le fuese encargada por los franciscanos, y que se publicó completa por García Icazbalceta en 1858 como parte de su obra *Colección de documentos para la historia de México*. Nadie como este franciscano llegó a conocer an amplia y profundamente de la lengua de los indios, de sus costumbres y de su pasado histórico.

1532 Funda Francisco Pizarro la primera ciudad española del Perú a la que llama San Miguel (Piura).

1533 ó 34. El piloto Ortún Jiménez descubre la península que llegó a llamarse California. En 1542 Juan Rodríguez Cabrillo y el piloto Bartolomé Ferrelo descubrieron la Alta California.

1535 El emperador Carlos V crea el virreinato de la Nueva España o México (el primero de América) por cédula real de 17 de abril. Su primer virrey fue don Antonio de Mendoza, quien gobernó hasta 1559, siendo substituido entonces por don Luis de Velasco hasta 1564. Fueron, ambos, los grandes organizadores del virreinato. México tuvo en total 61 virreyes en un período de doscientos ochenta y seis años, o sea, de 1535 a 1821. Antes de ser virreinato gobernó la segunda Audiencia, establecida en 1529. El virreinato comprendía todas las tierras al norte del istmo de Panamá, incluyendo todas las islas del Caribe o Antillas.

En este mismo año Sebastián de Benalcázar funda la ciudad de Santiago de Guayaquil (Ecuador). Un año antes, él y Diego de Almagro habían fundado la ciudad de Santiago de Quito, llamada después San Francisco de Quito en honor a Francisco Pizarro.

En este mismo año Diego de Almagro emprende la conquista de Chile.

En este mismo año Don Pedro de Mendoza funda la ciudad de Santa María del Buen Aire (Buenos Aires), en nombre de la Virgen del Buen

Aire, patrona de los marineros de Sevilla. En 1850, fue nuevamente fundada por Juan de Garay con el nombre que lleva hoy.

En este mismo año se publica en Sevilla la primera parte de *Historia general de las Indias* de Gonzalo de Oviedo Fernández y Valdés.

1536 Se publica en Ginebra la *Institutio religionis christianae* de Juan Calvino, en la que declara su doctrina de que la Escritura es el único medio de la revelación.

En este mismo año Andrés de Urdaneta llega a Lisboa después de haberle dado la segunda vuelta al mundo. En ese viaje, descubrió la mejor y más rápida ruta de Asia a América del Norte.

En este mismo año los tenientes de Cortés descubren la Baja California.

1537 Mediante la bula del Papa Paulo III, *Sublimis Deus*, se declara que los indios son seres humanos, capacitados para ser convertidos e instruídos, como ya se había establecido por la real orden de 1515. El concepto prevaleciente consideraba al indio un ser inferior, basándose mayormente en la teoría de Aristóteles de la esclavitud humana por naturaleza, y que en 1550–1551 sostuviera con tanto fervor Juan Ginés de Sepúlveda contra la opinión opuesta del padre Las Casas. Con esta bula de Paulo III queda así legalizado el mestizaje en América.

En este mismo año comienzan las Guerras Civiles del Perú.

En este mismo año el virrey Antonio de Mendoza ordena que se planten 100,000 morales (árbol de la seda) en México.

En este mismo año Francisco Montejo conquista y pacifica la tierra de Yucatán, Tabasco, y puebla a Mérida, la de Valladolid, y otras.

1538 Gonzalo Jiménez de Quesada funda la ciudad de Bogotá (27 de abril). Dos años antes había llegado a la meseta de Cundicamarca (llamada por él Valle de los Alcázares) y al país de los Chibchas.

En este mismo año se funda la primera universidad en Santo Domingo, Santo Tomás de Aquino, que llegó a funcionar después.

1539 Establecida ya la imprenta en México (el primero en solicitarla fue el obispo fray Juan de Zumárraga en 1533), se imprime la primera obra de América: *Breve y más compendiosa doctrina christiana en lengua mexicana y castellana*, por orden y sufragada por el mismo obispo. Con el establecimiento de la imprenta se facilita enormemente no sólo la conversión del indio sino su educación, y se abre América de par en par al resto del mundo. Es muy de notar la profusión de obras que surgen en estos primeros años y más aún en los siguientes, hasta el punto de poder afirmar que no hubo otra nación en el mundo que la haya igualado, tanto en su calidad de contenido como en su confección. El primer impresor fue Juan Pablos, italiano, empleado del impresor alemán de Sevilla Juan Cronberger. En Lima, el italiano Antonio Ricardo estableció la imprenta en 1584. En comparación, la primera imprenta de la América del Norte se estableció en 1638 (en el estado de Massachusetts), casi cien años después que la de México.

En este mismo año, el 25 de mayo, Hernando de Soto llega a la Florida (Tampa) con su gran expedición colonizadora. Ha de pensarse que entonces se consideraba a la Florida no sólo como la península que es hoy, sino como la casi totalidad de los actuales Estados Unidos, llamándosele así país, como ocurriría después con el vasto territorio de Luisiana. Cabe decir aquí también que en 1763, trece años antes de que se firmase la Declaración de Independencia de los Estados Unidos, todas las tierras al oeste del río Misisipí estaban bajo el dominio de España, que equivale a decir casi las dos terceras partes del continente norteamericano. Esto quiere decir que excluyendo el pequeño territorio que ocupaban las trece colonias estadounidenses, todo el resto de la inmensidad del continente era propiedad de España, y que gran parte de éste pasó después a México al lograr su independencia. Con una mapa a la vista se apreciaría mucho más lo dicho, lo cual se le sugiere haga el lector. Dos años después, en 1541, de Soto descubre oficialmente (ya lo había visto antes Álvarez de Pineda en 1519) en río Mississipí, al que llamo Río del Espíritu Santo, cerca de la actual ciudad de Memphis, en el estado de Tennessee.

En este mismo año parte Francisco Vázquez de Coronado de Sinaloa en su famosa expedición hacia el suroeste de América del Norte.

1540 El Papa Paulo III aprueba los estatutos de la Compañía de Jesús, creada por San Ignacio de Loyola.

En este mismo año zarpa Francisco de Coronado para la conquista de Cíbola y Quivira en América del Norte.

En este mismo año Hernando de Alarcón explora el Colorado en la América del Norte, y García López de Cárdenas descubre el Cañón del Colorado.

1541 Pedro de Valdivia funda la ciudad de Santiago, en la Nueva Extremadura (Chile).

En este mismo año se consagra la catedral de Santo Domingo.

En este mismo año es asesinado Francisco Pizarro por los almagristas.

En este mismo año muere Pedro de Alvarado.

1542 Carlos V promulga en Valladolid las llamadas Leyes Nuevas para el buen gobierno de las Indias, y se fijan las condiciones jurídicas bajo las cuales debía tratarse al indio. Estas nuevas leyes buscaban subsanar los fallos que se cometieron bajo las anteriores Leyes de Burgos de 1512, las cuales perseguían el mismo fin pero que escasamente recibieron debido cumplimiento. Es decir, que mayormente fracasaron, especialmente a raíz de las conquistas de México y otras tierras. Fue aquí donde el padre Bartolomé de las Casas, en presencia del propio emperador, expuso su famoso *Memorial* en defensa del indio y los remedios que, según él, debían instituirse para tal fin. Estas leyes comprendían cuarenta capítulos; los veinte primeros se relacionaban con la organización del Consejo de Indias, y las restantes a la condición del indio, organización y regulación de las encomiendas, conquistas, etc. Difícil fue implantar y hacer cumplir estas leyes, principalmente las que tenían que ver con las encomiendas. Finalmente Carlos V se vio obligado a modificarlas en 1545.

En este mismo año Francisco de Orellana descubre el río Marañón o Amazonas (11 de febrero). El 10 de junio de ese año descubrieron otro afluente del Amazonas, el Grande, y fue aquí a finales de mes donde se toparon con una tribu en la que peleaban también unas mujeres guerreras, iguales que las de la mitología griega y de ahí el nombre que se les dio de Amazonas, a ellas igual que al río.

En este mismo año termina Bartolomé de las Casas su famoso libelo, *Brevísima relación de la destrucción de las Indias*.

En este mismo año Álvar Núñez Cabeza de Vaca descubre las cataratas de Iguazú en el río Paraná.

En este mismo año Juan Rodríguez y Cabrillo descubre California y las islas del canal de Santa Bárbara.

1543 Se crea el virreinato del Perú, principalmente para el cumplimiento de las Nuevas Leyes, responsabilidad que recaía en un representante del rey o virrey. El primer virrey fue Blasco Núñez Vela, llegando a Lima al año siguiente. Fue el principal instigador de la tercera guerra civil del Perú, muriendo derrotado en la batalla de Añaquito por Gonzalo Pizarro. La jurisdicción de este virreinato comprendía todas las tierras conquistadas en el continente sudamericano, con excepción de la gobernación de Caracas que aún pertenecía al de México. Siempre fue el Perú el virreinato más importante de América, no sólo por su mayor extensión, sino por sus riquezas y dificultad en el gobierno. El virreinato estaba a su vez compuesto por diferentes Capitanías y Gobiernos, como las de Chile, Venezuela y otras. El gran organizador del virreinato fue don Francisco de Toledo, designado por Felipe II, comenzando su gobierno en 1568 hasta 1571.

1544 En este año y en los subsiguientes, Francisco de Ibarra conquista Nueva Vizcaya en México, llamándole así por ser el nombre de su región de origen en España.

1545 hasta 1563. Tiene lugar en Italia el Concilio de Trento, en el que se establecen los grandes dogmas del catolicismo, especialmente frente a los reformistas. Esencialmente es en él donde se fijan las doctrinas católicas tal y como han llegado a nuestros días.

En este mismo año la Nueva Espana se ve azotada por la peste.

1546 Diego de Villaroel funda la villa de Potosí en Bolivia, autorizada mediante cédula de Carlos V de 28 de enero de 1547. Las famosas minas de plata fueron descubiertas un año antes por el indio Diego Huallpa, siendo reconocido como tal por real cédula de 1578.

En este mismo año (18 de enero) tiene lugar en el Perú la Batalla de Añaquito entre Gonzalo Pizarro y el primer virrey Núñez Vela, en la que muere éste.

En este mismo año durante el virreinato de Antonio de Mendoza se erige la sede de México como arzobispado.

1547 Muere Hernán Cortés en Sevilla.

1548 Juan de Oñate y otros compañeros descubren las ricas minas de Zacatecas en México.

En este mismo año Alonso de Mendoza funda la ciudad de La Paz (Bolivia) con el nombre de Nuestra Señora de la Paz, nombrada así por el fin de las guerras civiles.

1551 Carlos V crea por cédula real de doce mayo la Universidad de Lima o San Marcos, y en ese mismo año, por otra cédula de 21 de septiembre la de México. La de Lima se abrió el 12 de mayo de 1553 y la de México el 23 de enero del mismo año. Es muy de notar que en la de México se graduaron en dos siglos (XVI-XVII) más de 28,000 bachilleres, y durante todo el período colonial se graduaron de doctor casi mil quinientas personas.

1553 Fray Alonso de la Veracruz llega a ser el primer catedrático de filosofía de México y América.

1554 Felipe II se casa con María Tudor.

1555 Comienza el movimiento de la Contrarreforma de la iglesia católica frente a la Reforma protestante.

En este mismo año, y según consta en algunos mapas del siglo XVIII, las islas Sandwich o Hawaii fueron descubiertas por Juan Gaytán, a las que llamó islas de Mesa.

1556 Felipe II es proclamado rey de España el 28 de marzo en Valladolid, al abdicar su padre el emperador Carlos V quien muere en 1558 junto con María Tudor.

En este mismo año el marqués de Cañete, virrey del Perú, funda en Lima una escuela para huérfanos mestizos.

En este mismo año azota la plaga a Europa.

1557 Tiene lugar la batalla de San Quintín entre Felipe II y Enrique II de Francia. Ante la victoria española, 10 de agosto, Felipe II prometió a San Lorenzo la construcción en su nombre de un monasterio que llegaría a ser después El Escorial.

1558 Comienza el reinado de Isabel I en Inglaterra. Época de mayor auge de la piratería inglesa contra las posesiones ultramarinas españolas.

En este mismo año se crea en Santo Domingo el colegio de Santiago de Gorjón y de la Paz.

1560 Juan Rodríguez Suárez funda la ciudad de Caracas, llamándola San Francisco.

En este mismo año fray Francisco de Pareja funda en San Agustín (Florida) la primera iglesia de los Estados Unidos.

1563 Se publica la obra *Camino de perfección* de Santa Teresa de Ávila. En 1577 aparece su obra más importante *Libro de las siete moradas o castillo interior.*

1565 Pedro Menéndez de Avilés funda San Agustín, en la Florida, la primera ciudad europea en el actual Estados Unidos.

1567 Llegan al Perú los primeros jesuitas (Compañía de Jesús).

En este mismo año se crea una escuela primaria en Caracas.

1571 Se establece el servicio de los Galeones de Manila entre México (Acapulco) y Manila, en los que iban una vez por año las mercancías que se intercambiaban entre un país y otro.

En este mismo año se obtiene la victoria naval en Lepanto.

1573 Felipe II proclama las *Ordenanzas de nuevos descubrimientos y poblaciones* para regular toda fundación de pueblos en América, la cual debía ser prescrita por la metrópoli.

1574 J. López de Velasco completa su magna obra (empezada en 1571) *Geografía general de las Indias*, que se publicaría por primera vez en Zaragoza en 1894.

1575 El franciscano Luis de Bolaños hace la primera traducción a la lengua guaraní del *Catecismo limense.*

1576 Epidemias de viruela azotan a toda Centroamérica.

1578 Mediante real cédula (20 de noviembre) se establece que las tierras de las Indias son propiedad de la Corona.

1580 Anexión de Portugal a España.

1583 Se establece el Concilio en el Perú, y en 1585 en México. Tenían como principio la conversión del indio y regular su trabajo.

En este mismo año comienza España a prepararse para la invasión de Inglaterra.

1584 Se mandan a Veracruz 112 cajas de libros para instruir a los indios. En 1601, un librero de España manda a su representante en América 10,000 libros, muchos de los cuales tratan de religión y filosofía: Aristóteles, Virgilio, Marco Aurelio, etc.

1585 Entre este año y el siguiente el pirata Francisco Drake ocasiona grandes daños en varias posesiones españolas de América.

1588 Derrota de la Armada Invencible. Fracasa el plan de Felipe II de invadir a Inglaterra, fuerte golpe del que España nunca se recuperó.

1589 Se funda en Cuba el colegio de San Antonio por los jesuitas.

1591 A partir de este año se autoriza a particulares fundar y dotar las iglesias, capillas y hospitales.

En este mismo año se ordena que los virreyes de América nombren Procuradores de indios en cada uno de sus territorios, para atender a las demandas y pleitos de los naturales.

1592 Por cédula real se autoriza la fundación de los Colegios Seminarios en América, mediante los cuales se transmitieron a los indios la cultura occidental.

En este mismo año se crean los consulados de México y Lima.

1595 El pirata inglés Francis Drake saquea a la ciudad de Caracas

1598 Comienza el reinado de Felipe III en España a la muerte de Felipe II.

1601 Se publica en Madrid la monumental obra *Historia general de los hechos de los castellanos en las islas y tierra firme del mar Océano*, comúnmente conocida por *Décadas*, compuesta por Antonio de Herrera y Tordesillas.

En este mismo año vuelve la plaga a azotar a Europa.

1604 Se autoriza ley impidiendo que los indios de Chile se dediquen a sacar oro y se ordena que sean usados en labrar la tierra de la que se saquen frutos.

1605 Se publica en Madrid la primera parte del Quijote, obra inmortal de Miguel de Cervantes. La segunda parte se publicó en 1615, también en Madrid, por Juan de la Cuesta.

En este mismo año se crean tres Tribunales de Cuentas en México, Perú, y Santa Fe de Bogotá para la administración financiera.

En este mismo año Juan de Oñate funda Santa Fe (Nuevo México) y San Francisco (California)

1609 Se suprimen los *repartimientos* y se establece el sistema de alquiler. Éste consistía en un sorteo mediante el cual parte de la población india tenía que trabajar en las *mitas* (*mitayos*) bajo el cuidado de caciques. Una vez al año en México se sacaba un cuarto y en el Perú un séptimo. Estaban exentos de trabajar en ellas los niños, las mujeres embarazadas, y los enfermos. Durante el reinado de Carlos II se le permitió al indio salirse de la mita si sabía un oficio pero tenía que pagar tributo.

En este mismo año se expulsa a los moriscos de España.

1611 El franciscano Fernando de Trejo y Sanabria funda en Córdoba el monasterio de Santa Catalina con una escuela para niñas, la primera en su clase.

1615 Se publica en México *Historia natural de la Nueva España*, obra capital para el conocimiento de la naturaleza de América.

1616 En este mismo año llegan los primeros esclavos negros a las Bermudas.

1621 Comienza el reinado de Felipe IV en España.

1624 Se suprimen los Obrajes en la Nueva España, los cuales consistían en talleres donde se hilaban y tejían distintas telas y se elaboraban otros productos.

1625 El arzobispo Gonzalo de Ocampo consagra la catedral de Lima.

1634 Los holandeses se apoderan de Curazao y lo convierten en foco de esclavos africanos.

1643 Comienza la decadencia española.

1645 Horacio Carochi, un jesuita italiano radicado en México, publica su obra *Arte de la lengua mexicana con la declaración de los adverbios della*, impresa en México por el famoso impresor Juan Ruíz. Se considera la mejor gramática en nahualt en la tradición clásica.

1648 Se firman los tratados de Westfalia (Alemania) entre las naciones partícipes en la Guerra de Treinta Años, estableciendo así un nuevo equilibrio europeo.

1652 Se establecen dos tipos de moneda: la plata vieja que circulaba en América y la plata nueva, de peso inferior, que circulaba exlusivamente en España.

1665 Santa Rosa de Lima es canonizada, siendo nombrada poco antes por el Papa Clemente X Patrona de América y de las posesiones de España en Oceanía. Su canonización fue motivo de grandes fiestas en todo el país. En este mismo año, el 7 de octubre, Juan de Austria derrota a los turcos en la batalla de Lepanto.

En este mismo año comienza el reinado de Carlos II en España hasta 1700, año en que comienzan a reinar en España los Borbones con Felipe V. Esta dinastía se mantiene en España hasta nuestros días con el rey Juan Carlos.

1668 Saqueos de Portobello y Puerto Príncipe (Cuba) por el pirata inglés Henry Morgan. Un año después haría lo mismo en Maracaibo y Gibraltar (Venezuela).

1673 El fraile Juan Larios funda varias misiones en Texas y comienza la exploración y colonización de estas tierras.

En este mismo año se abre el Seminario de Santa Rosa, el primero de Caracas.

1675 Se beatifica al franciscano San Francisco Solano (canonizado en 1726), llamado el Apóstol de las Indias Occidentales por su gran labor de evangelización y educación del indio en Paraguay, Chile y Perú.

1679 Se beatifica a Toribio de Mogrovejo, gran evangelizador y educador de los indios del Perú (fue canonizado en 1726).

1680 La Recopilación de leyes de este año limita la esclavitud a los indios caribes y a los de Chile por insubordinación y ferocidad.

1692 Diego de Vargas conquista Nuevo México (Estados Unidos).

3

Aspectos generales de la vida de la mujer española

Después del descubrimiento, la mujer española soltera emigraba a América más por compromiso u obligación que por voluntad propia, y regularmente amparada bajo el tutelaje de una gran dama noble de la que era aya o sirvienta, puesto no le era permitido viajar sola; y, si era casada, lo hacía mayormente para cumplir con las disposiciones reales que le exigían acompañar a su marido en todas sus empresas. El virrey Luis de Velasco intentó viajar sin su mujer cuando fue a México a tomar posesión de su nuevo cargo, y fueron tantos los inconvenientes que confrontó que tuvo que quejarse al rey (carta de 10 de abril de 1550) y por su intercesión al fin pudo marchar. Y al que osase burlar estas reglas se le imponín fuertes multas o prisión, sin exceptuar a los poderosos oidores. Como dice Lewis Hanke *Cuando sea finalmente escrita la historia del matrimonio en la América española, habrá de incluir muchos incidentes extraordinarios y hasta regocijantes de los esfuerzos reales para asegurar la estabilidad de la vida familiar en América.*[1] Estos incentivos o estímulos que otorgaban los reyes incluían, entre otros, franquicia a las pertenencias que se llevasen, preferencia de cargos en tierras americanas, casas, solares y tierras, así como la explotación de las minas que se descubriesen (menos el quinto real) y otros. Y no se limitaban a los naturales de Castilla y León, sino a todos los súbditos de los reinos de la Corona y del imperio, y en ocasiones a extranjeros como genoveses y portugueses con tal de que viajasen con sus esposas, pero excluyendo a los judíos y moros y a todo aquel penitenciado por la Inquisición. Es de notar, sin embargo, que en el primer viaje colombino uno de los 105 tripulantes, Luis de Torres, fuese judío, aunque converso, y que no fuese ningún sacerdote, y que en el cuarto viaje más del 10 por 100 de la tripulación fuesen italianos, mayormente genoveses. Todo este empeño de la Corona era para poblar las nuevas tierras, vistas como una extensión más de la península y nunca como una mera colonia, como llegaron a verlas las otras potencias europeas, principalmente Inglaterra y Holanda. Léanse al respecto estas palabras de Salvador de Madariaga:

> Este concepto orgánico (a la vez espiritual y biológico) del Estado es la verdadera causa de la índole multiforme de España. El Rey era la cabeza de varios cuerpos políticos—Castilla, León, Aragón, Valencia, etc.— unidos entre sí de derecho y casi siempre de hecho tan sólo por la Corona. "Estos reinos" es la expresión que casi siempre se encuentra por entonces para designar a España en los papeles oficiales.
>
> Despréndese de aquí que el concepto español de la organización política de las Indias no podía ser *colonial*. Los territorios descubiertos, conquistados y "poblados" por los españoles no podían considerarse de ningún modo como propiedad de España. Vinieron a ser *"esos reinos,"* en pie de igualdad con los reinos de la Península, otras tantas Castillas, Leones y Valencias, unidades de vida colectiva española ligadas entre sí y a las europeas por la persona del Rey.[2]

Y Julio de Atienza hace hincapié sobre lo mismo:

> Materia es esta de la nobleza titulada que demuestra una vez más que América nunca fue una colonia española, sino una continuación de España misma. Los títulos nobiliarios se concedieron en Indias sin distinción alguna entre españoles y criollos: todos eran españoles. Es más: una vez creada la nobleza criolla, fue preferida a la española para determinadas funciones rectoras, ya que una Real cédula obligaba a elegir a los regidores entre los vecinos de la ciudad, criollos en su mayoría, nobles o de buen linaje, beneméritos y ricos, de conocida virtud y buena fama. Por su parte, la aristocracia indiana estaba unida a la aristocracia española, y no sólo por repetidas alianzas entre ambas, sino también por lazos espirituales de difícil ruptura.[3]

Además de esos estímulos, la Corona sufragaba todos los gastos de la travesía que llegaron a montar una suma considerable de dinero. No así el gobierno inglés, un siglo después. También incitaba la emigración de sus súbditos a las nuevas colonias de América del Norte, pero cada cual tenía que sufragar sus propios gastos y en algunos casos los adelantaba con la condición de que le fueran reintegrados inmediatamente. En realidad se esperaba que la mujer casase en seguida con hombre pudiente y que fuese él quien los pagase en ¡hojas de tabaco! que debían pesar no menos de 150 libras. Es de notar, además, que para poder viajar era requisito indispensable para las mujeres ser vírgenes o doncellas. Tal fue el convenio entre la *Virginia Company of London* y los colonos según consta en esta carta traducida por Carlos Pereyra:

Por esta embarcación y pinaza, llamada "Tigre," enviaremos tantas doncellas y mozas que hagan el número de cincuenta, contando las doce remitidas ya por el "Marmaduke," las que esperamos serán recibidas con la misma piedad cristiana y con la caridad con que las enviamos de aquí, para que a su desembarco sean proveídas, y dadas en matrimonio (que es nuestra principal intención), dejando a vuestra discreción y sabiduría las disposiciones más ventajosas para bien de ellas y satisfacción de los aventureros (colonos). Y en lo concerniente a los gastos hechos en esta remisión, que montan a más de doce libras (esterlinas), son necesarias ciento y cincuenta libras de la mejor hoja de tabaco por cada una de las dichas doncellas. Y si alguna de ellas muriere, se hará a las otras una adición proporcional. Este aumento de treinta libras de peso, respecto de las enviadas en el "Marmaduke," se ha resuelto por encontrarse que la gran merma y otras pérdidas en el tabaco de Virginia no admite menos. Y el dicho tabaco que debe ser recibido, habrá de entregarse a Mr. Ed Blany, quien tiene el encargo de llevar cuenta ajustada.[4]

Piénsese lo que se quiera, pero lo cierto es que ningún monarca español jamás hubiese concebido semejante negocio. Pero el inglés, guiándose por su lema de siempre *Business is business* (negocio es negocio) no tenía en menos hacerlo y lo encontraba perfectamente justicado.

Al propagarse la noticia de que el gobierno concedía tantos beneficios al casado, muchos se apuntaron y otros aprovecharon la ocasión para sacar ventaja personal, incluyendo los capitanes, oidores, y oficiales del reino. Después de todo, mientras más personas viajasen con uno más beneficios se acumulaban. Pero ya obtenidos todos los permisos y beneficios, faltaba aún dar el gran salto a América, verdadera odisea que infundía pavor entre los emigrados según las experiencias contadas por otros. Veamos en qué consistía el viaje. Zarpaba la frágil nave con más tripulantes de los debidos, calculándose una travesía de sesenta u ochenta días salvo que se presentase algún contratiempo, siempre al acecho. Se dependía exclusivamente de la pericia del piloto si bien se sabía que surcaba mares no trillados y valiéndose de instrumentos de navegación rudimentarios. Acuciaba el hambre, la sed, el cansancio, el aburrimiento. De comida sólo podía esperarse un pedazo de bizcocho mugriento y para saciar la sed un poco de agua servida por onzas. Se sucedían las plegarias, los rezos, las encomendaciones a Dios para salvarlos a todos de algún percance. Para entretenerse, se relataban historias y cuentos y se hacían uno que otro chiste, como aquel de una mujer la cual, mirándose su cuerpo se lamentaba de que pudiese el mar tragarse tanto garbo y hermosura. Antes de partir, todos se confesaban y dejaban escritos y bien resguardados sus testamentos.

Si el encomendero no era casado, arriesgaba que le quitasen sus tierras, principalmente en México y el Perú, y rara vez se le otorgaban a los solteros. Y si no se casaba en un plazo de tres años lo podía perder todo. En el Perú, para tener derecho a herencia se exigía estar casado y tener hijos, en cuyo caso se le redimía al hombre de ir a la guerra caso de enfermar su mujer. Los hijos naturales tenían también derecho a herencia salvo que se hubiesen engendrado en adulterio. Según cédula de enero de 1562 al conde de Nieva, no se podía conceder cartas de naturaleza a extranjeros ni permiso a los casados en Castilla para estar en Perú sin sus mujeres. Véase, pues, la seriedad con que se tomaba el matrimonio hasta el punto que, en el siglo XVIII, para poder casar debía contarse con el consentimiento paterno y si se llevaba a cabo sin él el único camino que le quedaba a la hija era hacerse monja. Si lo hacía la sirvienta o criada, se le obligaba a trabajar en una panadería después de haber recibido como castigo unos azotes. La edad núbil para el hombre era de veinticinco años y la de la mujer de veinitrés. (Leyes pragmáticas de Carlos III de 1776 y de Carlos IV de 1803).

También emigraban estas mujeres para *hacer su América*, buscando mejorar su condición social y económica mediante casamiento con uno de los afamados y supuestamente ricos conquistadores, objetivo que a la larga muy pocas alcanzaron. El matrimonio se consideraba entonces uno de los pilares de la sociedad, base fundamental de la familia y de la legimitación de los hijos. Al quedar solteras, se dedicaban no de muy buen grado a menesteres domésticos como ser cocineras, sirvientas, tejedoras, vendedoras, etc. En cuanto a estas doncellas *a la caza de matrimonio provechoso*, a menudo accedían a llevarlo a cabo aunque no de muy buena gana. Adrián Recinos refiere un episodio gracioso del Inca Garcilaso de la Vega que trata de este asunto:

> Garcilaso de la Vega, el Inca, refiere en sus Comentarios Reales que una de aquellas noches, hallándose las damas de doña Beatriz (de la Cueva) tras una antepuerta observando a los hombres que en la sala vecina presenciaban un sarao, se desarrolló entre ellas este diálogo:
> Dicen que nos hemos de casar con estos conquistadores.
> —"¿Con estos viejos nos habíamos de casar? Cásese quien quisiere, que yo por cierto no pienso casar con ninguno de ellos. Doylos al diablo. ¡Parece que escaparan del infierno según están de estropeados; unos cojos y otros mancos, otros sin orejas, otros con un ojo, otros con media cara, y el mejor librado la tiene cruzada una y más veces!"
> Repuso la primera: "No hemos de casar con ellos por su gentileza, sino por heredar los indios que tienen, que según están de viejos y cansados, se han de morir pronto, y entonces podremos escoger el mozo que quisiéremos en lugar del viejo, como suelen trocar una caldera vieja y rota por otra sana y nueva."[5]

Ya se ha dicho que con el tiempo el español se fue encariñando con la indígena a la que consideraba más dulce y tierna, más sensible y melosa, más sacrificada y siempre pronta a complacerle. La india poco pedía y con con poco se conformaba, mientras que su coterránea era más exigente, más ambiciosa. Claro que, en un principio, al verse solo, no la desdeñaba y por necesidad, más que por preferencia, buscaba su compañía como lo afirma Colón en una de sus cartas a los Reyes Católicos: *Y después envié a una casa, que es de la parte Poniente, y trujeron siete cabezas de mugeres entre chicas e grandes y tres niños. Esto hice porque mejor se comportan los hombres en España habiendo mugeres de su tierra que sin ellas.*[6] Y si no era por necesidad lo era por interés, por emparentar con una familia noble e influyente que le valiera para lograr sus metas. Veamos dos ejemplos. Don Antonio de Ribera casó en el Perú con la viuda de un medio hermano de Francisco Pizarro, la cual había heredado de su marido una de las más grandes encomiendas de ese reino. Y los mineros de Potosí daban a sus hijas grandes dotes, a veces de hasta tres millones de pesos, para atraer casamiento con hidalgos gallegos o asturianos que eran entonces los de mayor linaje.

Las primeras mujeres españolas, alrededor de unas veinte, todas casadas, arribaron a América en el tercer viaje colombino y posteriormente en la expedición de Nicolás de Ovando a Santo Domingo el 13 de febrero de 1502, constituyendo así las primeras familias europeas que pasaron a América. Un tercer grupo, quizá el más numeroso y prominente, llegó a tierras dominicanas en 1509 acompañando a la gran dama María de Toledo, esposa del virrey Diego Colón. A estas mujeres recién llegadas se les llamaba *chapetonas*, o sea, recién llegadas de España. Esta costumbre se prolongó por muchos años, y así tenemos el caso de doña Teresa de Castro, esposa del virrey García Hurtado de Mendoza, marqués de Cañete, que llegó a Lima en 1590 acompañada de un gran séquito de unas quinientas damas solteras, siendo la primera vez que se le autorizaba a un virrey viajar al Perú con su esposa. Así nos describe Ricardo Palma la fastuosa llegada de la marquesa a Lima:

> Entró (la vierreina) en Lima un día antes que su marido, en una litera tapizada de terciopelo carmesí, acompañada de doña Magdalena de Burgos, mujer del caballero a quien traía por secretario el marqués. Tras la litera venían lujosos carruajes, y en ellos la camarera mayor doña Ana de Zúñiga y quince dueñas y meninas. Las criadas de éstas, que ascendían a cuarenta mujeres españolas, y todas jóvenes, llegaron a la ciudad por la noche. La recepción de doña Teresa fue para Lima una verdadera y espléndida fiesta. Con la virreina vino también de España una banda de música.
>
> Minuto más, minuto menos, doña Teresa frisaba por entonces en los veinticinco años, y a rancios cuarteles de nobleza unía gran fortuna y

deslumbradora beldad. Ella fue la primera que estableció en los salones de palacio la etiqueta aristocrática de una pequeña corte y la galantería de buen tono.[7]

En el séquito de María de Toledo venía un tal Juan Juárez Marcaida, natural de Granada, con su mujer y tres hijas. De una de ellas, llamada Catalina, se enamoró Hernán Cortés y por ella tuvo pelea y le encarcelaron. Posteriormente Juan Juárez pasó a Cuba y Cortés se fue detrás de Catalina, casándose allá con ella más o menos a la fuerza. Murió Catalina poco después de conquistarse México y asimismo sus dos hermanas. Otras veinte doncellas pasaron con doña Beatriz de la Cueva, esposa de Pedro de Alvarado y futura virreina de Guatemala, y otras tantas con doña María de Carvajal, esposa del mariscal Jorge Robledo. Estas mujeres, en su mayoría, eran andaluzas. Sobre este particular comenta Francisco Morales Padrón:

> Estableciendo dos etapas en la primitiva emigración, de 1492 y de 1520 a 1540, las últimas investigaciones demuestran que los andaluces constituyeron el grupo más numeroso. La primera etapa, llamada también antillana, puede ser subdividida en dos momentos, de 1492 a 1508, y de 1509 a 1520. Pues bien, en el primer momento la aportación andaluza fue del 60 por ciento, mientras que Extremadura, las dos Castillas, León y las Vascongadas facilitaron un 6 y las demás regiones un 11. En conjunto, la época antillana fue testigo de una gran emigración andaluza; se puede decir que de cada tres colonizadores, uno era andaluz; de cada cinco, uno era oriundo de la provincia de Sevilla, y de cada seis, uno se decía vecino o natural de Sevilla. Sevilla fue la provincia que aportó mayor caudal emigratorio dentro de la región andaluza.[8]

Y así fueron llegando otras mujeres después del descubrimiento. Hagamos un pequeño recuento. En 1526, Lucas Vázquez de Ayllón llevó consigo en su expedición al noreste de los actuales Estados Unidos unos 600 hombres, entre los cuales se encontraban algunas mujeres. También les acompañaban varios esclavos africanos que pueden haber sido los primeros en arribar a esas tierras. Con Jerónimo Lebrón, conquistador de Nueva Granada en 1540, pasaron otras dos. El padre Simón y Juan de Castellanos mencionan a una tal Isabel Romero, esposa de un conquistador, y a su hija María. Catalina de Miranda parece haber sido la primera mujer en llegar a Venezuela. Con Alonso Luis de Lugo fueron varias. En 1531 aparece en Perú la primera mujer española, Juana Hernández y la esposa de uno de los capitanes de Pedro de Alvarado que muere con sus dos hijas de frío en Quito. Con Pedro de Ursúa llegan al Amazonas dos españolas y una mestiza llamada Inés de Atienza, y en el Río de la Plata Pedro de Mendoza lleva consigo a varias, entre ellas a Isabel de Guevara que llegó a escribir una carta a la princesa Juana. Llegaron otras mujeres con Pedrarias Dávila a Castilla de Oro, con Jorge Robledo y Fernández de Lugo al Nuevo Reino, con García de Mendoza a Chile, con Pedro de Alvarado a Guatemala, y a la Asunción en el siglo XVI llega doña Mencia de Calderón, viuda del adelantado Juan de Sanabria, acompañada de un séquito de damas. Con Cortés pasaron a México media docena y con Pánfilo de Narváez cuando fue en busca de Cortés alrededor de cuatro. También se sabe que Sebastián Ramírez de Fuenleal llevó a Panamá y despues al Perú a su mujer e hijos. También con el virrey Blasco Núñez Vela pasaron al Perú en 1544 varias mujeres. También se sabe que en el siglo XVI pasaron a América en total 587 extremeños y que el 16 por ciento eran mujeres (véase la obra de Vicente Navarro del Castillo *La epopeya de la raza extremeña*).

Según el *Catálogo de Pasajeros a Indias*, entre 1509 y 1559 pasaron a América un total de 15,000 emigrados, mayormente andaluces, de los cuales se calcula que del 5 al 17 por 100 eran mujeres. Pero ya para finales de siglo ese total había aumentado a 200,000 y del mismo modo la proporción de mujeres en un 40 ó 50 por 100, o unas 100,000.[9] O sea, que la problación femenina fue siempre aumentando. Y tan es así que ya en 1610, según nos dice Antonio Vázquez de Espinosa, en la ciudad de La Plata había un total de 1,100 españoles y 1,500 mujeres y que éstas aumentaban constantemente.[10] El historiador peruano José M. Valega nos da cifras para Lima a principios del siglo XVII:

> En este año de 1614 procuró saber el virrey la gente que había en el Reino: hízose padrón de la de Lima con todo cuidado, y en ella se hallaron las personas siguientes: Españoles, 5,257; **españolas,** 4,359; Clérigos sin las dignidades y Canónigos, 300; frailes de todas órdenes, 894; en la Caridad de las recogidas, 79; **monjas** de todos los monasterios, 820; en servicio de ellas, 425; negros, 4,529; **negras,** 5,857; mulatos, 326; **mulatas,** 418; indios, 1,116; **indias,** 862; mestizos, 97; **mestizas,** 95. Total: 25,454.[11]

Se verá, al sacarse la cuenta, que había en Lima en aquel año más mujeres que hombres: 12,915 frente a 12,519, o una diferencia de 396. Y es más curioso aún el número de españolas, casi tantas como los hombres. Nótese también, como dato curioso que, entre las mujeres había muchísimas más negras y mulatas que indias y mestizas, 5,275 frente a solamente 957. Es de notar que en una ciudad de población mayormente indígena hubiese tal desproporción entre las dos razas, sobre todo en esos primeros años. Téngase presente que el Perú se conquistó con la entrada de los españoles en el Cuzco en 1533, completándose dos años después con la fundación de Lima (1535). El virreinato fue creado en 1543. Esto no concuerda con

la población general del país, pues según Rosenblat en 1570 de una
población global de 1,585,000 habitantes, casi el 95 por 100 eran indígenas, ó 1,500,000 almas. Sin embargo, la población negra y mulata siguió
aumentando, y ya para el año 1650, según el propio Rosenblat, de una
población total de 1,600,000, 90,000 eran negros y mulatos.[12] Es decir, que
en sólo 36 años se efectuó un aumento de casi el 124 por ciento en estas
dos razas. También son curiosas las cifras de población que nos proporciona Alexander von Humbolt para la ciudad de México en 1790. Según
cálculos del afamado investigador, en ese año la ciudad de México contaba con 2,500 europeos (blancos como él los llama), 65,000 criollos (hijos
de españoles nacidos en América), 33,000 indígenas (de piel bronceada,
según sus palabras), 26,500 mestizos (mezcla de blancos e indios) y 10,000
mulatos, sumando una población global de 137,000 habitantes.[13] Es decir,
que ya para finales del siglo XVII quedaba perfilado el patrón racial americano, al menos en sus dos grandes ciudades, Lima y México: mengua del
emigrante peninsular y aumento de la población criolla, mestiza y mulata.
Son más reveladoras aún las cifras de población que nos ofrece el mismo
Humbolt para la ciudad de Puebla (México) en 1798:

Indios	hombres	187,531	mujeres	186,221
Españoles o blancos	hombres	25,617	mujeres	29,363
Razas mixtas	hombres	37,318	mujeres	40,590

Añade, además, 585 eclesiásticos seculares, 446 monjes o frailes, y
427 monjas.[14] Compárese no solamente la proporción entre españoles,
indios y razas mixtas, sino también entre hombres y mujeres entre las tres
razas. En cuanto a los indios, el número de hombres excede al de las
mujeres pero no así en los otros dos grupos en los que predominan las
mujeres. Aún entre frailes y monjas la diferencia entre unos y otras es
insignificante.

Esto sienta tres importantes premisas: una, la total despreocupación
del español en cuanto a mezclarse con las otras dos razas, a pesar de considerárseles inferiores; dos, la integración racial americana no sólo del
español con el indio y el negro sino asimismo entre estos dos últimos, del
que surgió el zambo; y tres, la preponderancia de la población femenina
sobre la masculina. Esto se debió, mayormente a que el hombre moría
prematuramente debido a las guerras y desempeñaba trabajos físicos más
rigurosos que le iban acortando la vida.

Durante el siglo XVI la mayoría de las mujeres que emigraban a
América eran sevillanas y solteras, con un número reducido de casadas y
viudas y algunas niñas. En su magnífica obra *Patterns of Spanish Emigra-*

tion to the Indies, 1579–1600 (separata publicada en 1976 por la Academy of American Franciscan History, vol. XXXIII, Number 1), Peter Boyd-Bowman nos dice que la proporción de mujeres emigrantes durante el período Antillano (1493–1519) fue de sólo un 5.6%, y que durante el siguiente (1520–1539) no llegó a más del 6.3%. Sin embargo, señala que en los veinte años siguientes llegó a ser casi el doble ó 16.4% y que entre 1560–1579 sobrepasó el 28.5%. Continúa diciendo que en las últimas dos décadas del siglo XVI, el porcentaje de mujeres emigrantes disminuyó levemente, aunque se mantuvo la misma proporción de una mujer por cada cuatro emigrantes. Después añade estas cifras: de un total de 9,508 nuevos colonizadores, 2,472 (o sólo el 26.0%) eran mujeres y niñas y de éstas 1,476 (59.7%) eran andaluzas. Referente a su estado matrimonial, 905 (36.6%) eran casadas, 97 (3.9%) viudas, y el resto 1,470 (59.5%) eran solteras o niñas. Incluye a continuación unos datos interesantísimos en los que señala con cifras exactas las zonas a las que se dirigieron estas mujeres según su preferencia: 954 al Perú, 784 a México, 173 a Cartagena, 117 al interior de Nueva Granada y Panamá, y las 99 restantes a Nombre de Dios y Tierra Firme. En cuanto a las Antillas, a Cuba y Santo Domingo 78 y 69 respectivamente, y a Puerto Rico sólo 3, mientras que a Jamaica ninguna.

A las mujeres españolas solteras, que como se ha dicho comprendían el mayor núcleo migratorio, no les era lícito mezclarse con las huestes españolas pues ello acarreaba trifulcas y alborotos y a menudo muertes. José M. Valega, refiriéndose a la mujer limeña un siglo y medio después nos dice: *La ignorancia del derecho perjudicaba al hombre, pero no a la mujer. Ésta quedaba excluida de los empleos, profesiones, etc., porque 'non sería cosa guisada que estuviese entre la muchedumbre de hombres, librando pleitos', según el texto de la Partida.*[15] Las labores de la mujer eran las propias del hogar según dictaba la época, cocinar, limpiar, arreglar, coser, tejer. La castidad y pundonor eran su mayores virtudes por las que tenía que velar celosamente. En el Perú, la mujer ramera, es decir, la que vendía su cuerpo, no sólo recibía fuertes castigo, como trescientos azotes, sino que aún podía pagar con su vida; y no digamos al que la explotaba, a quienes se les ahorcaba sin la menor consideración. La infidelidad conyugal era intolerable y no cabía deshonrarla bajo ningún concepto o circunstancia. Se seguía en ello a las *Siete Partidas* de Alfonso el Sabio, en las que se estipulaba que *El ayuntamiento de marido y mujer, hecho con tal intención de vivir siempre en uno e de non se departir, guardando lealtad cada uno de ellos al otro; e non se ayuntar el varón a otra hembra, ni ella otro varón, viviendo ambos a dos.* El Código Ovantino, de Juan Ovando, presidente del Consejo de Indias, aunque incompleto, fue análogo a las *Siete Partidas* y vino a ser una codificación de la legislación de Indias.

Los celos entre españoles se daban por doquier, como Nicolás Mauro Cordato que asesinó por celos a una mujer casada en Lima, o el del virrey Diego López de Zúñiga, Conde de Nieva, que fue asesinado por Francisco Manrique de Lara por tener amores ilícitos con su esposa. Se entiende que eran más común entre españoles que entre indios o negros, si bien el propio emperador Moctezuma era en extremo celoso de sus miles de mujeres, teniendo prohibido inclusive que se les mirase.

En aquellos tiempos era común la prostitución, como en todas partes, y más aún al aparecer la negra y la mulata en cuyo momento se estableció ya como institución e industria. A tal proporción llegó en Puerto Rico que el rey Fernando se vio obligado a licenciar una casa de citas como medio de regularla. Igual ocurría en México y en las Antillas aunque no tanto. En Lima, en la época colonial, adquirió proporciones alarmantes y todo empeño en suprimirla resultó inútil. Se castigaba más a la mujer que al hombre, aunque el castigo era leve. En Lima se castigaba con pena de galeras, si bien nunca llegó a imponerse por su severidad. En resumidas cuentas, que aun tenida como gran lacra social se toleraba como algo humano e inevitable. Cierto es que ello trajo como consecuencia directa un alto porcentaje de hijos ilegítimos alterando la evolución normal y el equilibrio de la sociedad de entonces, aunque no al extremo que se piensa.

La mujer debía poner gran cuidado en su persona pero sin caer en la fastuosidad que se tenía prohibida según real cédula del rey Fernando, como le fue ordenado a Predarias Dávila al trasladarse a Castilla del Oro. Curioso es que siglo y medio después se exigiese igual decoro en el vestir, no sólo en España sino en toda Europa. Hacia 1677 el Papa Inocencio XI amenazó con excomulgar a las mujeres que se descotasen el cuello o mostrasen los brazos. Con el tiempo se fueron aflojando estas duras leyes y las mujeres, especialmente las criollas, se vestían a su modo y gusto, saliendo a la calle a presumir y *a pescar*. Veamos esta estampa típica de la Lima virreinal a mediados del siglo XVII que nos describe Valega:

En la "Calle del Peligro" estaban las mixtureras, flores, vendiendo a galanes y a devotas preciosos manojos de pétalos. Dícese que en esta calle perdieron muchos la faltriquera; pero, por lo que a mí me hace, más creo que la enjundia criolla, tan retozona y suspicaz, se ha manifestado en el dominativo y no en el "birle." Quizá en mayor número se perdieron allí corazones que bolsas, en cuyo caso el nombrecito tendría todo el afectismo criollista de una acuarela de Pancho Fierro. A un lado de la Plaza alzaba su fábrica imponente la Catedral, templo de los santos y templo de la limeña que, vestida con preciosa basquiña, bajo la cual asomaba púdicamente el extremo de guardainfante, manto de fina seda, jubón escotado, chapines con virillas de perlas, casi invisibles por lo invisible de sus piececitos, peineta de cornalina y abanico de filigrana iba allí a despertar tentaciones y a desdeñar las plegarias mudas, pero expresivas, que balbucían los ojos de algún su devoto. [16]

El mismo autor recoge un dicho popular de la época según el cual *Lima es cielo de mujeres, purgatorio de hombres e infierno de borricos.* (ibidem)

En esa Lima de la que nos habla Valega se definían claramente tres clases sociales. En primer lugar los conquistadores, descubridores y pobladores; en segundo, los empleados del virreinato o funcionarios públicos; y en tercero, los industriales y comerciantes ricos ya retirados. Seguía después una clase media de españoles de mediana posición, los criollos, mestizos, los españoles humildes, los libertos (esclavos negros libres) y finalmente los indios comunes. Clase aparte era el clero por ser la más poderosa y la que gozaba de mayores privilegios.

Volvamos a la mujer soltera de los primeros tiempos. Como queda dicho, venía a América con el único propósito de acompañar a su dueña o ama y servirla en su persona y en todos los quehaceres domésticos. No le era permitido salir sola a la calle para evitar tentaciones, especialmente en Lima por ser ciudad rica y populosa. Salía, pues, como parte del cortejo de su dueña, como era el caso de María de Toledo, esposa del virrey Diego Colón, que gustaba pasearse con sus doncellas por las calles de Santo Domingo, especialmente los domingos al ir a misa. Hay hoy en Santo Domingo una calle llamada *Calle de las Damas* en honor a esta distinguida señora.

Con el tiempo esta recatada doncella se hizo mujer y se fue integrando plenamente a la sociedad. Contaba con más libertad de su persona pues era ahora la india la que se dedicaba a cuidar del hogar, es decir, a hacer los quehaceres domésticos de las damas. Ambicionaba, pues, como las otras, subir de posición y mejorar su sistema de vida, hacer su América. Para lograrlo, tenía sólo un camino que era casarse con un conquistador, poseedor de fama y poder. Pero ese hombre ya era otro, muy distinto al de un principio. En otras palabras, era ya un hombre americanizado, hecho en esta tierra, con un pensar y sentimientos distintos y muchísimo más apegado a la vida del indio y sus constumbres.

Juan López de Velasco lo explica así:

Los españolas que pasan a aquellas partes (las Indias) y están en ellas mucho tiempo, con la mutación del cielo y del temperamento de las regiones aun no dejan de recibir alguna diferencia en la color y calidad de sus personas; pero los que nacen dellos, que llaman criollos, y en todo son tenidos y habidos por españoles, conocidamente salen ya diferenciados

en la color y tamaño, porque todos son grandes y la color algo baja decli-
nando a la disposición de la tierra; de donde se toma argumento, que en
muchos años, aunque los españoles no se hubiesen mezclado con los naturales, volverían a ser como son ellos; y no solamente en las calidades
corporales se mudan, pero en las del ánimo suelen seguir las del cuerpo, y
mudando él se alteran también, o porque por haber pasado a aquellas
provincias tantos espíritus inquietos y perdidos, el trato y conversación
ordinaria se ha depravado, y toca más presto a los que menos fuerza de
virtud tienen; y así en aquellas partes ha habido siempre y hay muchas
calumnias y desasosiegos entre unos hombres con otros.[17]

El español, pues, se fue compenetrando más y más con la india,
primero con la noble y después con la plebeya, con la del pueblo, con la
india común. La española, por su parte, se enfrentó a la realidad y buscó
a su igual, al criollo común y corriente, y en muchos casos al indio al que
también llegó a querer. Comenzaba a brotar ya la raza mestiza que tanto
carácter diese a América a través de su historia.

Y esa raza mestiza surgió por amor. Ya no entraban en juego los
intereses, obligaciones o conveniencias de un principio sino el puro amor,
el que ha existido siempre entre hombre y mujer. Pero, ¡cuidado! que no
muchos han querido verlo así. Según ellos, los eternos enemigos de España
y de la Hispanidad, en América nunca existió el amor sino odio, lujuria,
ultraje. El español hizo de la india su concubina y de la negra y mulata
meros vehículos con que satisfacer su líbido. ¿Pero es esto cierto? De haber
sido así, tendría que admitirse algo horrendo, infame, despreciable, y es
que la raza hispánica fue fruto de la lascivia, del atropello, del ensaña-
miento, por cuanto fue y es una raza ilegítima, bastarda, innoble, destinada
a perecer. ¿Lo hemos de creer? ¡A ver mexicanos, peruanos, cubanos,
colombianos y todos los otros hispanos, ¿qué respuesta ha de dársele a esta
gente? ¿Somos efectivamente los hispanos una raza mancillada y maldita?
Por nuestra parte diremos lo siguiente: que sólo por amor, por profundo
y tierno amor se crea una de las razas más gloriosas y augustas que jamás
haya existido en el mundo y que, si alguien ha de creer o mantener lo contrario, que lo compruebe con hechos fehacientes.

Sigamos adelante. Entre esas mujeres solteras se encontraban las
tapadas, cuyo principal objetivo era llamar la atención y cazar marido al
salir a la calle. Y recibían este nombre por la maestría que desplegaban con
sus atributos al no más encontrarse ante un hombre, haciendo mil pirue-
tas amorosas que incluían **taparse** y destaparse fugazmente sus encantos
femeninos para hacer rabiar a los hombres. Esta costumbre se tenía prohibida entonces, es decir, el salir a la calle mostrando más de lo debido y
de ahí que ellas se lo encubriesen.

Decíamos antes que la Corona obligaba al casado a emigrar con su mujer y familia y, aunque es tema ya tratado, nos gustaría incluir aquí lo que le dice el rey al respecto al virrey de México Antonio de Velasco:

Otrosí, por cuanto en el año de 1546 mandamos dar y dimos una nuestra cédula y provisión real por la cual mandamos que todas las personas estantes en las Indias fueren casadas y tuvieren sus mujeres en Castilla, fuesen echados de las Indias, o dentro de cierto tiempo llevasen sus mujeres para hacer vida con ellas en cierta forma, según que en dicha cédula se contiene, la cual no ha sido guardada, y porque al servicio de Dios Nuestro Señor y nuestro conviene que dicha cédula se ejecute por muchos bienes que de ello se siguen, y de lo contrario muy grandes inconvenientes, males y pecados mortales contra Dios Nuestro Señor; la veréis y haréis guardar, cumplir y ejecutar como en ella se contiene. Y en esto poned la diligencia que de vos confiamos, y avisadnos de lo que acerca de ello hiciereis, lo cual se os manda dar; y, en el entretanto, no proveeréis de oficio ninguno a ninguna de dichas personas. Y para tener entera noticia de ellas y mejor ejecutar dicha cédula, veréis una memoria que dio Don Fray Juan de Zumárraga, obispo de México, al presidente y oidores de la audiencia real que reside en dicha ciudad, y por ella conoceréis quiénes son.[18]

En un principio, la mujer española casada se dedicaba a las labores propias que le eran habituales, o sea, a los quehaceres del hogar y al cuidado de su familia. De ella se esperaba la fidelidad conyugal, y de la soltera castidad ante todo, y de ambas un profundo sentido del honor y respeto a la maternidad y al decoro. Debían, además, poner gran atención a su aspecto físico y vestimenta, ser buenas amas de casa y no menos madres y esposas. Tal era lo que se esperaba de la mujer española de aquellos tiempos y la inmensa mayoría lo cumplió a cabalidad. Sobre este aspecto de la castidad, vale leer este episodio ocurrido en Perú que nos relata Salvador de Madariaga:

Una noche, saliendo a pasear en hábito de hombre aquellas dos famosas doncellas, Doña Eustaquia de Sousa y Doña Brinza, le mataron al dicho corregidor dos criados con unas pistolas." Estas notables doncellas "en el discurso de catorce años que, ausentes de sus padres anduvieron en hábitos de hombre, la mayor parte del Perú, y volviendo al cabo de ellos, estando para morir que fue casi juntas, dijeron cómo morían vírgenes; porque habían guardado su castidad."[19]

También en Lima en 1642, doña Claudia Orriamun mató con un golpe de alfanje a Cristóbal Manrique de Lara por haberla seducido bajo falsas promesas. Es decir, que se entregó a él creyendo que la quería para después abandonarla, mancillando así su preciada castidad.

Muchas mujeres en aquellos tiempos se dedicaban a obras benéficas con las que mejorar la condición del indio. Tal fue el caso de una rica viuda de Santo Domingo de la que nos habla el fraile Antonio de Remesal:

> No se perdió tampoco toda la semilla de la palabra de Dios, que una parte cayó en tierra bien dispuesta con la gracia del Señor y dio aventajadísimo fruto. Este fue el corazón de una mujer viuda la más rica y poderosa que había en toda la isla, cuyo marido se había llamado Solano. Esta viuda... oyendo los sermones de los padres se vino a ellos, protestó el deseo que tenía de salvarse y como nunca había entendido que tener indios esclavos era pecado ni ofensa tan grave a Dios como ellos decían; y que así los esclavos, como toda la demás hacienda que tenía, que era mucha y su honra y si era menester la vida la ponía en sus manos para que de todo hiciesen lo que viesen que le convenía para la salvación de su alma. Decía esto la buena mujer con tantas veras y con tanto menosprecio de todo lo que poseía, que se admiraban los padres de hallar en ella muestras tan evidentes, como daba, del auxilio eficaz con que el Señor la favorecía para su salvación. Por consejo de los padres dio libertad a más de doscientos indios que tenía por esclavos. Confesóse generalmente, hizo grandes limosnas y cada día la enviaba de su casa muy abundante a los padres de pan, vino, aceite, pescado, aves, frutas y todo lo necesario para todos, una veces enviaba la comida guisada de su casa, otras por guisar y otras el dinero y sus criados para que comprasen lo que el procurador quisiese. De suerte que ya para todo el convento les sobraba comida y regalo; y no por eso dejaba de acudir la negra con más cuidado que antes, y los religiosos a estimar su limosna más que la de los señores que en el camino los regalaban, por la razón del Evangelio; que aquellos príncipes daban los que les sobraba, y ésta lo que buscaba con su sudor y trabajo.[20]

Esta negra que cita Remesal fue excelsa mujer, pues el ser anciana y viuda no le impedía salir por las calles pidiendo limosna y recogiendo toda clase de comestibles para los frailes del convento, lo que hacía varias veces al día. Y la misma caridad mostraba la india como vemos en este episodio que nos relata del mismo autor:

> Andaba un padre de esta provincia visitando los pueblos de su partido, y en uno halló al fiscal de los indios muy malo, confesóle para morir y al punto se partió de allí a otro pueblo que distaba dos leguas. En volviendo el padre las espaldas el indio enfermo comenzó a llorar amargamente, derritiéndose todo en lágrimas. Su mujer le preguntó la causa de su ternura y llanto, y porque el marido no se la decía, entendió que era por verse morir y procuróle consolar diciendo: ¿Qué sientes la muerte? ¿No sabes que eres mortal? ¿Nunca te lo han dicho? Algún día había de venir por ti, y hoy es buen tiempo que te has confesado, no tengas pena que al

cielo irás derecho. Cómo tengo de ir al cielo, dijo el enfermo, si no estoy confesado. La mujer se comenzó a cuitar y a derramar tantas lágrimas comu su marido y a decir: Ay desdichada de mí, ¿qué será de mi ánima que tantos años he estado casada con un gentil? Y volviéndose el marido le dijo: ¿y ahora quiéreste bautizar? Y él respondió: sí quiero, pero no hay quién me bautice, que el padre es ido y está a dos leguas de aquí, y no hay quién me lleve allá que hay muchos lodos. Yo te llevaré, dijo la mujer, aunque más lodos haya, y tomó de presto una sábana y echósela sobre los hombros y ciñóse así a su marido enfermo y atrancando lodos y pantanos iba al lugar donde estaba el padre. Había andado con muy buen ánimo casi una legua de su jornada, y el marido, del movimiento y cansancio, como estaba tan debilitado de la enfermedad, comenzó a desmayarse y desfallecer y díjolo a su mujer, que sintiendo que era así, por que sus razones no bastaban a esforzarle, le llevó a una cueva que vio allí cerca, tendióle en el suelo y sentóse junto a él a llorar. El enfermo sacando la voz como podía le preguntaba de cuando en cuando: ¿quién pasa por el camino? Sal a ver quién pasa. Ella le dijo: sosiégate y encomiéndate a Dios, que te estás muriendo, y déjate de saber quién pasa. Calló un poco el enfermo y con mucha prisa y más ánimo que nunca dijo a la mujer: Presto, presto por vida tuya sal a ver quién pasa; salió la mujer de la cueva y vio al padre que volvía a otro lugar; fuese corriendo a él, hincóse de rodillas en el lodo, y con muchas lágrimas le dijo la necesidad de su marido, pidiéndole que le fuera a bautizar que allí cerca estaba; entró el padre en la cueva, conoció el peligro del hombre, entendió su buen deseo, bautizólo y al punto expiró.[21]

La caridad y beneficencia siempre fueron parte integral de la colonización española en América. Al no más fundarse un pueblo, por pequeño que fuese, se incluía la parroquia, la escuela, el hospital, y no sólo para el español sino más aún para el indio. Veámoslo en la ciudad de la Asunción como nos la describe Antonio Vázquez de Espinosa:

Tiene conventos de la orden de Santo Domingo, San Francisco, La Merced, y la Compañía de Jesús que juntamente tienen colegio y seminario de por sí, donde estudian los hijos de la tierra, esta casa de la Compañía, y el convento de La Merced están en la plaza; hay además de la iglesia mayor dos parroquias, la una se dice Nuestra Señora del Rosario con su cura de españoles; la otra parroquia se dice San Blas que es de indios, en la cual hay cura que los doctrina y administra los Santos Sacramentos; hay un hospital para curar los pobres enfermos y dos hermitas a la entrada de la ciudad, la una de advocación de San Roque y la otra de Santa Lucía. Tiene una casa de niñas huérfanas, que fundó una santa mujer llamada Francisca de Vocanegra, en la cual hay recogidas unas 100 mujeres, doncellas huérfanas, viudas, y casadas, que se sustentan con gran recogimiento y ejemplo de su labor y trabajo y algunas limosnas que les hacen.[22]

Esperamos que con lo anterior se haya logrado dar una imagen más cabal y completa de la mujer española de aquella época, considerándose, además, el haber sido, junto con la india y la negra, uno de los pilares en la formación de la gran América. Esta participación tan directa y eficaz de la mujer quedará, esperamos, bien cimentada al concluirse la lectura de la presente obra. Dediquémosnos a continuación a tratar de lograr lo mismo con las otras dos.

4

Aspectos generales de la vida de la mujer india

La india merece para nosotros una consideración muy especial. Sentimos hacia ella una profunda simpatía, admiración y respeto por su gran valer en todos los aspectos de su vida, antes y después de la conquista. La presentaremos, como queda dicho, tal como fue, con todos sus defectos y virtudes, si bien estos últimos superan en mucho a aquéllos.

Comencemos con sus defectos. Créese comúnmente que la india fue siempre concubina y la negra prostituta y que fue el español el que las corrompió. Gran falacia es esta, pues lo cierto es que todas las culturas americanas con anterioridad a la llegada de los españoles estaban cargadas de grandes vicios y aberraciones, incluyendo las dos citadas. O sea, que los españoles no corrompieron al indio pues ya lo estaba desde sus orígenes. Ahora bien, si lo pensamos, no es justo singularizar al indio en este sentido pues su comportamiento obedecía ni más ni menos que a su tiempo y circunstancia. Visto el mundo de hoy en otros doscientos años, es probabilísimo que se condenasen y hasta aterrasen muchas de nuestras costumbres habituales, como la pornografía, el ultraje de menores, la sodomía, el adulterio, el estupro. La diferencia entre ellos y nosotros es que median quinientos años entre unos y otros y, supuestamente, nos consideramos seres más civilizados y capaces de distinguir entre el bien y el mal. Ni los indios fueron tan salvajes ni tampoco lo somos nosotros, pues unos y otros somos parte involuntaria del mundo en el que nos ha tocado nacer. Veamos, no obstante, algunas de estos hábitos nefandos de los indios. Pero antes, demos una idea de la actitud del indio hacia la virginidad. Habla el Inca Garcilaso de la Vega refiriéndose a los Incas:

> Las cosas que hemos dicho eran las principales en que las monjas de la ciudad del Cuzco se ocupaban. Todo lo demás era conforme a la vida y conversación de unas mujeres que guardaban perpetua clausura con per-

petua virginidad. Para la monja que delinquiese contra su virginidad, había ley que la enterrasen viva, y al cómplice mandaban ahorcar; y porque les parescía, y así lo afirmaban ellos, que era poco castigo matar a un hombre sólo por delito tan grave, como era atreverse a violar una mujer dedicada al sol su dios y madre de sus reyes, mandaba la ley matar con el delincuente su mujer e hijos, y criados, y también parientes y todos los vecinos y moradores de su pueblo, y todos sus ganados sin quedar mamante ni piante como dicen. Derribaban el pueblo y lo sembraban de piedra, y como patria y madre que tan mal hijo había parido y criado, quedaba desierta y asolada, y el sitio maldito y descomulgado para que nadie lo hallase, ni aun los ganados si ser pudiese.[1]

Y sobre la india plebeya, Pedro Cieza de León da estos detalles:

Casábanse como lo hacían sus comarcanos, y aun oí afirmar que algunos a los más, antes que casasen, a la que había de tener marido la corrompían, usando con ellas sus lujurias. Y sobre esto me acuerdo de que en cierta parte de la provincia de Cartagena, cuando casan las hijas y se ha de entregar la esposa al novio, la madre de la moza, en presencia de alguno de su linaje, la corrompe con los dedos. De manera que se tenía por más honor entregarla al marido con esta manera de corrupción que no con su virginidad. Ya de la una costumbre o de la otra, mejor era la que usaban algunas destas tierras, y es que los más parientes y amigos tornan dueña a la que está virgen, y con aquella condición la casan y los maridos la reciben.[2]

Vemos, pues, dos creencias opuestas de los indios del Perú. Para el noble, la virginidad en la mujer era algo sagrado, una de sus mayores virtudes, mientras que para el plebeyo era un estorbo y mancha que menoscababa a la mujer y la hacía indeseada.

En igual mancha o lacra social era tenida la prostitución. El Inca Garcilaso nos habla del trato que se le daba a la prostituta en el Perú:

Resta decir de las mujeres públicas, las cuales permitieron los Incas por evitar mayores daños, vivían en los campos, en unas malas chozas, cada una de por sí y no juntas; no podían entrar en los pueblos, porque no comunicasen con las otras mujeres… Los hombres las trataban con grandísimo menosprecio. Las mujeres no hablaban con ellas, so pena de haber el mismo nombre y ser trasquiladas en público, y dadas por infames, y ser repudiadas de los maridos si eran casadas. No las llamaban por su nombre propio, sino "pampayruna," que es ramera.[3]

En Nicaragua, las prostitutas se vendían por unas cuantas moneda de cacao (tenido éste como moneda también) y tenían sus propios *rufianes*, es decir, hombres que cuidaban y protegían sus casas mientras ellas hacían sus negocios, pero no compartían con ellos sus ganancias si bien los usaban para otras cosas.

En general el indio consideraba muy poco a la mujer, por no decir que la menospreciaba del todo. El propio Moctezuma decía que *la mujer no tenía más valor del que el hombre le daba*, aunque reconocía que *se debía mucho a ellas por el trabajo que en el parto padecían*. Y tan fue así que disponía de ellas a su gusto y placer, como cuando le entregó a Cortés para que él y su ejército se holgasen 500 doncellas vírgenes. Entre los Chichimecas, en mucha más estima se tenía el nacimiento del varón que el de la hembra, y en la isla de Cocos, cerca de Nicaragua, los sodomitas abusaban constantemente de las mujeres a las que aborrecían. En la isla de Malhado se vendían las mujeres al enemigo para que casasen con ellas y se pagaban por ellas un arco y dos flechas o una vara de pescar, e igual hacían los caciques y el pueblo en Santo Domingo. En las Antillas cuando se visitaban dos amigos el que lo recibía le entrega a su mujer para que *la gozase*, y si decidía después llevársela consigo y ella accedía el marido les daba la enhorabuena y los dejaba marchar sin más. De forma muy distinta trató el español a la india, a pesar de lo que al contrario se piensa. El propio Hernán Cortés les mostraba gran respeto y consideración y nunca permitía que se les maltrase. Cerca ya de México, reunió a sus tropas y les indicó con tono severo el comportamiento que esperaba de todos ellos:

Hizo (Cortés) luego pregonar ciertas ordenanzas de guerra, tocantes a la buena gobernación y orden del ejército, que tenía escritas, entre las cuales eran éstas:

Que ninguno blasmefase el santo nombre de Dios.
Que no riñese un español con otro.
Que no jugasen armas ni caballo.
Que no forzasen mujeres.
Que nadie tomase ropa ni cautivase indios, ni hiciese
   correrías, ni saquease sin licencia suya y acuerdo del cabildo.
Que no injuriasen a los indios de guerra amigos, ni diesen a los de carga.[4]

Nótese la cuarta de estas ordenanzas, en la que explícitamente ordena que no se fuercen (violen) a las mujeres, así como las restantes en que prohíbe que se maltraten a los indios o se tomen y saqueen sus propiedades. Téngase presente que esta era la conducta de un hombre poderoso hacia gentes consideradas inferiores y dadas por vencidas. No obstante, al no más mencionar su nombre, saltan los historiadores ineptos y envidiosos como si se hubiese nombrado a un ser diabólico. ¿Qué tienen que decir ellos del trato que dieron a los indios otras naciones, por ejemplo en Canadá y en Norteamérica? ¿Y qué decir de los ingleses y holandeses en África del Sur cuatrocientos años después, y de la caza de brujas en el norte de Europa y en Massachusetts? ¿Hemos de mencionar a los piratas ingleses, holandeses y franceses en América? ¿Y hemos de soltar la lengua hablando del trato del negro en la patria de Lincoln? Veamos un par de ejemplos de la conducta infame del inglés y del francés hacia el indio. Que no se espante nadie con esta verdad escondida y léase lo que va:

> Sirva de término de comparación la descripción que hace Labat del trabajo en los trapiches de azúcar de la Martinica a principios del siglo XVIII [*nota del autor: nótese que es el siglo XVIII y no el XV o XVI, el siglo de la llamada Gran Revolución Francesa de 1783*]. *Los que trabajan en una azucarera tienen diez y ocho horas de trabajo diario, y de las seis horas que tienen en dos períodos para dormir, tienen que quitar el tiempo necesario para la sopa y a veces el que hace falta para ir a buscar cangrejos para comer.* Dice que las negras se solían caer de sueño sobre la maquinaria, dejándose coger brazos enteros por el engranaje de los cilindros; recomienda pues el "caritativo" fraile francés que los dueños tengan siempre a mano una cuchilla bien afilada y fuerte para cortar el brazo salvando así a la víctima de pasar entera por la maquinaria. Este espantoso accidente no era escaso en las colonias francesas e inglesas, y Labat cuenta dos veces en su libro que los ingleses de las islas lo solían emplear como pena capital para castigar a los que *qui ont commis quelque crime considérable.*— Labat, vol. I, parte III, cap. V, págs. 252–55.[5]

Vamos ahora con los ingleses y guárdese ecuanimidad al leerse estas palabras:

> Como fondo de referencia a todo lo que dice Humbolt en materia de incremento de población bajo la protección de las misiones, y lo que también puede verse en observadores objetivos de nuestros días, como Ricard, puede citarse el párrafo siguiente de un historiador norteamericano moderno: "Sir Jeffrey Amherst — de donde viene el nombre del Colegio Universidad de Amherst (cerca de Boston)— había concebido un plan para exterminar a los indios. Era el general en jefe de las fuerzas británicas en América por los años de 1760, durante la guerra entre franceses e indios. Con toda deferencia para con la perspectiva histórica, el punto de vista de aquella época, y demás, su plan le da a uno no poca vergüenza sobre la raza humana. Su idea consistía en matar a los indios propagando entre ellos la viruela, para lo cual proponía se les diesen mantan inoculadas con la enfermedad. Las mantas se les entregarían como regalo, con sonrisas y expresiones de buena voluntad. Amherst escribía a un subordinado que tenía en Fort Pitt en 1763: "Hará Ud. bien en inocular a los indios por medio de mantas, así como poner en práctica cualquier otra manera de extirpar tan execrable raza. Me alegraría que su plan de Ud.

para cazarlos con perros tuviera buen efecto.” En contestación, por lo visto, a esta idea, el coronel Bouquet escribió a Amherst en julio de 1763: “Procuraré inocularlos con unas mantas que haré caigan en sus manos.” — Woodward, cap.VI, pág. 106.[6]

Vienen aquí muy a propósito unas palabras de Martín Fernández de Navarrete sobre la conducta de España y otras naciones, muy dignas de leerse. Pensándolo bien, y por ser texto prolijo, en vez de consignarlo aquí lo incluimos como un apéndice a la obra. Sugerimos que se lea y se madure bien lo que se dice.

No queremos dejar el tema sin incluir estas acertadas palabras del mexicano José Vasconcelos, hombre de nuestros días y gran amante de la verdad histórica. Le cedemos la palabra:

Sin embargo, si queréis testimonios auténticos, testimonios indígenas, os remito a los dos autores ya citados, el Inca Garcilaso y el mexicano Alba Ixtlixóchitl, mestizos ambos, en quienes halla voz por primera vez, lo indígena, no nos llega en ellos puro, desde luego, sino mezclado a lo español, purificado, enaltecido por la cultura europea. Nada dijeron por cuenta propia los indios, porque no habían tenido genio para inventar un alfabeto. Han repetido todos la doctrina de algún extranjero. No hizo otra cosa el indio puro Benito Suárez. Cuando habló, se hizo eco de la lección jacobina que le enseñara Gómez Farias que la tomó de Poinsett. Y en estos tiempos de hoy, no suelen hablarnos de otro modo los líderes de un supuesto indigenismo que, sin embargo, repiten el credo comunista aprendido del agitador judío de Nueva York o de Polonia, secuaces de Rusia. Desechad, pues, todo ese sentimentalismo a lo Prescott, a lo Lewis Wallace, sobre el dolor del indio que perdía su patria. Los indios no tenían patria, y salvo uno que otro cacique opresor, mejoraron con la conquista. Los españoles oprimieron a los indios, y los mexicanos seguimos oprimiéndolos, pero nunca más de lo que los hacían padecer sus propios caciques y jefes. La nueva civilización, al aumentar los productos de la tierra con nuevos cultivos, al elevar al indio, por la religión, a la categoría del amo, al otogarle el recurso de queja ante los tribunales, bien intencionados en su mayoría, al ensanchar el espíritu del indio con el tesoro de las artes, las festividades religiosas, las esperanzas del cielo, fue, en verdad, la creadora de una patria mexicana. Nunca hubo en la Nueva España más de cuarenta mil españoles. Si los indios hubieran tenido conciencia nacional y hubieran sentido que la conquista era una ignominia, ¿acaso no se hubieran levantado los seis millones de indios para degollar a los blancos? Al contrario, y como pasa siempre en las sociedades militarizadas, por huir de los abusos de los caciques, se refugian los indios con el soldado de la conquista. Hecha la paz, la educación de las misiones transformó a los indios, de parias, en artesanos y sacerdotes, agricultores y civilizadores.

Hallaremos, sin duda, iniquidades en la historia de la conquista; es rasgo característico de la hombría española, no negar, ni siquiera disimular sus yerros, sino más bien adelantarse a condenarlos. El hábito de la confesión influye, sin duda, en esa franqueza. En las otras conquistas los errores se han quedado tapados, o se ha pretendido taparlos, pero sin honra, pues al crimen consumado se ha añadido la insinceridad, la hipocresía.[7]

Algo más sobre Cortés. Reunido en México en septiembre de 1531 con el obispo Zumárraga, los priores de Santo Domingo y San Francisco, cuatro oidores y varios particulares, propuso y se aceptó lo siguiente: que se redujera el tributo del indio a dos reales por año, que se prohibiera usársele como animal de carga, que su trabajo fuese voluntario y, más aún, que se les concediese plena potestad para elegir en sus ciudades y pueblos a los alcaldes y regidores. Así se actuó en pleno siglo XVI, y fue el mismo Cortés el que propuso e impulsó unas medidas tan justas y democráticas. Recuérdese que en la América sajona no se permitió votar al negro ni a la mujer hasta muy entrado el siglo XX, cuatrocientos años después.

Seguimos con otras costumbres de los indios. Entre los Incas, entiéndase la nobleza, se permitían los casamientos entre parientes como único medio eficaz de conservar la pureza de la sangre y del linaje. No era, pues. prejuicio racial como se entiende hoy en Norteamérica, sino de casta, de estirpe, de tradición, algo parecido a la conducta del judío en este sentido. Aquí ya vemos un sentir, una creencia, totalmente opuesta a la de los españoles, pues la inmensa mayoría de ellos nunca tuvo a menos mezclarse con los indígenas americanos o con los negros. Si algo no fue nunca el español fue racista como lo fueron todos los otros pueblos europeos, en especial los sajones. En esto del casamiento entre parientes, mayormente los de primer grado, dos famosos cronistas de la época desienten en sus opiniones; uno lo afirma y el otro lo contradice. Veamos primero lo que dice el Inca Garcilaso:

Ya que hemos dicho la manera del casarse los indios en común, será bien digamos cúmo casaba en particular el príncipe heredero del reino. Para lo cual es de saber que los reyes Incas, desde el primero de ellos, tuvieron por ley, y costumbre muy guardada, que el heredero del reino casase con una hermana mayor, legítima de padre y madre, y ésta era su legítima mujer; llamaban la *coya*, que es tanto como reina o emperatriz. El primogénito de estos dos hermanos era el legítimo heredero del reino... También lo hacían por conservar limpia la sangre del sol; porque decían que no era lícito se mezclase con sangre humana; llamaban sangre humana la que no era de los Incas... Sin la mujer legítima tuvieron aquellos reyes muchas concubinas; de ellas eran de sus parientes, dentro y fuera del cuarto grado, otras eran de las alienígenas. Los hijos de los parientes eran tenidos por legítimos, porque no tenían mezcla de sangre ajena; la cual limpieza se tuvo entre los Incas en suma veneración no solamente entre los reyes, mas también entre todos los de la sangre real.[8]

Y ahora al padre José Acosta:

Hermano con hermana tampoco se consentía tener acceso, ni había casamiento en lo cual están muchos engañados en el Perú, creyendo que los Ingas y señores se casaban legítimamente con sus hermanas, aunque fuesen de padre y madre; pero la verdad es que siempre se tuvo esto por ilícito y prohibido contraer en primer grado; y esto duró hasta el tiempo de Topa Inga Yupangui, padre de Guaynacapa y abuelo de Atahualpa, en cuyo tiempo entraron los españoles en el Perú; porque el dicho Topa Inga Yupangui fue el primero que quebrantó esta costumbre y se casó con Mamaoello, su hermana de parte de padre; y éste mandó que sólo los señores Ingas se pudiesen casar con hermana de padre, y no otros ningunos. Así lo hizo él, y tuvo por hijo a Guaynacaba, y una hija llamada Coya Cusilimay; y al tiempo de su muerte mandó que estos hijos suyos, hermanos de padre y madre se casasen, y que la demás gente principal pudiesen tomar por mujeres sus hermanas de padre. Y como aquel matrimonio fue ilícito, y contra ley natural, así ordenó Dios que en el fruto que de él procedió que fue Guáscar Inga y Atahualpa Inga, se acabase el reino de los Ingas.[9]

Y, según Bernal Díaz del Castillo, lo mismo ocurría en México, es decir, el libre sexo o incesto. He aquí sus palabras:

…y además de esto eran todos sométicos, en especial los que vivían en las costas y tierras calientes; en tan manera que andaban vestidos en hábito de mujeres muchachos a ganar en aquel diabólico y abominable oficio; pues comer carne humana, así como nosotros traemos vaca de las carnicerías, y tenían en todos los pueblos cárceles de madera gruesa hechas a manera de casas, como jaulas y en ellas metían a engordar muchas indias e indios y muchachos, y estando gordos los sacrificaban y comían; y además de esto las guerras que se daban unas provincias y pueblos a otros; y los que cautivaban y prendían los sacrificaban y comían; pues tener excesos carnales hijos con madres y hermanos con hermanas y tíos con sobrinas, halláronse muchos que tenían este vicio de esta torpedad… pues tener mujeres cuantas querían, y tenían otros muchos vicios y maldades…[10]

Pero si el padre Acosta contradice al Inca Garcilaso en cuanto al incesto entre la nobleza, lo admite entre la clase plebeya:

Pero en lo que más ofenden los bárbaros el recto amor de sí mismos, aunque ellos no lo piensan así, es en lo que el apóstol dice abundosamente con una sola palabra, que contaminaron sus cuerpos con inmundicia [...], encerrando en ella todas las heces vergonzosas de la lujuria y la liviandad. Y él mismo demuestra con mucha verdad que al crimen de la idolatría siguen luego los otros vicios, como los arroyos a la fuente, lo cual nota también el Sabio [...]. A este género pertenece acostarse con los varones, con las bestias, con los mismos leños; los abrazos incestuosos con las hermanas, con las madres, con las hijas, que entre ciertos bárbaros no están sólo concedidos, sino justificados por la ley...No respetan las vidas, ni la puerza de los matrimonios, sino que unos a otros se matan por celos, o con sus adulterios se contristan. Por todas partes se ve efusión de sangre, homicidios, hurtos y engaños, corrupción e infidelidad. [11]

Vale señalar que en Centroamérica, específicamente en El Salvador, el incesto o casamiento entre parientes que no fuesen dentro del séptimo grado en línea recta y hasta el cuarto en la transversal, se castigaba con la pena de muerte a ambos. Y no solamente esto, sino que castigaban con el destierro al que osase hablar con mujer casada, aunque fuese por señas. Veamos algunas otras costumbres de los indios de Centroamérica. En Nicaragua, por ejemplo, se hacía esclavo al que se atreviese a ultrajar a esclava ajena, y al que violaba a una doncella se le sacrificaba. Asimismo en Nicaragua, al polígamo se le castigaba con el destierro y confiscación de sus bienes. En cuanto al adulterio, el marido tenía derecho a maltratar a su mujer, y deshacerse de ella y contraer nuevas nupcias, pero él no recibía castigo alguno. En el caso en que un esclavo ultrajase a la hija de su amo, el castigo era severo para ambos, enterrándoseles vivos. Una costumbre muy extraña en cuanto al casamiento, era que un hombre podía casarse con la hija de su propia madre, salvo que fuese también del padre, pero no podía hacerlo con parienta por la parte masculina aunque fuese de antepasados remotos. En otras palabras, los impedimentos en el matrimonio existían solamente por la parte masculina y no así por la femenina.

Y se pensará que era sólo el indígena el que pecaba de éstos y otras muchos vicios. *América fue siempre tierra maldita*, dijo alguien alguna vez, *con unas costumbres tan depravadas y terribles nunca antes vistas entre pueblo alguno.* ¡Vaya, vaya, cuánta ignorancia se desprende de esto! ¡Hasta cuándo habrá que sopotarse el trinar de expresiones tan insensatas e inciertas! Retrocedamos unos cuantos miles de años a la Antigüedad de los pueblos sabios y cultos, digamos los persas, sirios, griegos y romanos y vayamos mucho más atrás, a las Sagradas Escrituras en las que se mencionan casos de conducta nefanda. Claro, entiéndase bien, que ninguno de estos pueblos llegó jamás a cometer actos abominables como los de algunos pueblos de

América, como los Incas, por ejemplo, que se comían a sus víctimas como hicieron con el padre Valverde matándolo, descuartizándolo y después comiéndoselo a pedacitos. Hasta esto no llegaron pero sí a otras cosas en las que no difieren en nada de los indios. Veamos. En cuanto al casamiento entre parientes, entre hermanos, en este caso, Caín casó con su hermana Calmana, así como Júpiter casó con su hermana Juno, y lo mismo hizo el padre de éste, Saturno, que casó con su hermana Rhea. Cuenta Homero en el *Libro del Sol* que Hiperion (destacado varón) tuvo por mujer legítima a su hermana Eurifaes, y también nos dice que Acolo, rey de los Acolios, en Grecia, casó a sus seis hijos con sus hermanas. En la propia América, en tiempos de la conquista, Francisca Pizarro, hija del conquistador del Perú, casó al morir su padre con su tío carnal, Hernando. Referente a la homosexualidad, muy practicada entre los indios, inclusive entre los de la Florida (donde los hombres se vestían de mujeres y hacían los mismos oficios de ellas), estaban los sacerdotes galos dedicados a la diosa Berecinta y los franceses y griegos que guardaban muchachos que les servían de mujeres. El emperador Adriano tenía a un muchacho por mujer. En cuanto a la poligamia, muy practicada entre la nobleza indígena de la Nueva España y del Perú, Abraham, padre de los judíos, según el *Génesis*, poseía dos mujeres, Sara y Agar, y su hijo Jacobo cuatro, así como el rey Salomón poseía a varias. En Siria era también muy común y los reyes copulaban con infinidad de mujeres y tenían grandes orgías y borracheras. Y si hablamos del menosprecio de mujeres, recuérdese que Mahoma negó el paraíso a las mujeres, que toda la obra de Bocacio, *Laberinto de Amor*, es una violenta sátira contra la mujer y que el gran Aristóteles consideraba a la mujer un animal defectuoso. Según propugnaban algunos escritores antiguos, basándose en un error impugnado a San Agustín, todas las imperfecciones de la mujer desaparecerían en la Resurrección Universal cuando las mujeres fuesen convertidas en hombres. En otras palabras, que la mujer al morir se hacía hombre y así se ganaba el cielo de lo contrario iba al infierno. En cuanto a la virginidad, si bien entre los indios la madre era la que corrompía a la novia en Babilonia, por mandato de Herodoto, se obligaba a la mujer a prostituirse al menos una vez en su vida, para lo cual debía acudir al templo de Venus y allí entregar su cuerpo a cualquier forastero para que de ella se holgase.

    Y Oviedo nos dice más al respecto sobre pueblos de Europa y Asia. Léanse bien las dos últimas líneas:

> Pero, entre algunos que tienen nombre de cristianos, en algunas partes del mundo, se habrá quebrantado algunas veces, y entre judíos y gentiles no menos, como se prueba en las Sagradas Escrituras con Amón y

Thamar, su hermana. Suetonio Tranquilo dice así en la vida de Cayo Calígula...que usaba con dos hermanas suyas, y de una de ellas hubo una hija que también la forzó el mismo padre. La hija le perdona Eusebio, e dice que Cayo, con sus hermanas hubo ayuntamiento e las desterró a ciertas islas. Y en el mismo *Suplemento de crónicas* se ecribe, hablando de la gente de los partos, que, dejando aparte la debida castidad, usaban los naturales usos con sus propias hijas e hermanas e otras mujeres en deudos estrechos e a ellas conjuntos...y el mismo Tostado, alegando a Julio Celso, dice haber sido en otro tiempo costumbre entre los ingleses que seis de ellos casasen con una mujer juntamente... Pero no hablemos en los extraños, pues que hoy viven algunos en nuestra España, o son naturales de ella, e yo he visto y conocido dos de estos, y aun tres, que cada uno de ellos se casó con dos hermanas; y de éstas siempre moría la primera antes que casasen con la segunda. Y también he visto dos hermanos casados con una mujer, siendo vivos todos los tres.... Pero, para estas cosas tan recias e raras veces usadas, interviene una licencia y autoridad del Sumo Pontífice, Vicario de Cristo, que todo lo puede dispensar; lo cual él consiente cuando le es hecha tal relación, que, por muy legítimas causas e necesarias, e por evitar otros mayores daños, aprueba los tales matrimonios. Y así creo yo que lo habrá hecho con lo que yo he visto... Pues luego no es tanto de maravillar si entre esta gente salvaje de nuestras Indias de España, hubo los errores que he dicho.[12]

Se habrá visto, pues, que el indio no fue mejor ni peor de lo que han sido otros pueblos y gentes y lo que seguiremos siendo todos: imperfectos, pecadores, humanos. Como bien dijo Diego Muñoz Camargo refiriéndose a los indios: *Había entre estas gentes muchas costumbres buenas y muchas malas y tiránicas.* Y así, nos presenta Bernardino de Sahagún a la india o hija virtuosa y a la india o hija viciosa:

Hija virtuosa: La moza o hija que se cría en casa de su padre, estas propiedades buenas tiene: es virgen de verdad, nunca conocida de varón; es obediente, recatada, entendida, hábil, gentil mujer, honrada, acatada, bien criada, doctrinada, enseñada de persona avisada y guardada.

Hija viciosa: La hija mala o bellaca es mala de su cuerpo, disoluta, puta, pulida; anda pompeándose, ataviáse curiosamente, anda callejeando, desea el vicio de la carne; ándase a la flor del berro, y esta es su vida y su placer; anda hecha loca.[13]

Veamos ahora el otro aspecto de la india, el más sublime y humano, primero como madre en el cuidado y crianza de sus hijos. Cedámosle la palabra a Francisco Antonio de Fuentes y Guzmán refiriéndose a la madre guatemalteca:

Y lo que más admira y prueba la constancia suya en sufrir los trabajos corporales, es en lo que todas las mujeres de esta nación estilan en sus partos; porque al tiempo del instante en que salen a luz sus criaturas, la recogen en la misma ropa, con las parias y desaseos con que nacen, y se encaminan a los ríos, donde se bañan, y purifican con todo esmero los infantes, y vuelven a sus casas regocijadas y alegres, y se acuestan en sus lechos que llaman *tapeseos*, que son tejidos o formados de varas, habiendo debajo la suficiente braza que las calienta y provoca a sudor copioso... El modo de criar los hijos es fajándolos contra una tabla, desde el pecho hasta los pies, por cuya causa todos los indios tienen las cabezas de la parte de atrás llanas y aplastadas. Pende del cabezal de la tabla un arquillo, sobre que ponen un lienzo, que cubriendo el cuerpecito de la criatura los defiende de las moscas y polvo y viento. Estas tablillas acomodan en las gasas de dos sogas que penden de las vigas, para poderlos arrullar y mecer a la manera que a nosotros en las cunas.

...No sólo estos de Goathemala, pero también los del reino de México, crian a sus hijos con el propio estilo y rigor indispensable; con que, sin duda generalmente todos, si no en el todo en parte, convienen en este género de naturaleza o costumbre. Ya dejo dicho lo que hacen con la delicadeza de sus inocentes niños luego que nacen, bañándolos y purificándolos en los ríos que están más cerca de sus habitaciones; pero pasando a referir lo que con ellos ejercitan después de nacidos, es de advertir que jamás se ha visto que el niño reciba por alimento otra leche que la de la propia madre, no tomando otro pecho extraño sino es por accidente grave de enfermedad, o muriendo su propia madre; observancia digna de que nuestras españolas la imitaran para mejora de sus propios hijos... Danles el pecho sus madres a los indios hasta que, por lo menos, cumplen tres años. Rehusan mucho el que les vean los hijos, creyendo que cualquiera que los vea puede fascinarlos, y así los traen con un cendal o redecilla en el rostro. Jamás los guardan en las inclemencias del hielo, sol, aire ni agua; pues ofreciéndoseles hacer camino de unas partes a otras, los llevan consigo, colgados a las espaldas, como llevo dicho. No se embarazan las madres con ellos para hacer sus haciendas, porque satisfaciéndolos y llenándolos de leche, mientras muelen su maíz o lavan sus trapejos, los acuestan, sin más reclinatorio que el suelo, o, cuando mucho, colgados a las espaldas lavan y muelen, sirviéndoles el movimiento de la madre de blando y suave arrullo... Luego que empiezan a andar, así los varones como las hembritas, los cargan con cosas acomodadas a su edad y fuerzas, llevándolos la madre de la mano a ver a los abuelos o parientes; para quienes llevan aquel regalillo de su carguío. Quitados del pecho, desde que los desmamantan, aunque sean hijos de cacique, o *ahaguaes,* no permiten que coman otro manjar que el pan de maíz, *tamal* o tortilla, ni la madre, mientras los cría, come ni gusta otro manjar, aunque tenga carnes de vaca o de venado, *tepesquintle,* o otras, y cuando mucho, añade a el apetito una poca de sal o el revoltillo de *chile* y tomate, que llaman *chilmole*... Las madres a las hijas las habitúan, de muy pequeñas, a que muelan maíz, teniendo para ello piedrecillas acomodadas; enséñanles a desmontar y hilar algodón y pita y a tejer toda suerte y género de telas y mantas. Hácenlas bañar muy a menudo, tanto, que hay días que las llevan a los ríos dos y tres veces. Amanece en ellos muy temprano la malicia, y así , en llegando estas mujeres a la edad de ocho años, no dan un paso fuera de el umbral de la puerta de sus casas sin compañía... Pero habiendo de ir los hijos a casa de sus padres, iban guiados y a cargo de estas personas ancianas, y sus padres mandaban sentar a los chiquillos en el suelo (que esta era su usanza), y allí estaban con tanto reposo y silencio como si fueran unas personas de mucho seso, sin pasar a ver o trastear cuarto ni cosa de la casa, como si fueran unos niños muy extraños; ni hablaban ni respondían a lo que sus padres hablaban, estando en la visita como personas mudas o como unas estatuas, puesto que no se reían ni hacían movimiento alguno, y sólo a la entrada usaban de la salutación ordinaria y breve, y a la salida de una despedida muy sucinta; y hasta hoy observan este respetuoso recato y silencio venerable para con sus padres... Los juegos de los chiquillos se reducen a cosas muy caseras, templadas, y en que no pueden recibir daño.[14]

Igual nos dice Juan de Torquemada, refiriéndose al parto, en este caso al de la partera:

...lo primero que hacían era cortarles el ombligo y enterrarlo, y luego la partera lavaba a la criatura, diciendo estas palabras: *Recíbate el Agua, por ser tu madre la diosa Chalchihuitlycue, Chalchiuhtlatonac, y póngate en Lavatorio para lavar y quitar las manchas y suciedades que tienes de parte de tus padres, y límpiete tu corazón y dé buena y perfecta vida.* Hecho esto envolvía a la criatura en sus pañales, diciendo: *Niño, más precioso que todas las cosas, Ometechtli y Omecihuatl te criaron en el Cielo Doceno para venir al mundo y nacer en él; pues sábate (Niño mío) que este mundo donde has venido es triste y doloroso y lleno de trabajos y miserias, y es un valle de lágrimas, y creciendo en él has de comer pan con dolor trabajado de tus manos,* y remataba estas ceremonias la partera con decirle: *Dios te guarde y libre de tantos estropiezos como has de hallar viviendo.* Esto decía en voz baja.— ob. cit. II, pág. 445).

Y seguido añade:

...en habiendo que habían hijos los reyes y señores, procuraban que los criasen sus mismas Madres (como ya hemos dicho, reprobando el abuso de darlos a criar a otras no siendo con muy grande y legítima causa); después que les quitaban el pecho y los enseñaban a comer, procuraban que el manjar no fuese más que uno, y de ordinario era pan, y ponían gran cuidado en que la Madre que lo criaba, cuando daba leche, no comiese otra cosa, y cuando a mucho se alargaba, había de ser un chile y tomate... y aunque algunas comían carne, otras sólo pan caliente y sal, y de esta manera se les daba leche hasta tres o cuatro años. En llegando el niño a los cinco, mandaban sus Padres que fuesen llevados (si eran varones) a los colegios donde le criaban todos; y si mujeres a las Congregaciones de las doncellas, si por alguna causa habían de ir allá, sino quedaban con sus Madres, las cuales les enseñaban a hilar, tejer, y labrar las cosas de sus vestuarios y otras muchas del servicio de los templos, induciéndose en aquellos Tiernos años al amor y afición de la rueca y huso, y por ninguna manera las dejaban vivir ociosas, sabiendo que lo que en la niñez no se aprende es dificultoso encarrilar cuando grandes.— ob. cit. II, pág. 469.

Y como fue excelente madre no fue menos fiel esposa y compañera, mujer de tiernos sentimientos y de sensibilidad exquisita a pesar de sus muchas vicisitudes y sacrificios. ¿Dígase en qué libro de historia moderno se habla de esto? ¿A quién le ha importado hablarnos de este otro aspecto de la india, de su ternura, de su caridad, de su amor, de su abnegación, de su espiritualidad, y no solamente de ella sino del las otras mujeres, de la negra, mestiza, mulata y no digamos de la española? Cansadísimos estamos de ver así humillada a la india, tan mal representada en cientos de volúmenes falsos y mal intencionados. Es como si se nos hubiese dado a un Alonso Quijano, de carne y hueso y sano de juicio, dejando fuera al otro, a su imaginado hidalgo manchego lleno de ilusión y de esperanza. Y como han hecho de la india, ¿qué fue para ellos aquella América? Nada, un inmenso valle de lágrimas plagado de crueldad e infamia inherentes en gentes bárbaras y primitivas, no habiendo existido jamás virtud alguna o amor. ¡Vaya vaya con tal caterva de iletrados historiadores de gabinete como les llamaba Madariaga! ¿Qué no existió el amor en América? ¿Qué no se encendió esa llama en los indios, españoles y en las demás razas? ¿Dónde y cuándo se ha visto que no haya amor en todo ser viviente? Existe en los animales, en las flores, en las abejas de donde nace la dulce miel. En todo cuerpo no inerte y aun por intuición existe el amor, fuente de toda vida. Se quisieron el español y la mora, el romano y el bárbaro, al igual que nos hemos querido todos desde que Dios plantó al ser humano en este mundo. Decir que no existió el amor en América equivale a decir que América no existió, pensamiento cruel y ofensivo hacia una raza y cultura grandiosas.

Veamos más muestras de amor en América, el que existió entre una española y un mestizo según nos lo relata Juan Suárez de Peralta:

En lo que pararon los hijos de Gil González.— Tuvo Gil González cuatro hijos, tres varones y una hija, y todos tuvieron desastradísimos fines, así la hija como los hijos. De los dos ya sabemos, que fueron los que acabamos de dizir; de los otros, el uno, siendo niño chico, se le ahogó en unas letrinas; la otra hermana, que tenían sobre los ojos y muy guardada para casarla, conforme a su calidad, vino el diablo, y solicitó con ella y

con un mozo mestizo y bajo, en tanto extremo que aún paje no merecía
ser, y enrédalos en muy tiernos amores, metiendo cada uno prenda para
perpetuarse en ellos, con notable despojo que se hizo el honor de sus
padres, dándose palabras de casamiento.

Suceso extraño de la hermana de Alonso de Ávila, la monja —. No fue el
negocio tan secreto que no se vino a entender y saberlo el Alonso de Ávila
y sus deudos; y sabido, con el mayor secreto que fue posible, no
quiriendo matar al mozo (el qual se llamaba Arrutia), y por no acabar de
derramar por el lugar su infamia, le llamaron en cierta parte muy a solas
y le dijeron, que a su noticia había venido quél había imaginado negocio,
que si como no lo sabían de cierto lo supieran, le hizieron pedazos, mas
que por su seguridad dél le mandaban que luego se fuese a España, y
llevase cierta cantidad de ducados (que oí dizir fueron como quatro mil),
y que sabiendo estaban en España, y vivía como hombre de bien, siempre
le acudirían, y que si no se iba le matarían quando más descuidado estuviese; y que luego desde allí se fuese, y con él un deudo hasta dejarlo
embarcado, y que nadie lo supiese, y que el dinero ellos se lo enviarían
tras él. Así lo hizo, que luego se partió y llegó al puerto, y allí se embarcó
y se fue con el dinero que le habían dado, y todos los años, o los más, le
enviaban socorro. Como no se despidió de la señora, ni ella supo dél,
estaba con grandísima pena, y un día, quando más descuidada, le dijo su
hermano Alonso de Ávila: — Andad acá, hermana, al monasterio de las
monjas, que quiero y nos conviene, que seais monja (y habeislo de hazer),
donde seréis de mí y de todos vuestros parientes muy regalada y servida;
y en esto no ha de haber réplica, porque conviene.— Ella, sabe Nuestro
Señor cómo lo aceptó, y luego la llevó a ancas de una mula, su hermano,
y la puso y entregó a las monjas, las quales le dieron el hábito, y le tuvo
muchos años, que no quería profesar, con la esperanza que tenía de ver a
su mozo.

Ahorcóse la monja.— Visto y entendido della, esto, fingieron cartas que
era muerto, y dijéronselo, y sintiólo gravemente, y luego hizo profesión y
vivía una vida tristísima. Pasados más de quince o veinte años, el Arrutia,
harto de vivir en España y deseoso de volver a su tierra (y ya no le daban
nada, y ella era monja profesa), determina de venir a las Indias y a México, y pone en ejecución su viaje, y llega al puerto y a la Veracruz,
ochenta leguas de México, y allí determinó de estar unos días hasta saber
cómo estaban los negocios, y la seguridad que podía tener en su venida.
Como dice el proverbio antiguo que, *quien bien ama, tarde olvida o
nunca*, así él, que todavía tenía el ascua del fuego del amor viva, determina escribir a un amigo, que avisase a aquella señora como era vivo y
estaba en la tierra; y luego la avisaron, y como ella oyó tal nueva, dizen
cayó amortecida en el suelo, que le duró gran rato, y ella no dijo cosa,
sino empezó a llorar y sentir con menoscabo de su vida verse monja y
profesa, y que no podía gozar del que tanto quería. Con estas imagina-
ciones y otras, dizen perdió el juizio, y se fue a la huerta del monasterio, y
allí escojió un árbol donde la hallaron ahorcada. Las monjas la tomaron y
hizieron sus averiguaciones y hallaron que estaba loca...[15]

Hase de recordar, además, que entre los mexicanos se adoraba a la *diosa del amor* o a la *diosa de los enamorados*, llamada *Xochiquetzatl*. Diego Muñoz Camargo nos la describe de esta manera:

> Tenían estas naciones a una diosa que llamaban la *diosa de los enamorados*, como antiguamente tenían los gentiles la diosa *Venus*. Llamábanla *Xochiquetzatl*, la cual decían que habitaba sobre todos los aires y sobre los nueve cielos, y que vivía en lugares muy deleitables y de muchos pasatiempos, acompañada y guardada de muchas gentes, siendo servida de otras mujeres como diosas, en grandes deleites y regalos de fuentes, ríos, florestas de grandes recreaciones, sin que le faltase cosa alguna, y que donde ella estaba era tan guardada y encerrada que hombres no la podían ver, y que en su servicio había un gran número de enanos y corcovados, truanes y chocarreros que la daban solaz con grandes músicas y bailes y danzas, y de estas gentes se fiaba y eran sus secretarios para ir con embajadas a los dioses a quien ella cuidaba, y que su entretenimiento era hilar y tejer cosas primorosas y muy curiosas, y pintábanla tan linda y tan hermosa que en lo humano no se podía más encarecer.[16]

Pasemos ahora a hablar de las labores que desempeñaba habitualmente la india. Además de sus quehaceres hogareños, cuidar de su casa, atender a su marido e hijos y alimentarlos, la india se dedicaba a otras funciones fuera del hogar, como trabajar en los repartimientos y mitas, en el cultivo de los campos, en el tejer, hilar, o coser las ropas no sólo de su familia sino la de todos. Decía Oviedo que mientras el indio se dedicaba a sus labores propias, como hacer redes y hamacas de cabuya y cestas para pescar, las mujeres trabajaban en el cultivo de los campos, como en Venezuela, en la región de Cumaná. En otras palabras, eran ellas las que atendían la agricultura y no el hombre. Cristóbal Colón decía en carta a los Reyes Católicos que en La Española parecía que la mujer trabajaba más que el hombre, dato más que interesante. Todo esto está muy lejos de ser la imagen que se nos ha dado de la india como mujer perezosa y apática.

En el Perú, la mujer se dedicaba a la venta de comestibles en la Plaza de Armas, mayormente a la de camarones que sólo ella podía vender. A las negras y mulatas les era permitido pescarlos, pero no venderlos. Según Gómara. la india era también excelente platera y entalladora, con lo que no concuerda Francisco de Salazar al decir que las indias *nunca tratan de oficios de hombres*.[17]

Pero sobre ello diremos que si bien el indio, el hombre, se dedicaba a oficios que podrían quizá requerir más maña y destreza, la india siempre estaba a su lado ayudándole y aprendiendo y llegando a ser buen discípulo con igual capacidad. Entre estos oficios estaban los de talladores de piedra, carpinteros, fundidores de oro y plata, curtidores de cuero, pintores, albañiles, orfebres, carboneros, leñadores, navajeros, sastres, zapateros, olleros, y otros. Pero en el que más sobresalía el indio era en la ornamentación de plumas, en plumería, en lo que eran verdaderos artistas, especialmente en la Nueva España. Admiraba a los españoles ver tanta maestría y perfección hasta el punto de que muchos cronistas de la época no se cansan de alabarlo. Eran asimimo excelentes calígrafos, oficio que bien aprendieron de los frailes y misioneros, y lo hacían con tanta artífice que llegaron a sobrepasar a sus maestros en la escritura de libros eclesiásticos. Así nos dice fray Bartolomé de las Casas que era tanta la hermosura y perfección que no se sabía distinguir si habían sido impresos o escritos a mano.[18] Pero la labor de la india no cejaba, no se limitaba a lo dicho, pues se metía en otros terrenos considerados puramente varoniles, como acompañar a su marido a guerras y apoyarlo en todo lo que fuese menester, inclusive luchar a su lado si era necesario.

Antes de continuar, nos parece oportuno dar una idea de la población global de América durante la conquista. Veamos. Hacia 1570 se calculaba entre 10 y 11 millones, con unos 140.000 españoles y 260.000 negros, mulatos, y mestizos. Un siglo después menguaba la primera y aumentaban las otras, y ya para principios del siglo XIX la población blanca y negra juntas sobrepasaban en mucho a la indígena. Esta disminución galopante del indio se debió, como señala Angel Ronseblat, a un proceso continuo de extinción en el que figuran principalmente las epidemias, las guerras, el régimen laboral, el alcoholismo, y las nuevas condiciones de vida.[19]

Pero este análisis de Rosenblat es incompleto. La raza pura de América, por llamarla así, o quizá valdría mejor llamarla la raza de origen o autóctona, fue la india, y con la llegada del europeo y el negro se fusionó con ellas creándose la mestiza y mulata y aun la zamba. Es decir, que la raza indígena no se extinguió, como señala Ronseblat, sino que se fusionó con las demás. Puede haberse reducido por las causas señaladas, sobre todo en las Antillas, pero no llegó a extinguirse. Extinguirse significa desaparecer por completo, no dejar rastro, pero no fue así por cuanto la población aborígen de América permanece aún vibrante en nuestros días. Este proceso de evolución, de fusionamiento, semeja al de Estados Unidos en que la raza blanca, sajona en un principio, no ha desaparecido sino que se ha ido transformando en otra o en otras, y si no por completo pronto lo será. A esto llama el estadounidense *melting pot* (crisol de razas) en que muchas se convierten en una, la llamada incorrectamente *Americana*; pero si bien es cierto que durante algunos años fue así no lo será en un futuro próximo al surgir no una raza única sino muchas. Es más, tradicionalmente se

le ha venido llamando al blanco la mayoría y a todas las demás razas la
minoría (que incluye a las mujeres) pero, con el tiempo andando, es muy
probable y hasta seguro que esa mayoría se convierta en la minoría y que
ésta a su vez esté compuesta de otras razas. De esto se trató recientemente
en la conocida revista *Time*, en la que se presentaba en la portada la imagen no de una raza sino de varias bajo el título de *The New Face of America* (La nueva cara de América). Dicho artículo causó asombro y no poca
controversia al proyectar así la Norteamérica del futuro. De esta evolución étnica habrá de excluirse siempre a los llamados *Native Americans*,
los naturales de este país, pues permanecen hoy como lo han estado siempre completamente aislados del resto de la sociedad. Nos tienta hacer aquí
una comparación entre los naturales de ambas Américas pero lo dejaremos para otra ocasión. Baste decir que si bien en la nuestra forman parte
integral de la sociedad de todos esos países, en la otra, en la sajona, son
meras sombras en un desierto de incompresión y abandono.

Juan López de Velasco nos dice algunas palabras sobre este fusionamiento del que hemos venido hablando y que nos parece oportuno
consignar aquí:

> Hay, además de los españoles que de estas partes han ido a las Indias, y de
> los criollos que de padres y madres españoles han nacido en ellas, muchos
> mestizos que son hijos de españoles y de indias, o por el contrario, y cada
> día se van acrecentando más de todas partes... Demás de éstos hay
> muchos mulatos, hijos de negros y de indias, que se llaman zambaigos ...
> de los cuales y de los mestizos, por haber tantos, vienen a estar algunas
> partes en peligro de desasosiego y rebelión.[20]

Queda todo, pues, bien aclarado. Pasando el tiempo fue disminu-
yendo la población netamente indígena y española y aumentando la
criolla, mestiza, y mulata, llegando todas a fusionarse en lo que es hoy,
una raza exógena. Es más, hacia 1544, el orden social de América no
dependía ya de la metrópoli, a pesar de las Nuevas Leyes, sino de los nacidos en tierras americanas, como los criollos, indios y mestizos. Es decir,
que ya para esa fecha, medio siglo después del descubrimiento, empezaba
ya a brotar en América un espíritu nacional, patriota, independentista,
debido, mayormente, a los religiosos, como los provinciales de México
fray Domingo de la Cruz, fray Francisco de Soto, y fray Francisco de San
Román, dominico, franciscano y agustino, respectivamente. Fueron ellos
los que dirigieron a Carlos V proponiendo la revocación de la ley de
encomiendas que al fin lograron, muy a pesar de significar una notable
merma en los ingresos de la Corona.

Otra de las causas de la disminución de la población indígena, que no apunta Rosenblat, era el suicidio al que muchos recurrían como escape a su mísera existencia. Ciertamente que la ductilidad del indio era patente en la mayoría de ellos, pero había otros que se rebelaban, huían o se suicidaban, a menudo familias enteras. Se dieron infinidad de casos en que la madre, horrorizada de pensar que sus hijos también sufriesen se los llevaba al monte y allí los mataba y después lo hacía ella. Igual ocurría en las Antillas, en Santo Domingo, por ejemplo, donde se ahorcaban o mataban los indios con el zumo venenoso de la yuca. En cuanto a rebelarse, se dieron muchos casos como el de un indio de la Florida que le dio una bofetada a Hernando de Soto cubriéndole la cara de sangre. Una india floridiana tratando de escapar asió por los genitales a a un bachiller llamado Herrera y no le hubiera soltado sino por unos españoles que vinieron a socorrerle al oir sus gritos. Sobre la extinción del indio que señala Rosenblat, el insigne escritor norteamericano Charles F. Lummis tiene esto que decir:

> Los españoles no exterminaron *ninguna* nación aborigen —como exterminaron docenas de ellas nuestros antepasados (los ingleses) — y además, cada primera y necesaria lección sangrienta iba seguida de una educación y de cuidados humanitarios. Lo cierto es que la población india de las que fueron posesiones españolas en América, es hoy mayor de lo que era en tiempos de la conquista, y este asombroso contraste de condiciones y la lección que encierra respecto del contraste de los métodos, es la mejor contestación a los que han pervertido la historia.[21]

Proseguimos con la india. Con el tiempo su condición social fue mejorando, gracias al esfuerzo de la Corona celosa siempre de su bienestar. Las Leyes de Burgos de 1512 y las Leyes Nuevas de 1542 estipulaban, entre otras, la obligación de dotar a los naturales de los medios necesarios para subsisitir, como bohíos, instrucción, comida, y proveerles iglesias en las que hacer sus oraciones. Se debía, además, llamárseles por su nombres, no maltratarles ni pegarles, y garantizarles el derecho al descanso con un mínimo de cuarenta días de reposo por cada cinco meses de trabajo. No se les podía usar para llevar a españoles en andas, ni mudarlos de su sitio de trabajo o excederles sus horas laborales, ni usárseles como bestias de carga (el peso máximo era de dos arrobas) o que trabajasen en viñedos, fábricas o ingenios azucareros, ni privárseles de tiempo para cuidar a sus familias y haciendas, ni pagárseles con otra cosa que no fuera dinero. Importantísimo también era que se les dejara holgar para que se multiplicasen, en lo que se ve el interés de la Corona en ampliar la población indígena, y que a los que los injuriasen debían ser castigados, *más aún que si lo hiciesen a españoles*, incluyendo a los propios caciques. Tampoco se les permitía a los encomenderos vivir o construir casas en sus pueblos ni a los caciques tenerles como esclavos. En 1515 se les autorizó a casarse entre ellos o con española teniendo la edad debida, y no se les podía obligar a servir a no ser que fuera donde sirviesen sus maridos, y la que casara con español podía viajar y quedarse en España con él. Y específicamente en cuanto a la india, no se le permitía trabajar estando embarazada, pagar tributo, o amamantar a los hijos del blanco mientras lo hacía a los suyos. La voluntad real en este sentido se manifestaba a menudo. Veamos dos casos. En 1494 los frailes Bernardo de Boil y Pedro Margarit llevaron a España varios esclavos indios, y al no más enterarse los reyes se les recriminó fuertemente. En su Memorial de 1494, proponía Cristóbal Colón a los Católicos Reyes hacer esclavos a los indios Caribes y venderlos después en Castilla, propuesta que le fue enérgicamente rechazada. Que llegaran o no a cumplirse dichas leyes, concedidas a España por donación papal, es cuestión debatible. Como bien dijo Antonio de Solís, todas estas leyes *perdían su fuerza en la distancia*. Ahora bien, lo que es indiscutible es que los reyes españoles siempre velaron por el bienestar del indio, evitando que se les maltratase y dándoles todos los beneficios posibles. La cédula real de 20 de junio de declaraba al indio vasallo libre y sujeto por tanto a pagar tributo, prohibiéndose se esclavitud. Un año después, en las directrices dadas a Ovando, se especificaba que los indios, como vasallos libres, no estaban sujetos a cumplir con el repartimiento si bien debían trabajar y pagar tributo. Buena lectura es el testamento de Isabel la Católica, en el que queda manifiesta su voluntad en cuanto al trato del indígena. En alguna parte se ha leído que la Inquisición fue una de las causas directas de la destrucción del indio en América, lo cual carece de fundamento. El indio nunca formó parte de la jurisdicción de la Inquisición, y si de algún delito era acusado el mayor castigo que recibía eran unos azotes como los dados a un niño. Al mestizo también se le consideraba. Se les permitía ingresar en el sacerdocio (siempre y cuando se comprobase que había llevado una vida limpia), asistir a sus propios colegios y a ocupar cargos públicos y honoríficos, ir a España y volver para estudiar o comerciar sin licencia del Consejo; es decir, que poseía los mismos derechos que los españoles o indios.

Pasemos ahora al pábulo del indio. Su alimento básico era el maíz, *que en Castilla llaman trigo de las Indias y en Italia grano de Turquía… y cuasi se ha hallado en todos los reinos de Indias occidentales, en Perú, en Nueva España, en Nuevo Reino, en Guatemala, en Chile, y en toda Tierra Firme.*[22] El padre José de Acosta continúa dándonos más detalles:

El pan de los indios es el maíz; cómenlo comúnmente cocido así en grano y caliente, que llaman ellos *mote*, como comen los chinos y japoneses el

arroz, también cocido con su agua caliente. Algunas veces lo comen
tostado; hay maíz redondo y grueso, como lo de los Lucanas, que lo
comen españoles por golosina tostado, y tiene mejor sabor que garbanzos
tostados. Otro modo de comerle más regalado es moliendo el maíz y
haciendo de su harina masa, y de ella unas tortillas que se ponen al fuego,
y así calientes se ponen a la mesa y se comen; en algunas partes las llaman
arepas. Hacen también de la propia masa unos bollos redondos, y sazó-
nanlos de cierto modo, que duran, y se comen por regalo. Y porque no
falte la curiosidad también en comidas de Indias, han inventado hacer
cierto modo de pasteles de esta masa, y de la flor de su harina con azúcar,
bizcochuelos y melindres que llaman. No les sirve a los indios el maíz
sólo de pan, sino también de vino, porque de él hacen sus bebidas con
que se embriagan harto más presto que con vino de uvas. El vino de maíz
que llaman en el Perú *azúa*, y por vocablo de Indias común *Chicha*.[23]

Y prosigue el mismo autor describiendo otros comestibles:

En algunas partes de Indias usan un género de pan que llaman *cazavi*
(casabe), el cual se hace de cierta raíz que se llama yuca. Es la yuca raíz
grande y gruesa, la cual cortan en partes menudas y la rallan, y como en
prensa la exprimen; y lo que queda es como una torta delgada, muy
grande y ancha casi como una adarga. Ésta así seca es el pan que comen;
es cosa sin gusto y desabrida, pero sana y de sustento... Donde más se
usa esta comida es en las islas que llaman de Barlovento, que son Santo
Domingo, Cuba, Puerto Rico, Jamaica y algunas otras de aquel paraje; la
causa es no darse trigo, ni aun maíz, sino mal. Otro extremo contrario es
el que en otras partes de Indias quita el pan de trigo y de maíz, como es
lo alto de la sierra del Perú y las provincias que llaman del Collao, que en
la mayor parte de aquel reino; donde el temperamento es tan frío y tan
seco, que no da lugar a criarse trigo, ni maíz, en cuyo lugar usan los
indios otro género de raíces que llaman *papas*, que son a modo de turmas
de tierra y echan arriba una poquilla hoja. Estas papas cogen y déjanlas
secar bien al sol y, quebrantándolas, hacen lo que llaman *chuño*, que se
conserva así muchos días y les sirve de pan... Cómense también las papas
así frescas cocidas o asadas, y de un género de ellas más apacible, que se
da también en lugares calientes, hacen cierto guisado o cazuela, que llaman *locro*. En fin, estas raíces son todo el pan de aquella tierra... En
Europa, en Perú y Méjico, donde hay trigo, cómese el arroz por guisado o
vianda, y no por pan, coniéndose en leche, o con el graso de la olla, y en
otras maneras.[24]

El padre Acosta incluye además una gran variedad de frutas (a las que
considera superiores a las de Europa, como la piña y ciruela), abundancia
de legumbres y verduras como la cebolla, ajo, zanahorias, que si bien se
importaron de España, se daban según él mejor en las Indias, y la calabaza
de la que se asombra por su tamaño y variedad: *Hay de este género de ca-*

labazas mil diferencias, y algunas son tan disformes de grandes, que deján-
dolas secar, hacen de su corteza, cortada por medio y limpia, como canastos,
en que ponen todo el aderezo para una comida.[25] E incluye además el ají,
del que dice que comido con moderación ayuda al estómago en la digestión
(pero que pica y arde al comer, aunque advierte que son sólo las venillas
y pepitas que contiene), y el plátano, al que llama *plátano de Indias*, pero
del que se queja diciendo que la planta no da sombra. No podía faltar el
cacao y la coca, siendo uno muy popular en México y el otro en el Perú y
Guatemala. Sobre el cacao dice que es *tan preciado entre los indios, y aun
entre los españoles, que es uno de los ricos y gruesos tratos de la Nueva España,
porque como es fruta seca, guárdase sin dañar largo tiempo, y traen navíos
cargados de ella de la provincia de Guatemala.* Y añade: *El principal beneficio
de este cacao es un brebaje que hacen, que llaman* chocolate, *que es cosa loca
lo que en aquella tierra lo precian.* Y prosigue diciendo que el cacao se usaba
también como moneda y que bastaban cinco cacaos para comprar
cualquier cosa.[26] (Igualmente lo usaban los mayas.) Y da cuenta de otros
árboles y plantas como el magüey, añil y algodón, y sobre el primero considera que es *el árbol de las maravillas, de que los nuevos y chapetones (como
en Indias los llaman) suelen escribir milagros, de que da agua y vino y aceite
y vinagre y miel y arrope y hilo y aguja y otras cien cosas.*[27] Del algodón dice
que *es uno de los mayores beneficios que tienen las Indias, porque les sirve
de lino y de lana para ropa.*[28] Y así incluye infinidad de otros árboles, plantas, verduras y frutas. Se calcula que los indios en aquella época cultivaban del 17 al 20 por ciento de las plantas del mundo, que es algo de notar.
También practicaban la caza, la pesca y se deleitaban comiendo huevos de
mosca y los alimentos a medio digerir de los roedores, y la geofagia, o sea,
ingerir tierra (blanca) y arcilla. Y en esto de comer comidas repugnantes,
los aztecas rociaban sus comidas con la sangre de las víctimas sacrificadas,
lo cual, por mandato de Moctezuma intentaron hacer con los españoles
para agradarles y al rechazárseles el ofrecimiento les tuvieron por dioses
y en lo sucesivo les dieron otras comidas como carnes, frutas y raíces.

Vamos con las comidas típicas de los indios. En México eran el maíz,
el chile o ají, los frijoles, el maguey (de donde se extraía el pulque) y el
cacao; en el Perú el maíz, el ají, la yuca y la papa; en las Antillas, el maíz,
los frijoles, la batata, la yuca, el ñame, el cacao, el arroz, y el café; en Castilla
del Oro el maíz, la yuca, el ají y la calabaza. Entre los mayas el maíz (consideraba planta sagrada cuya siembra se celebraba con grandes fiestas y ceremonias), el frijol, la yuca, la batata, el cacao, frutas tropicales, la caza y la
miel. En Santo Domingo, los taínos cultivaban yuca, cazabe, ají, frijoles y
algo de maíz. Véase, pues, que sus comidas eran parecidas sino iguales,
aumentando notablemente con las gran variedad que trajeron los

españoles, tales como el trigo, la caña de azúcar (originalmente de Arabia), la gallina de Guinea, y otros. En cuanto a los animales domésticos, sólo en México se había domesticado el pavo, y en la región andina de la América del Sur la llama y alpaca y en las Antillas ninguno. De otros animales de carga, como la vicuña y la alpaca, sólo se empleaban su piel y carne. También se había domesticado el perro, el curí y la cobaya. Es de notar que el caballo ya había existido en América antes de la llegada de los españoles, pero se extinguió aunque se ignora cuándo y por qué. Se practicaba la pesca en todas las zonas costeras y era alimento básico, especialmente entre los Incas a quienes se les traían peces al Cuzco. Los indios de Castilla del Oro tenían gran maña en hacer sal del mar, y tan buena era que asombraba a los españoles su blancura y solidez.

Habráse visto que se comía muy bien en aquellos tiempos por la abundancia y calidad de comestibles de todas clases. Vale saber ahora quién se encargaba de cocinarlos. Ya sabemos que era la india y que su familia era numerosa con marido, hijos, parientes. Sabemos, además, que aparte de sus quehaceres domésticos se dedicaba a varias labores fuera del hogar, rígidas, agobiantes, inevitables. Al escribir estas líneas se nos dibuja en la mente la imagen de aquella india de regreso a su casa. Llega agotada, exhausta. Quiere reposar un rato pero el deber de madre se lo impide. Debe preparar la cena. Echa un poco de agua en una jícara y se asea. Se dirige a la hoguera y comienza a cortar con su piedra de pedernal algunas viandas, un trozo de carne o pescado y unas raíces y especias para hacer un sopón. Cuece éste en una tosca cazuela de barro o calabaza y lo va removiendo todo con un gajo de maguey. Suda copiosamente y el humo se hace espeso nublando la vista. Empieza a inquietarse, pues sabe que pronto llegarán los comensables hambrientos. Efectivamente, al poco rato asoman el marido, los hijos y todos los parientes y se van acomodando en círculo sobre el suelo desnudo y húmedo. Corretean los niños y el padre les lanza un grito con el visto bueno de los parientes ancianos. Se va disipando el humo, se cruzan las miradas y una a una se van clavando en la madre que se aproxima con el sopón humeante. Sonríen todos, comen, y ya bien alimentados y satisfechos, se levantan, se estiran y salen a respirar el aire perfumado y límpido de la noche que va cayendo. Queda la madre a la rezaga con su hija mayor que la ayuda a recoger y a limpiar. Terminan, se abrazan y se besan tiernamente. Salen y se juntan con el resto de la familia que escucha al abuelo relatar una de sus consabidas historias, quizá alguna anécdota heroica de su juventud. A lo lejos se escucha el repiquetear de tambores y los chillidos de la muchedumbre que se aglomera en torno al areíto. Se cierra la noche, es hora de dormir. Entran todos soñolientos y se tiran sobre el lecho de hojas de alguna planta frondosa, de plátano probablemente. La madre se acerca a sus hijos y los va besando uno a uno en la frente, tapándolos bien para resguardarlos del frío. Se retira a su rincón, abraza a su marido y lo besa en la mejilla y cae desplomada a su lado. Permanece despierta por unos momentos. Piensa, anhela, sueña. No sabe si llorar o sonreír. Finalmente, hace esto último, da media vuelta y queda rendida hasta el despuntar de un nuevo día...

Pasemos ahora a dar una idea de la religión del indio. El azteca era politeísta, idólatra, y su rito principal, de origen mitológico, consistía en el sacrificio humano. Según su antigua creencia, los dioses se habían sacrificado al crear al hombre y él tenía que corresponderles, sacrificándose también. Su gran dios, *Huitzilopochtli*, o el Sol, moría diariamente y sólo podía revivirse ingiriendo carne humana y sangre. Otro de sus dioses era *Quetzalcóatl*, el dios de las artes y ciencias. Pero, aun siendo politeísta, agrupaba a todos los dioses en uno sólo con divinidad doble: masculina y femenina. Los incas eran de religión sabeísta, puesto que adoraban a todos los astros, sol, luna, estrellas. Ahora bien, aun siéndolo, se inclinaban al monoteísmo adorando a un sólo dios que era *Viracocha*, el héroe y creador de su civilización, aunque en la práctica su dios era el Sol. También adoraban a la Tierra, al dios del Trueno, al del Mar. A diferencia de los aztecas, no practicaban el sacrificio humano a no ser en ocasiones muy señaladas y específicas, pero sí sacrificaban a los animales. Una de sus más preciadas instituciones religiosas era la que llamaban las *Vírgenes del Sol*, mujeres castas que vivían en una especie de claustros dedicadas a servir al Inca o emperador. De ellas escogía el Inca a sus concubinas y a las otras las hacía casar con miembros de la nobleza. Creían en una vida posterior a la terrenal, es decir, en la eternidad. Al morir un Inca, era costumbre sepultarlo junto con muchos vasallos y servidores y algunas de sus concubinas predilectas (igual costumbre tenían en Haití, donde la cacica Anacaona mandó a enterrar viva con su hermano a *Guanahattabenechena*, su esposa y concubina y a dos doncellas). Festejaban frecuentemente muchas ceremonias solemnes. Los mayas adoraban a las fuerzas naturales y divinidades agrícolas, como el dios del cielo, que era a la vez civilizador, el de la lluvia, el del maíz, el de la guerra, la diosa del agua y de la mternidad, etc. Todos esos dioses se relacionaban con el calendario y con la astronomía. Sus cultos consistían en fiestas solemnes en las que se hacían oraciones, sahumerios, penitencias (se extraían la sangre) y en los sacrificios. Creían como los Incas en una vida futura y en la inmortalidad del alma y del espíritu, y que el mundo había sido creado cuatro veces, pereciendo cada una a causa de diluvios. Como dato interesante los mayas inventaron el cero e impulsaron grandemente el valor de posición de las cifras llegando a expresar cantidades muy altas. En Santo Domingo, los *taínos* adoraban al sol y la luna junto a los *comíes,* representación material de la tierra, fuego, agua, etc.

Vayamos ahora con la educación del indio. Al llegar los españoles, fueron los frailes y monjas los que se dedicaron a la difícil labor de educar al indio. Con tal fin, se erigieron numerosos conventos y colegios bien provistos para la enseñanza. En un principio, la educación se centraba en el indio de la nobleza, como los hijos de caciques, pero después se fue extendiendo a todos los demás. Ya hacia 1505 se había fundado en Santo Domingo el convento de la Orden de San Francisco, obra del venerable padre Hernán Suárez. Más adelante fueron surgiendo muchos institutos y colegios independientes en Perú y México, como el de San Francisco en 1523, que dirigía Pedro de Gante y en el que se enseñaba, además de religión y latín, escultura, pintura, música y oficios varios, y el Colegio Mayor de Santa Cruz, fundado en 1536 en Tlatelolco, que ofrecía varias materias incluyendo la medicina. Se enseñaba música, como cantos, danzas y escritura, y a tocar distintos instrumentos. Aunque los indios poseían sus propios instrumentos, como tambores, flautas, pitos y trompetas (que usaban con fines mayormente ceremoniales), llegaron a conocer también los que trajeron los españoles, como el arpa, el violín, el clarinete y la guitarra que adquirieron gran popularidad en toda la América principalmente en Perú, México, Colombia, Chile, y Venezuela. Los centros de mayor enseñanza estaban en las ciudades, mientras que en los pueblos se enseñaba mayormente religión. Si bien los frailes y monjas fueron sus primeros maestros y realizaron una labor loable, los verdaderos maestros del indio fueron los misioneros, aquellos hombres venerables y sabios que dedicaron toda su vida a mejorar la condición general del indio, la de su cuerpo, mente, espíritu. Fueron ellos los que les inculcaron toda la vasta sabiduría de Occidente y, como si fuera poco, los que se empeñaron en aprender, a la vez, todas sus lenguas, historias, y culturas. Fueron ellos, pues, los creadores de un ancho puente de conocimiento y comprensión mutua entre ambos mundos. Eran estos hombres, además, una verdadera pléyade de insignes escritores que recogieron con sus plumas todo el saber, vidas y costumbres de cada una de las culturas americanas, bien de las antiguas como de las modernas.

Salvador de Madariaga nos habla de ellos:

> …Y por lo tanto, universidades, colegios y escuelas, que fueron brotando rápidamente por todo el Nuevo Mundo, eran centros de diseminación, no precisamente de la lengua y cultura de España, sino de la fe y creencia de los cristianos. Una de las primeras consecuencias de este punto de vista cristiano fue que se puso más empeño en la enseñanza de las lenguas naturales que en la del castellano… Se imprimeron gran número de gramáti-

cas y diccionarios en numerosas lenguas indígenas y se fundaron cátedras de lenguas naturales en la Universidad de México y en la de Lima. Mas no por eso se limitó la enseñanza de los indios a las verdades elementales de la fe. Los colegios que, anejos a los monasterios, brotaron por todas partes, enseñaban latín y filosofía e historia cristianas a los indios más inteligentes, no siempre por cierto con agrado de los encomenderos y clero secular, entre quienes eran frecuentes los temores de que los naturales adquiriesen con la instrucción la soberbia del blanco; aparte de que no pocos temían verse puestos en posición desairada al encontrarse con indios más gramáticos que ellos.[29]

Y añade sobre la instrucción del indio:

> También se cultivaban las artes y oficios que, así como las escuelas primarias, alcanzaron gran auge y desarrollo en la Nueva España sobre todo por el maravilloso celo de un lego de origen flamenco, fray Pedro de Gante. Todos los frailes que han escrito sobre el particular concuerdan en alabar la maestría con que los naturales aprendían a manejar las herramientas y a dominar las técnicas de los europeos. Se enseñaban los oficios con gran asiduidad, de modo que en muy poco tiempo, tanto en la Nueva España como en el Perú se había constituido una clase numerosa de oficiales adiestrados en artes y oficios para cualquier especialidad, ya de lo bello, ya de lo útil. Ni qué decir tiene que no se olvidaron los frailes en esto de fomentar las artes y oficios especialmente útiles al culto, desde la música al bordado, desde las artes plásticas a la jardinería y el decorado de los templos—sin excluir la manufactura de instrumentos de música. Nada hay quizá que más impresión produzca a este respecto, tanto en lo que concierne al efecto vivificador de la enseñanza propagada por la Iglesia, como en cuanto a lo más arriba dicho sobre el carácter mestizo de las Indias, que la escuela de pintura del Cuzco, a la vez tan española y tan india.[30]

Si nos diera por escribir sobre la vida y obra de estos misioneros, fácilmente se completaría otro voluminoso libro. Dígase, simplemente, que llegaron a contarse en miles y que juntos recorrieron toda la América de norte a sur en ambos hemisferios (mayormente a pie o en mula o burro) y que con sus obras, todas en conjunto, se harían varias enciclopedias de muchos cientos de volúmenes, sin que se desperdiciase ni una sóla página, es más, ni una sóla palabra. Tan sabias y perfectas fueron. Y hase de señalar, y téngase cuenta de esto, que si no hubiera sido por ellos el mundo de hoy tendría poca cuenta de la América pre-hispánica y no digamos de la posterior. Explíquese qué otras gentes han sido capaces de lograr tan magna obra a través de la historia. Citemos algunos nombres: Bernardino de Sahagún, Pedro de Arenas, Pedro de Gante, Alonso Barzana (que llegó a dominar once lenguas indígenas y escribió varios catecismos, vocabularios y gramáticas), Juan de Anchieta, Toribio de Mogrovejo. Las primeras crónicas de América, los primeros libros, gramáticas, diccionarios y catecismos fueron obra de estos doctos caballeros de la cruz y de la luz a los que América y el mundo les debe gratitud eterna. Gran cosa es que de España saliesen estos hombres, así como otros muchos que en menos de cincuenta cortos años descubrieron, conquistaron y colonizaron todo un continente, y en cien años más gran parte del Pacífico y de la América del Norte. Trece años antes de sonar el clarín independentista de las trece colonias norteamericanas (1763), las dos terceras partes del vasto territorio continental de América del Norte, que se extendía hacia el Oeste del río Misisipí, se hallaba, todo él, bajo dominio español.

Continuemos con la labor educativa de los frailes. Cuando llegaban a un pueblo, lo primero que hacían era construir su casa a semejanza de la de los indios para atraérselos. Después en la parte de atrás, en el patio, hacían un jardín o huerto en el que sembraban diversas legumbres o verduras para su propio sustento y el de los indios. Comenzaban por adoctrinarlos en la fe cristiana, pero poco después se dedicaban ya de lleno a enseñarles a leer y escribir, las artes manuales y algunas nociones básicas de agricultura y ganadería. Poco a poco iban absorbiendo todos estos conocimientos que transmitían a los otros, con los que se creaban distintos oficios y profesiones que llegaron a sentar las bases de la nueva economía. En la primera oportunidad, se construía una iglesia y se creaban granjas en las que los indios cultivaban lo necesario para subsistir. Las órdenes religiosas encargadas de esta labor civilizadora de los indios fueron seis: franciscanos, mercedarios, agustinos, dominicos, jesuitas (quienes en 1567 reemplazaron a los mercedarios), los carmelitas descalzos y en 1647 se sumaron los capuchinos.

En esta enseñanza de la que se ha hablado no existía en absoluto la discriminación, por cuanto todos tenían derecho a ella, tanto la mujer como el hombre, el rico como el pobre, el blanco como el indio. Vése aquí la implantación temprana de un sistema de enseñanza netamente equitativo, democrático, en el que todos, sin excepción, podían aspirar a una mejor educación, a una mejor vida. Tal sistema respondía a una tradición bien arraigada en todas las universidades españolas, inclusive en las más famosas. Las universidades de Salamanca, Ávila, Valladolid, Alcalá de Henares, Barcelona y otras, aceptaban a todo tipo de estudiantes sin reparar en su sexo o condición social. En la Universidad de Salamanca, por ejemplo, las mujeres gozaban de los mismos derechos que el hombre y muchas lograron destacarse, como Lucía de Medrano, Juana de Contreras, y Francisca de Nebrija, hija del célebre erudito español, Antonio de Nebrija, la cual le substituía a menudo en sus charlas y conferencias.

Igual derecho tenía el indio al sacerdocio. Bernardino de Sahagún nos lo aserta:

> ...que es lícito a los indios entrar en el sacerdocio y aun alcanzar dignidades eclesiásticas y concluye que si no hubo sacerdotes indios fue tan sólo por falta de candidatos. Don Joseph de Garro, presidente de la Audiencia de Santiago de Chile, que fundó y sostuvo a sus expensas una escuela para hijos de cacique, hizo ordenar de sacerdote a uno de estos escolares. De hecho hubo sacerdotes indios y hasta obispos, el primero de los cuales fue Don Nicolás del Puerto, doceavo obispo de Oaxaca (1679–82) quien, desde luego, gobernó una diócesis compuesta casi exclusivamente de sacerdotes españoles y de una población mixta de blancos, indios y mestizos.[31]

Pero en América no sólo los frailes se preocupaban y educaban a los indios. Habían muchos particulares que sentían igual afán por mejorar la condición del indio, por educarle. En el Perú, por ejemplo, algunas mujeres cobijaban en sus hogares a indias y aun a negras y las cuidaban e instruían como si fueran sus propias hijas. Isabel de Ovalle, mujer rica y casada dos veces pero sin hijos, se dedicó a criar a dos niñas huérfanas españolas y a tres mestizas. Y Francisca Suárez, llamada la Valenciana, dejó al morir toda su hacienda a una indita que había recogido y que tenía por hija.[32]

Volvamos al trabajo de la india. Se le exigía trabajar en las minas (*mitas*) cuerpo a cuerpo con el hombre, salvo que estuviese casada o en cinta en cuyo caso debía dedicarse a las labores del hogar con la ayuda de sus hijos. Por trabajar en las minas se le pagaba igual salario que el del hombre, un peso de oro al año. Su trabajo en las mitas consistía en lavar el oro y cocinar. Los *mitayos* no sólo trabajaban en las minas sino asimismo en los campos como pastores, en las viñas, obrajes, etc. Estaba prohibido trasladárseles a más de diez leguas de su pueblo, obligarles a hacer trabajos dañinos, como cultivar la coca, acarrear nieve o pescar perlas. Aparte de sus muchos otros oficios, la india era excelente costurera, panadera, curandera, y partera. A las que no les gustaba trabajar el marido las repudiaba y si no cambiaba la abandonaba y se buscaba a otra, y los mismo hacía si rehusaba atender a sus quehaceres domésticos. Fray Toribio de Motolinia nos dice sobre el particular refiriéndose a la Nueva España:

> Y no es mucho decir también que escusa de culpa aun donde no había sentencia, sino que *ad libitum* se apartaban, porque pensaban que lo podían hacer, y realmente ansí lo pensaban por las causas que dicen que se dejaban; ca preguntados, decían "dejámonos, que nos queríamos mal," y el varón dice que no le quería servir su mujer, ni hacer las cosas de su

oficio que la mujer debe hacer en su casa, y que era muy perezosa, e otras
tachas semejantes, y decían: "¿pues no la había de dejar, teniendo tal y tal
tacha?" Ella decía que la hería muchas veces, y la trataba mal, y no le dabe
el vestido que el hombre suele dar a su mujer, y que no tiene cuidado de
sus hijos.[33]

Sobre el trato que recibía el indio de los frailes en su trabajo, léanse
estas palabras de Mariano Cuevas:

> Calumniosa es también la afirmación, con carácter de general, de haberse
> forzado a los indios para que trabajasen sin pago. Ni los indios eran tan
> mansos, ni tan ciegas las autoridades, ni tan sin conciencia, para no pagar
> unos miserables tomines aquellos santos varones que venían a darnos sus
> fuerzas y sus vidas. Y aunque de balde hubiesen los indios trabajado, tra-
> bajaban para sí mismos; para la iglesia que ocupaban indios, para las
> escuelas de sus hijos indios, para hospitales de los enfermos indios.
> Labraban al mismo tiempo su clase práctica de arquitectura y de muchas
> bellas artes que aprendían, para legar a sus poblaciones y a su posteridad,
> lo único que los distingue y los ennoblece aun después de corridos cua-
> trocientos años. Suprímanse de los pueblos las majestuosas ruinas con-
> ventuales y toda nuestra patria se convierte en montones de adobe y en
> prosa y en miseria.[34]

Veamos ahora el matrimonio, aspecto capital en la vida del indio.
Cuando la mujer contemplaba casamiento, lo primero que hacía era
reunirse con sus padres para que la aconsejasen en cuanto a su futura conducta de esposa y madre, en lo que demostraban gran ternura y amor. El
padre Motolinia nos lo explica de esta forma:

> Tampoco dejaban a sus hijas, al tiempo que las casaban, sin consejo o
> doctrina, mas antes les hacían muy largas amonestaciones, máxime a las
> hijas de los señores y principales. Antes que saliesen de su casa, sus
> padres las informaban cómo y en qué manera habían de amar, a placer y
> servir a sus maridos para ser bien casadas y amadas de ellos. Decíanle la
> madre: "Hija mía muy amada, ya ves cómo te vas para tu marido, ca esta
> gente que aquí está es venida para te llevar e acompañar: mira que ya te
> apartas de nos y de esta tu tierra y casa: si fueras varón aquí vivieras con
> nosotros; mas ya sabes que es costumbre que las mujeres vayan y sigan a
> sus maridos y estén con ellos y vivan en sus casas"; decíanle: "pues eres ya
> casada irás con tu marido, y ten visto que no seas defectuosa ni malcria-
> da, mas mira que de tal manera vivas, que seas ejemplo a las otras
> mujeres; cata que eres mujer de señor y no vas a trabajar a otra parte sino
> allí como a cosa de los dioses... e ansimismo tendrás cargo de tu marido
> e lo servirás con diligencia, porque ansí merezcas ante los dioses haber
> hijos que subcedan en el señorío, e para esto alcanzar, en ofrenda de los

dioses barrerás la cámara de tu marido e dárasle agua a manos para se lavar e limpiar con ella la boca, e ansimismo pondrás diligencia en la comida que le has de dar, y cuando saliere fuera a otro pueblo, a la vuelta, ya cuando supieres que tu marido allega cerca de casa, salirlo has a recibir y saludar con mucho amor y honestidad, y haciéndolo tú de esta manera, tu marido te querrá mucho y te mostrará amor, y lo mesmo haremos nosotros cuando oyéremos y supiéremos tu buena crianza y el amor que os tenéis el uno al otro: estaremos de ello muy gozosos y ricos; pero si otra cosa haces que no sea tal como se espera de las señoras de tu suerte, sernos ha causa de mucha pena y vergüenza." Y dichas estas cosas e otras, despidiéndose con lágrimas, decíanle: "Vete, hija, con tus madres que te acompañarán."[35]

Los padres eran los encargados de concertar el matrimonio tanto de la hembra como del varón, y si se les desobedecía, no podía consumarse sin su anuencia definitiva. La edad núbil era para la mujer de diecisiete o dieciocho años, y para el hombre de veinte o veintidós. Ambos debían poseer la misma calidad social, y para asegurarse de la conveniencia del matrimonio, los padres de él buscaban consejo de unos agoreros o adivinadores en los que confiaban plenamente. Si éstos no lo consideraban prudente, así se lo comunicaban a los padres e inmediatamente se deshacían de la doncella y buscaban a otra. Una vez hallada la mujer idónea, según la particular opinión de ellos, comenzaba un largo rito para pedir la mano de la muchacha. Para ello, los padres del novio se valían de unas ancianas que actuaban como solicitadoras o alcahuetas llamadas *cihuatlanque*, cuya función primordial era convencer a los padres de la novia de la calidad del pretendiente y lo mucho que les aventajaría. Visitaban la casa de la novia varias veces, cada una llevando muchos regalos, cerciorándose a la vez de la dote que poseía pues ambas debían ser iguales. Los padres de la novia dilataban su decisión, poniendo así a prueba el amor del pretendiente. Al final se reunían los padres con todos sus parientes y entre ellos tomaban la decisión final.

Ya aprobado el matrimonio, los padres se volvían a reunir con la novia y nuevamente la amonestaban con sabios y prudentes consejos. Se fijaba entonces el día en que habría de celebrarse la boda. Llegado este día, salían todos acompañados de familiares y amigos y se dirigían en larga y festiva procesión a casa de los suegros. Allí eran recibidos por cuatro mujeres portando teas ardiendo, y pasaban todos a una gran sala acomodándose en unas esteras bellamente adornadas. Llegaba el sacerdote, se ponían los novios de pie y comenzaba entonces la ceremonia, la cual consistía en hacer el sacerdote un nudo con un extremo de la camisa de la novia y la punta de la manta del novio. Luego tenía lugar una gran fiesta y banquete.

En otras partes de México, en Michoacán, por ejemplo, la ceremonia nupcial consistía en atar los cabellos y manos del desposado y desposada. Y en otros lugares llevaban al novio en hombros y si era su primer matrimonio lo trasquilaban. Era también muy común que antes de casarse los novios se amancebasen por mucho tiempo, pero antes se lo comunicaban a los padres de ella haciéndoles ver lo mucho que se amaban y cómo podían sustentarse por sí solos. El varón les pedía perdón por haberles ofendido y haber abandonado su hija el hogar, pero que se contentasen puesto que ya estaban de regreso y que los perdonasen y diesen su bendición. Los padres le contestaban que tal decisión había sido de ellos y que si algo ocurriese que no se los imputase. Lo que más les molestaba era el que hubiesen tenido relaciones íntimas sin estar casados, pero al fin los perdonaban y les prometían ayudarles con la boda para hacerlos felices.

En cuanto al casamiento en las Antillas, especialmente en Cuba, es de notar que los caciques, antes de acostarse con su mujer la primera noche de casados, se la entregaban a otros caciques amigos para que se intimasen con ella, e igual hacían los plebeyos. Al día siguiente, aparecía la mujer muy ufana y risueña gritando ¡*Manicato, manicato!* que quería decir que era mujer fuerte y de grandes ánimos, capaz de lidiar de tal manera con muchos hombres a la vez.

Y ya que se ha hablado del matrimonio, digamos una breves palabras acerca del divorcio. Tanto el marido como la mujer tenían derecho a divorciarse, si bien se consideraba algo deshonroso para ambas familias, siendo a menudo causa de grandes pleitos y hasta de guerras y muertes. La culpable era siempre la mujer, por cuanto más le convenía quedarse casada y soportar penas que arriesgarse a la humillación y a perderlo todo. En este caso, debía abandonar el pueblo y comenzar una nueva vida en otro más lejano.

Igual nos toca hablar ahora del adulterio. En general se toleraba salvo que se cometiese con mujer casada, en cuyo caso se imponían castigos muy severos. Francisco Javier Clavijero nos da detalles:

> El adulterio se castigaba irremisiblemente con pena de muerte; a los adúlteros o apredeaban o quebrantaban la cabeza entre dos losas. Esta ley de apedrear a los adúlteros es una de las que vi representadas en las primeras pinturas antiguas que se conservaban en la biblioteca del Colegio Máximo de los Jesuitas de México. Se halla también en la última pintura de la colección de Mendoza y de ella hacen mención Gómara, Torquemada y otros autores. Pero no se reputaba adulterio, a lo menos no se castigaba, el comercio del marido con una soltera, y por consiguiente no obligaban a tanta fidelidad al marido como a la mujer.
> En todo el imperio mexicano era castigado este delito, pero en unas

partes con más rigos que en otras. En Ichcatlan la mujer acusada de adulterio comparecía ante los jueces, y si las pruebas del delito eran convincentes, se le daba allí la muerte sobre la marcha; la descuartizaban y dividían los pedazos entre los testigos. En Itztepec la infidelidad de la mujer era castigada con autoridad de los jueces por el mismo marido, que en público le cortaba la nariz y las orejas. En algunas partes del imperio era castigado con pena de muerte el marido que tenía acceso a su mujer cuando constaba que ella le hubiese violado la fe conyugal.[36]

La española, según Oviedo, no lo era menos:

> ...si nos acordamos de algunas cristianas que contra el mandamiento de Dios y el sacramento del matrimonio, y pospuesta la vergüenza y conciencia, con tan poco temor de la justicia divina y humana y del castigo que en tal caso permiten todos los derechos, amenguando sus personas e linaje, quebrantan la lealtad que a sus maridos deben, e se otorgan a sucios y viles adulterios; e allende desto, no solamente se ven en este vicio caídas las que son casadas con los hombres, mas aún las desposadas con Dios.[37]

Y ya que se habló en el capítulo precedente de los celos del español, veamos ahora cómo lo era el indio, en este caso no por una mujer sino por varias. Diego Muñoz Camargo nos relata este curiosísimo y único episodio:

> Trataremos ahora de una hermafrodita que tuvo dos sexos, y lo que de este caso acaeció fue, que como los Caciques tenían muchas mujeres, aficionóse un hijo de Xiconténcatl de una mozuela de bajos padres, que le pareció bien, la cual pidió que la diesen sus padres por mujer, que ansí se acostumbraba, aunque fuesen para sus mancebas; la cual fue traída, que era hermosa y de buena disposición, y puesta entre sus mujeres y encerrada entre las demás, y habiendo mucho tiempo que en esta reputación estaba con él, y tratando y conversando con las otras mujeres sus compañeras, comenzó a enamorarse de ellas y a usar del sexo varonil en tanta manera, que con el mucho ejercicio vino a empreñar más de veinte mujeres, estando ausente su Señor más de un año fuera de su casa; y como viniese y viese a sus mujeres preñadas recibió pena y gran alteración, y procuró saber quién había hecho negocio de tamaño atrevimiento en su casa, y entrando las pesquisas se vino a saber que aquella mujer compañera de ellas las había empreñado, porque era hombre y mujer; y visto tan gran desconcierto y que la culpa no había sido suya, habiéndola él metido entre sus mujeres, parecióle no ser tan culpadas como si ella lo hubieran procurado, y ansí las reservó de que muriesen, aunque las casó y repartió repudiéndolas, que no fue poco castigo para ellas; mas al miserable hermafrodita lo mandaron sacar en público en un sacrificadero que estaba dedicado al castigo de los malhechores, manifes-

tando la gran traición que había cometido contra su Señor amo y marido, y ansí vivo y desnudo en vivas carnes, le abrieron el costado siniestro con un pedernal muy agudo, y herido y abierto le soltaron para que fuese donde quisiese y su ventura le guiase, y de esta manera se fue huyendo y desangrando por las calles y caminos, y los muchachos fueron corriendo y apedreando más de un cuarto de legua, hasta que el desventurado cayó muerto y las aves del cielo le comieron, y este fue el castigo que se le dio.[38]

Ciertamente los indios eran muy celosos de sus mujeres. Cristóbal Colón contaba que al llegar a la isla de *Juana*, es decir, Cuba, notó que los indios no escondían a sus mujeres de los cristianos por celos, como hacían comúnmente en otras partes, por temor a que gustasen de ellas.

Echemos un vistazo ahora a la vestimenta de la india. Al llegar los españolas, las indias andaban desnudas de la cintura hacia arriba, cubriendo sus vergüenzas o genitales con un taparrabo que llamaban *mástil*. En las islas Lucayas, siendo doncellas, andaban como Dios las trajo al mundo, si bien, antes de la menstruación, se cubrían sus genitales con unas redecillas de algodón entrelazadas con las hojas de ciertas plantas, y llegada ésta, lo celebraban con grandes fiestas y banquetes a los que invitaban a familiares y amigos. Perdiendo la virginidad, se ponían de la cintura hacia abajo una especie de faldilla hecha de hierbas o algodón. También llevaban el pelo suelto hasta los hombros y una cinta en la frente. Nada más puede decirse de la vestimenta de la india, pues en realidad, quitando a la de sangre noble, especialmente a la azteca o inca, la india común nunca puso mucha atención en su vestir, aunque no así en la ornamentación de sus cuerpos como se verá más adelante. En cuanto a la de sangre noble o señoras, en la Nueva España, se vestían con los llamados *huipiles* labrados y tejidos de formas muy distintas. También se teñían el pelo, bien con lodo obscuro o tirando a morado o con una hierba verde que llamaban *xiuhquilitl* para dar brillo a sus cabellos, y se pintaban las manos, pecho y cuello.

Seguimos con un aspecto de la vida de los indios que ha de llamar mucho la atención, sobre todo a los médicos y farmacéuticos y era la forma que tenían de curar sus enfermedades y dolencias. Básicamente, se curaban usando una enorme variedad de plantas y hierbas que fueron conociendo a través de una tradición milenaria. Asombra ver que para cada mal físico tenían una planta o hierba específica, y que en la inmensa mayoría de los casos cada una surgía el efecto deseado. Según testimonio de numerosos cronistas de la época, los indios sabían con certeza la planta o hierba más apropiada para cada enfermedad, así como la forma de prepararla y emplearla para lograr el máximo resultado. No perdería su tiempo el hombre moderno de hoy esforzándose por conocer cabalmente el fabuloso mundo natural de aquellos indios, de su profunda sabiduría en medicina y en farmacia.Veamos algunos ejemplos. En Guatemala se curaban las cataratas de los ojos (*impedimento por causa de nubes*, como se decía entonces) frotándose los ojos con el humor amarillo del tallo de una planta que llamaban *Chicalote*. Servían, además, sus flores blancas para los dolores de cólico, tomándose el agua con la que cocían las mismas. Había otra planta para curar este mal que llamaban *Plátanos de Guinea*, cuya cáscara, después de humeada, la ponían sobre los párpados y se despejaba la vista. En la Nueva España se curaban este mal raspando la raíz llamada *cocoztic* y poniéndosela de noche sobre los ojos, o frotándose el interior de los párpados con una hierba llamada *zacamalinalli* y otras mezclas. Para la supresión de la orina usaban una hierba que llamaban *Hierba de San Juan*, cuyo cocimiento después de calentado tomaban para remediar este mal, obteniendo prodigiosos resultados. Para la menstruación de la mujer y sus dolores se valían de una planta muy exótica que llamaban *Siguatpactli* (que significa medicina de mujeres) con eficaz efecto. Una de sus principales propiedades era hacer fluir y bajar la menstruación. Para esto mismo usaban también otra planta llamada *Marrubio*, parecida al clavel. Era buena asimismo para deshacer tumores del vientre y mitigar los malestares de estómago. Para los dolores de muelas, se valían de la flor de otra planta que llamaban *Colleja*, la cual frotaban en la muela adolorida. Para la gripe y catarro, era muy común el uso del cocimiento de la flor de la planta llamada *Viravira*, la cual al partirla mostraba una especie de pelusa parecida al algodón. Y cuando padecían de fiebre (esto lo relata Vespucio), y sobre todo cuando era alta, les bañaban el cuerpo con mucha agua helada y después les encendían un fuego a su derredor hasta que quedaban agotados y se dormían, sanando al día siguiente. Otro remedio muy eficaz para la cura de bubas (enfermedades venéreas) era el tronco del *Limoncillo*, frondoso árbol parecido al limón pero sin espinas. (En la Nueva España las curaban con una hierba llamada *tletlemaitl*, la que cual molían y mezclaban con agua y después se la bebían). También servía su corteza para curar el mal de orina, vientre, y estómago. En Castilla del Oro, los indios curaban esta misma enfermedad con palos o ramas de guayacán. Para dolor de pecho debido a enfermedades cardiacas, usaban una planta consideraba milagrosa en sus efectos que llamaban *Lengua de serpiente*, por la forma de sus hojas, que cocían y tomaban. Y para la erisipela (inflamación microbiana de la piel) usaban una planta llamada *Hierba mora*, que daba excelentes resultados. También usaban el cogollo del *aguacate* cocido para los espasmos, y su hueso para las heridas por su propiedad cáustica y curativa. En la Nueva España, para la enfermedad de horquilla (la que hiende las puntas del pelo) se raspaban la cabeza y la untaban con una hierba llamada *nanacece,* la cual después se quitaban con orine también. Para la caspa se raspaban el cabello y se lavaban la cabeza con unas hierbas llamadas *coyoxóchitl, amoli* e *iztáuhyatl,* o con el hueso del aguacate. Para los dolores de cabeza olían una hierba llamada *ecuxo* u otra llamada *picietl,* apretándose la cabeza con un paño; y si el dolor se hacía agudo, molían una hierba llamada *zozoyátic* y olían el polvo y lo aspiraban bien por la nariz. Para las heridas se las lavaban con orine, y después se ponían en la herida el zumo de la penca del maguey. Y si la herida hacía postilla, molían la hoja de la hierba *chipilli* o de la *toloa* y la menzclaban con clara de huevo y la colocaban encima de ella. Para el malestar de oídos, tomaban el zumo tibio de la hierba *coyoxóchitl* mezclado con chile, y después lo echaban en los oídos varias veces al día y de noche; también raspaban los polvos de un marisco llamado *cuechtli* y, una vez mezclado con agua y sal, se lo echaban en los oídos. Para la viruela, se tomaban el orine caliente y lavaban la cara, y después se untaban chile amarillo molido; acto seguido, se lavaban con orine y con el zumo caliente de la hierba *azpan,* y tomaban el zumo de otra hierba llamada *tlatlauhqui* mezclada con agua. Para la tupición de la nariz de los niños se echaban en las nariz un emplasto hecho de *ocótzotl.* Para la ronquera se frotaban la garganta con *ulli* y bebían miel de abeja. Para la hinchazón de las encías se las punzaban y echaban un poco de sal y se las frotaban con el dedo. Para el dolor de muelas usaban el gusano hallado en el estiércol, lo molían y mezclaban con *ocuzote* y se lo ponían en las mejillas donde sentían el dolor. Y asimismo en Castilla del Oro, para la purga se valían de las avellanas y de la manzanilla, y provocaban el vómito comiendo ciertas hierbas. Finalmente citaremos la planta que llamaban *Cuzticpactli* para componer las quebraduras de los huesos, moliendo sus ramas y hojas y haciendo de ellas una especie de ungüento al que añadían unto de res. Todas estas plantas y hierbas poseían propiedades curativas extraordinarias, y muchas de ellas se usaban comúnmente no sólo en Guatemala sino también en otras zonas de América, como en el Perú. Había en México una flor llamada *cuetlaxóchitl* que causaba una enfermedad en los genitales de las mujeres por el simple hecho de sentarse sobre ella o pasarle por encima , y aun por no más olerla, según supersticiones antiguas, y de la cual no nos consta que existiese cura. Como es de suponer, no sólo los indios se valían de estos medicamentos naturales, sino asimismo los españoles y negros por sus propiedades comprobadas. En nuestros tiempos, los medicamentos se fabrican en laboratorios a base de infinidad de componentes químicos que pretenden imitar a lo que la naturaleza brinda de buena gana, y no siempre con los mismos resultados, amén de los consabidos contraefectos. Dígase lo que se quiera, lo cierto es que aquellos indios, con sus hierbas y brebajes sacados de la tierra, curaban todo mal y lograban vivir muchos más años que nosotros. Lo que no pudieron curar, mencionése de paso, fueron las terribles epidemias que los azotaron con la llegada de los europeos, simplemente por desconocerlas. La mezcla de razas no es siempre conveniente para el bien del cuerpo, como las bubas en el caso del español y la viruela en el caso del indio demostraron. De esta última no se sabe si pasó de Europa a América o de América a Europa, pero lo cierto es que causó estragos incalculables entre ellos, mucho más que los recibidos en la guerra. Como referencia diremos que los dos cronistas que más hablan de esto son el padre Acosta y Sahagún, de los que se han resumido los datos antedichos. La información que proporcionan ha de considerarse valiosísima y más que completa.

En cuanto al crimen, diremos simplemente que los considerados capitales eran el homicidio, el hurto, el adulterio y el desacato a un un rey. Todos ellos acarreaban severos castigos y a menudo la muerte. Quizá el peor de todos era el hurto, como nos lo testifica Oviedo:

> ...al ladrón, por pequeña cosa que hurtase, lo empalaban vivo (como dicen que en Turquía se hace), e así lo dejaban estar en un palo o árbol espetado, como en asador, hasta que allí moría. Y por la crueldad de tal pena, pocas veces acaecía haber en que se ejecutase semejante castigo, mas ofreciéndose el caso, por ninguna manera, ni por debido o amistad, era perdonado ni disimulado tal crimen; y aun casi tenían por tan grande error querer interceder o procurar que tal pena fuese perdonada ni promutada en otra sentencia, como cometer el mismo hurto.[39]

Citemos ahora algunas costumbres insólitas de los indios. Cuando moría un cacique o indio principal en Venezuela lo quemaban, y consumida la carne en el fuego apartaban los huesos y quemados los molían, mezclándolos después en un brebaje que llamaban *mazato* y, hecho esto, lo tomaban teniéndolo como la mayor honra que se podía hacer al difunto. En las guerras, la que hacía las paces era la mujer, pues según decían los indios era la que mejor mentía y a la que más creían. También en las guerras en el Nuevo Reino de Granada, a los enemigos muertos se los comían, y lo que sobraba se lo llevaban a sus casas para compartir con su familia, teniéndolo en gran ocasión. En el mismo lugar, cuando las indias veían llegar a los españoles (llamados *usachies*, palabra compuesta que quiere decir hijos de la luna y el sol que eran marido y mujer) y para agradarles, les tiraban a sus criaturas, aún prendidas de sus pechos, por sobre unas rocas para que se las comiesen. No había indio, por pobre que fuese, que no tuviese en su casa un ídolo de madera o de barro, y cuando salían lo llevaban consigo para ampararles. También poseían suntuosos templos en los que adoraban al sol y guardaban a unos niñitos que acataban mucho y, ya mayores, los mataban y los sacrificaban a su ídolo. Estos niños debían ser puros, vírgenes, pues si habían tenido trato con mujer no se les consideraba dignos de ser sacrificados. Ayunaban durante dos meses al año, permitiéndoseles comer solamente sal. Al morir los caciques o indios principales, les abrían los vientres y los vaciaban, rellenándolos luego con tejuelos de oro y piedras preciosas, y después envolviéndolos en unas como mantas. Acto seguido los metían en una ataúd de oro que llamaban *cataure* y los llevaban a las lagunas o pozos y allí los echaban con mucho oro y piedras preciosas como esmeraldas. Y también en el mismo lugar, las mujeres que preferían permanecer solteras y guardar castidad (por consejo dado por el padre al morir) llevaban arco y flecha, como los varones, y se iban a las guerras con ellos y luchaban cuerpo a cuerpo contra el enemigo. No se permitía atentar contra su virginidad, y al que se atreviese a hacerlo lo mataban despiadadamente. Al preguntárseles que por qué andaban así armadas de arco y flecha, contestaban que por estar entre hombres habían de hacer como ellos, y que si lo estuviesen entre mujeres harían lo que entre ellas también fuese costumbre. Los indios eran muy limpios, mayormente las mujeres, bañándose o lavándose varias veces al día en los ríos, diciendo que con ello descansaban el cuerpo. De no hacerlo así, se quejaban de que olían mal, lo cual era cierto según protestaban los españoles. Veamos esta otra costumbre insólita de las indias de Castilla del Oro, tal como nos la relata Oviedo:

> ...e las señoras espaves, que son mujeres muy principales, por adornamento, e porque las tetas (de que mucho se prescian), estuviesen altas e más tiestas, e no se les caigan, se ponían una barra de oro atravesada en los pechos, debajo de las tetas, que se las levanta, y en ella algunos pájaros e otras figuras de relieve, todo de oro fino; que por lo menos pesaba ciento e cincuenta e aun doscientos pesos una barreta déstas.
>
> Esta invención destas barras de oro para levantar las tetas, es primor e usanza de las mujeres principales del Golfo de Urabá; las cuales mujeres van a a las batallas con sus maridos, e también cuando son señoras de la tierra e mandan e capitanean su gente.[40]

Otra de estas costumbres era el método que empleaban algunas indias de Castilla del Oro para provocar el aborto, pues de ninguna manera querían caer embarazadas y perder su líbido. Temían además que con ello se les aflojasen sus preciados senos. Oviedo nos lo describe de esta manera:

Hay otras mujeres tan amigas de la libidine, que si se hacen preñadas, toman cierta hierba, con que luego mueven e lanzan su preñez; porque dicen ellas que las viejas han de parir, que ellas no quieren estar ocupadas para dejar sus placeres, ni empreñarse para que, en pariendo, se les aflojen las tetas, de las cuales se precian en extremo, e las tienen buenas. Pero cuando paren, se van al río muchas dellas, e se lavan la sangre e purgación, e luego les cesa; e pocos días dejan de hacer ejercicio en todo, por causa de haber parido.[41]

Evidentemente, estas mujeres tenían sus propias ideas y convicciones y no daban sus brazos a torcer. Eran, como se diría hoy, *dueñas absolutas de sus cuerpos* y ningún hombre se atrevía a intervenir en sus decisiones o a tratar de mudarlas de parecer. Temprana liberación de la mujer, entre gentes tenidas como primitivas y salvajes.

Insólito también es que las indias fueran mejores nadadoras que los indios, como lo confirman Vespucio y Cristóbal Colón. Este último nos cuenta de unas indias de Puerto Rico que, estando con él, se escaparon a nado más de media legua y no hubo forma de alcanzarlas. Otra costumbre insólita es la que nos cuenta Vespucio de las indias del Cabo Verde, las cuales eran tan lujuriosas que *hacían hinchar los miembros de sus maridos de tal modo que parecen deformes y brutales y esto con un cierto artificio suyo y la mordedura de ciertos animales venenosos; y por causa de esto muchos de ellos lo pierden y quedan enucos.* Y después añade: *Una cosa que nos ha perecido milagrosa, que entre ellas ninguna tuviera los pechos caídos; y las que habían parido por la forma del vientre y la estrechura no se diferenciaba en nada de las vírgenes.*[42] Y hablando del parto añade que las indias parían con toda facilidad y sin quejarse, a diferencia de las españolas que hacían mucho aspaviento, y que en pariendo se iban al río y se lavaban y proseguían trabajando como si nada.[43]

Veamos ahora algunas supersticiones muy curiosas de los indios, para lo cual le cedemos la palabra a Bernardino de Sahagún, que nos enumera varias:

Del Cuetlaxóchitl: Hay una flor que se llama cuetlaxóchitl, de un ábol con hojas muy coloradas. Hay también entre las mujeres una enfermedad que se les causa en el miembro mujeril, que también la llaman cuetlaxóchitl; (y) decían los supersticiosos antiguos que esta enfermedad se causaba en las mujeres por haber pasado sobre esta flor arriba dicha, o por haberla olido, o por haberse sentado sobre ella; y por esto avisaban a sus hijas que se guardasen de olerla, o de sentarse sobre ella, o de pasar sobre ella.
De Tecuencholhuiliztli, que quiere decir pasar sobre alguno: Decían también los supersticiosos antiguos que el que pasaba sobre algún niño que estaba sentado o echado que le quitaba la virtud de crecer, y se quedaría así

*pequeñuelo siempre, y para remediar esto decían que era menester tornar a
pasar sobre él por la parte contraria.*

*Del ombligo: cuando cortaban el ombligo a las criaturas recién nacidas: si
era varón, daban el ombligo a los soldados para que le llevasen al lugar
donde se daban las batallas; decían que por esto sería muy aficionado el niño
a la guerra; y si era mujer, enterraban el ombligo cerca del hogar, y decían
que por esto sería aficionada a estar en casa y (a) hacer las cosas que eran
menester para comer.*

*De las preñadas: decía que para que la mujer preñada pudiese andar de
noche sin ver estantiguas (fantasmas que aparecen de noche), era menester
que llevase un poco de ceniza en el seno o en la cintura, junto a la carne.*

*De la casa de la recién parida: que cuando alguna mujer iba a ver a
alguna recién parida, y llevaba sus hijuelos consigo, en llegando a la casa de
la recién parida iba al hogar, y fregaba con ceniza todas las coyunturas de
sus niños, y las sienes. decían que si esto no hacían aquellas criaturas
quedarían mancas de las coyunturas, y que tods ellas crujirían cuando las
moviesen.*

*Del comer estando en pie: decían que las mozas que comían estando en
pie, que no se casarían en el pueblo sino en pueblos ajenos, y por esto las
madres prohibían a sus hijas que comiesen estando en pie.*

*De los ratones: decían que los ratones sabían cuándo alguno estaba
amancebado en alguna casa, y luego van allí y roen y agujeran los chiqui-
huites y esteras, y los vasos, y esto es señal que hay algún amancebado en
alguna casa, y llaman a esto* tlazolli; *y cuando a la mujer casada los ratones
agujeraban las naguas entendía su marido que le hacía adulterio; y si los
ratones agujeraban las manta al hombre, entendía la mujer que le hacía
adulterio.*

Terminamos con esta última, pues son muchas.

*De los pollos: decían que cuando nacían los pollos, si algún amancebado
entraba en la casa, donde estaban, luego los pollos se caían muertos, las
patas arriba, y esto llaman* tlazolmiqui, *y si alguno de la casa estaba
amancebado, o la mujer o el varón, lo mismo acontecía a los pollos, y en esto
conocían que había algún amancebado en alguna casa.*[44]

Esperamos que todo lo anterior haya valido para darnos una imagen,
sino completa al menos amplia, verdadera, justa, de la india de aquella
época, de su vida y costumbres más importantes. Se desprenderá de todo
lo dicho que, en conjunto, fue una mujer excepcional, magnánime, acep-
tando su destino con resignación y estoicismo y cumpliendo con todos sus
deberes a cabalidad. Y al poner pie en tierra *los dioses de barba, piel blanca,
y ojos azules*, les tendió sus brazos y les engendró hijos y cuidó de ellos con
ternura y amor. Aún está por escribirse la grande y verdadera historia de
la india de América, de aquella mujer que, junto al varón, y no detrás ni

delante de él, sino a su lado y diestra, forjó una de las más señeras e ilustres civilizaciones de la historia.

Cerramos el capítulo con estas certeras palabras de Juan López de Velasco, en las que se vislumbra ya a un indio transformado y parte integral de una nueva sociedad y forma de vida:

Y para poderlos mejor doctrinar y poner en policía, se ha procurado siempre de reducirlos a pueblos donde vivan con concierto y ordenados; y aunque el ejecutarlo se hace con dificultad por la aversión que los indios muestran dello, o por estar enseñados a andarse vagamundos y poder mejor ejercitar sus idolatrías y pecados, o porque, como han querido decir, no se hallan bien en los pueblos, ni viven sanos por la costumbre que tienen de lo contrario que con ella se podría trocar, en muchas partes se han hecho y van haciendo pueblos dellos, de más de los que antiguamente tenían en que van haciendo las casas con alguna más policía y forma de familia, y los más dellos andan ya vestidos y calzados, y con alguna cobertura en la cabeza, y se hallan bien con la carne y otros mantenimientos y comidas que los españoles usan, principalmente con el vino, que dan por ello todo cuanto tienen, y lo han venido a beber tan desordenadamente, que ha sido necesario vedarles el uso dello, por apartarlos de las borracheras que antiguamente tenían; y se dan ya a toda la crianza de ganados, y labranza de trigo y otras cosas de España, y así tienen sus tierras propias ya para sus simenteras, y está proveído lo que conviene para que no se las tomen y hagan daño en ellas, teniéndoles tasado y muy moderado, mucho menos de lo que pagaban en tiempos de su infidelidad, lo que tienen de dar tributo al rey los indios que están en la Corona Real, y a sus encomenderos los otros, en oro o plata, trigo o maíz, gallinas, ají, frijoles, mantas de algodón, y otras menudencias conforme a lo que en cada provincia se coge y cría (que comunmente suele llegar a valer un peso lo que suelen pagar, y de ahí abajo, que en partes hay donde no tributan nada; y no tributan más de los que tienen casa, exceptuando los por casar y viejos y enfermos), procurando con mucho cuidado que las tasaciones se hagan con mucha moderación y equidad, y que en ellas quede declarado lo que han de dar a sus caciques, por razón de su señoría, para su sustento, y lo que han de pagar para el sustento de los ministros de doctrina, porque nadie les puede pedir ni llevar cosa que no deban sin pagárselo; lo cual está muy defendido por las leyes. Y muchos de ellos son buenos oficiales de oficios mecánicos, a lo cual y a la mercancía se inclinan mucho por libertarse de pagar tributo, y a otros artificios, de que algunos son buenos artífices, como es de la pintura y escultura y platería, a que se dan de buena gana, aunque sus obras siempre son más trabajadas que perfectas por el poco vigor de su entendimiento; y a la música se han dado mucho, para servicios de los templos, de que son muy devotos en la más de las partes.

Son gobernados en sus pueblos, o por corregidores españoles, que en ellos se han puesto como en algunas partes del Perú, y por sus caciques que tenían antiguamente, que no se han privado de sus cacicazgos y señoríos, y en otras partes por alcaldes ordinarios y regidores y alguaciles de los mismos indios, elegidos por ellos en forma de concejo, y sus oficiales y depósitos y cajas de comunidad y otras libertades como gente libre. Solamente se les ha prohibido el andar a caballo y tener armas, por el inconveniente que podrían ser para la seguridad de la tierra, siendo tanta multitud dellos como son y los españoles tan pocos.[45]

5

Aspectos generales de la vida de la mujer negra

Nos adentramos ahora en el mundo de la mujer negra, otro de los ejes primordiales de la nueva sociedad americana. Así como para las otras dos mujeres valdría emplear los epítetos de la *resoluta* española, la *abnegada* india, para esta otra mujer emplearíamos el de la *sufrida* negra. Y, efectivamente, nadie como ella fue víctima de mayor sufrimiento, tanto en su propia tierra de origen como en la adoptada. Dedúzcase, pues, que la negra siempre fue sufrida desde el primerísimo día en que fue engendrada, y no solamente ella sino aún más toda su raza, toda su estirpe. En este sentido, las diferencias entre el indio y el negro son abismales. Si comparamos a uno con el otro en cuanto a su presencia en América, se verá claramente que el indio *estaba* y el negro *vino*, con lo que se quiere decir que al llegar los españoles el indio estaba bien plantado en su tierra natal y que al negro se le trajo a tierra ajena como un ser extraño. Uno era el autóctono y el otro era el traído, el importado. Uno tenía derechos y el otro no tenía derecho a nada. Uno tenía pasado, historia, tradición, nobleza, el otro no tenía sino un enorme vacio tras de sí. No importa, pues, el trato que se le diese al negro una vez transplantado a América, pues ya venía sufrido, mancillado, ultrajado, estigmatizado, y su condición lejos de mejorar empeoró. Si antes tenía que lidiar con un sólo enemigo, tristemente su propio hermano, su propia gente, ahora tenía que hacerlo no solamente con éste sino con dos más, sumando tres, y si antes sufría en su tierra y hallaba cierto consuelo respirando su aire, viendo su paisaje, bañándose en sus aguas, ahora sufría mucho más al encontrarse en tierra extraña, en tierra lejana. Y si tal sufría el negro, el hombre, siendo mejor dispuesto físicamente, ¿que se diría de la mujer, de la negra? Ya lo iremos viendo poco a poco. Como decíamos, el indio siempre estuvo en su casa y al negro se le trajo arrastrando a la del vecino, y a pesar de también llevar en ella una vida miserable, opresiva, era la única que poseía.

Como decía José Martí, *nuestro vino es amargo pero es nuestro vino*. Cien veces más vale estarse uno en la tierra que le vio nacer que andarse en aventuras ilusas y vanas que al final nos dejan tronchados, física y espiritualmente.

Y al ver al negro, el indio se preguntaría ¿y este ser extrafalario qué hace aquí, y qué hacen esos otros hombres barbudos portando espada y cruz? ¿Qué significa todo esto? ¿Quién les dio potestad para meterse en mi casa y dasalojarme de ella? Igual se preguntaría el negro ¿qué hago yo aquí?, y aun muchos españoles al verse exhaustos, enfermos, desilusionados, después de ir tras una quimera que les arrancó de su suelo y les dio más penas, más sinsabores de lo que podrían haberse imaginado. Consecuencia, cada cual debe permanecer en su casa y buscar la felicidad en ella y no en la ajena. Mucho más vale un buen trozo de pan con aceite comido en Villafranca del Bierzo o en Valladolid, que el plato más suntuoso y exquisito comido en uno de los afamados restaurantes de la Quinta Avenida de Nueva York. Pero claro, el español, como emigrante emigraba, decidía la marcha por su propio albedrío, pero no así el negro. El negro nunca fue emigrante sino un árbol cuyas raíces nunca ahondaron, que permanecieron a flor de tierra, como las del pino, un injerto que nunca prendió.

¿A qué se le trajo pues al negro a América? Con el único propósito de comerciar con su persona, de emplearlo para substituir al que ya mostraba señales de agotamiento por el rigor del trabajo que se le imponía al cual, dicho de paso, ya estaba acostumbrado. El español trató al indio como ya se le venía tratando por cientos de años, pues en su propia tierra, muchísimo antes de arribar él, era esclavo y sufría tanto o más. No se piense ni por un momento que el indio antes disfrutaba de una vida idílica, paradisíaca, a pesar de ser esta la imagen que ha llegado a nuestros días. La tierra sí lo era, y en extremo, pero no así su gente que siempre estuvo doblegada por la opresión e injusticia. Los aztecas, mayas o incas eran tan despiadados como lo eran los europeos, si bien en un principio, y si no el hombre al menos el gobierno, la metrópoli, los reyes, lucharon incansablemente por ampararle del abuso y ultraje. Por todo lo dicho, al negro se les menospreciaba, pues nada había en él que inspirase respeto o admiración, mientras que en el indio sí, a pesar de no habérsele respetado como merecía. Los españoles al llegar a América quedaron estupefactos ante la grandeza y majestuosidad de las ciudades americanas, de sus monumentos y edificios, de su pulcritud y bella armonía. Al no más fijar sus ojos en la gran ciudad de Tenochtitlán, Bernal Díaz del Castillo exclamó: ...*y nos quedamos admirados, y decíamos que parecía a las cosas de encantamiento que cuentan en el libro de Amadís*,[1] y con él todos los españoles y el propio Cortés al así relatárselo a Carlos V. El español, además, admiraba al indio por su cultura, por su ciencia, por su arte, por su valentía en la guerra, pero el pobre negro nada tenía que ofrecer excepto su fortaleza física y resistencia. Y si de hijos se trataba, el mestizo, aunque ilegítimo, se aceptaba pero no así el mulato. La unión del español con la india, bien, la del español con la negra, mal; es más, ni se pensaba como posible, y la del indio con la negra aún menos. El zambo, hijo bastardo del indio y la negra, fue siempre la carroña de la sociedad de la época, el ser más vil y despreciado por todos.

Léanse al respecto estas agrias y estólidas palabras del jesuita mexicano Mariano Cuevas, extractadas de su obra *Historia de la nación mexicana* (ob. cit. págs. 197–98):

> Con la traída y propagación de los negros bien pudo ser que la minería y la zafra salieran ganando, pero en el orden social fueron los negros y siguen siendo, por las gotas de sangre negra que por ahí circulan, una de tantas calamidades como pesan sobre nuestros país.

Así se pensaba del negro en México y en otras partes, y mucho peor del mulato. Comencemos a dar detalles. Entre los mulatos, los había esclavos y libres, como los de Nirgua en Venezuela, y procedían de la misma América, por nacimiento en ella, o de España por emigración. Todos debían morar con sus amos y pagar un marco de plata de tributo al rey. Según las leyes de 1527, 1528 y 1541, podían casarse entre ellos pero se les prohibía el uso de armas y si agredían a un español recibían en castigo cien azotes u otras penas más severas. No podían vivir con los indios ni servirse de ellos. Si cometían algún delito grave se le condenaba a trabajo en las minas, y si huían se les aplicaba el mismo castigo que a los negros cimarrones. Gran cambio fue aquel de 1795 cuando la Corona les concediera las llamadas *gracias al sacar*, mediante las cuales se les podía tratar de don y permitirle ocupar cargos públicos.

Se nos constriñe el corazón de pensar la angustia del negro al verse tan humillado. ¿A qué mano piadosa recurrir ¡oh Señor! para recibir algún consuelo? Pensemos en los hijos, ¿Cómo se criaban, cómo crecían, qué pensaban al verse así pisoteados y con el yugo de su estigma bien clavado sobre sus hombros? Nada de esto importaba, a nadie le traía en cuenta el sufrir del negro, nadie les tendía una mano piadosa... menos las de uno, las de un santo llamado San Pedro Claver. Allá, en los muelles de Cartagena de Indias, los esperaba para confortarlos y darles aliento, para enjugarles el sudor y poner en sus labios unas míseras gotas de agua y un mendrugo de pan, para rezarles con la esperanza de la salvación eterna. ¡Oh la esclavitud, alevosía infame perpetrada a víctimas inocentes por simple avaricia y afán de lucro! Cervantes se estremecía al recordarla, llamándola *de la pasada y sin igual cadena*, y al escribir su inmortal obra puso en boca de su otro yo estas esclarecidas palabras: *La libertad, Sancho, fue uno de los grandes dones que a los hombres dieron los cielos.*

La negra fue, indudablemente, el ser más sufrido de América. Nadie como ella cargó sobre sus hombros mayor peso. Alejada de su tierra, entre gente desconocida y extraña, víctima constante de la tropelía y del abandono. Pero, muy a pesar de todo, fue digna en su proceder y llevó su vida con abnegación sin descuidar sus deberes, sus hijos, su hogar, su familia. Y es así como, vista en conjunto, superó a las otras, pues siendo infinitamente menos le tocó soportar infinitamente más. Ella fue, en nuestro pensar, la verdadera heroina de la gran gesta americana, si bien una heroina silenciosa, figura tenue que se esfuma entre las páginas amarillentas de las crónicas. Si por nosotros fuera, se erguirían en América tres grandes monumentos, bien emplazados entre ambos hemisferios: uno, el más alto, dedicado a la negra, el otro a la india, y el otro a la blanca, en ese orden. La negra miraría hacia el este, la india hacia el sur, y la blanca hacia el noreste, y por cada mejilla se vería deslizarse una sutil lágrima…

Conviene tener una idea de los orígenes de la esclavitud, para lo cual le cedemos la palabra a Juan López de Palacios Rubios:

> …Díjoseles "esclavos" en un principio, porque se les "conservaba" como objeto de precio y porque el que no sucumbía en el combate pasaba, por derecho de guerra, al dominio de su vencedor y se le imponía dicho nombre como signo de ignominia…

Y aquí nos cita la ley 4 & 1 del *Digesto* que en parte reza así:

> Servidumbre es postura e establecimiento que fizieron antiguamente las gentes, por lo qual los omes que eran naturalmente libres, se fazen siervos e se meten a señorío de otro, contra razón de natura. E siervo tomó este nome de vna palabra que llaman en latín "servare," que quier tanto dezir en romance como guardar. E esta guarda fue establescida por los Emperadores. Ca, antiguamente, todos cuantos cativavan, matavan. Mas los Emperadores tuvieron por bien e mandaron que los non matassen, mas que los guardassen e se sirviessen dellos."
>
> Nació, pues, la esclavitud por derecho de gentes, y no por derecho divino (*Génesis*, cap. 9), pues cuando Noé plantó por vez primera una viña y se embriagó bebiendo de su vino y Cam vio y no cubrió sus vergüenzas, sino que, burlándose, se las mostró a sus hermanos, su padre, al saberlo, lo madijo diciendo (*Génesis, 9): Maldito sea Canaam; siervo será para sus hermanos.*
>
> …Trajo su origen, pues, la esclavitud del derecho natural, porque comenzó en tiempos de Noé a causa de su embriaguez, como consta por

lo dicho y se consigna… Otros afirman que la esclavitud comenzó bajo Faraón en Egipto, cuando asolada la tierra por el hambre durante siete años, veíanse los hombres obligados a vender por dinero sus muebles, ganados, animales de carga, campos y propiedades, y a poner sus propias personas bajo la esclavitud real para no morir de hambre (*Génesis*, cap. 47). Otros dicen que dicho origen hay que buscarlo en la prescripción de los siete años, pues si alguno compraba un hebreo, éste debía servir por seis años y quedaba libre al séptimo, como se ve por el *Éxodo*, cap. 21… En suma, sea como fuere, la esclavitud fue aprobada o confirmada por el derecho de gentes o civil y por el canónico.[2]

Veamos ahora la llegada de los primeros negros a América. Como queda dicho, los españoles se valieron del indio para desempeñar ciertas labores vitales como cultivar los campos, trabajar en las minas, etc. Pero el trabajo resultaba agotador y el indio, por no estar acostumbrado a tanto rigor, terminaba enfermándose y muriéndose. Poco a poco iba mermando la mano de obra y, ante situación tan apremiante, se pensó en reemplazarle con el negro. En 1510, la orden de Predicadores de La Española abogó por la importación de esclavos negros de Guinea para suplir la mano de obra del indio pues, según se pensaba, *la labor de un hombre negro equivalía a la de cuatro indios*. Pero ya antes, con los conquistadores, a pesar de prohibirse como en el caso de los judíos y moriscos, habían pasado negros a América, y aún mucho antes, en 1493, en el segundo viaje colombino y también con Nicolás de Ovando al ser nombrado gobernador de La Española. O sea, que ponemos la fecha de la primera llegada de los esclavos negros a América en el año 1493. A estos primeros esclavos se les trató mal, reaccionando la Corona con la cédula real de 1506, exigiendo que se le entregasen a la Casa de Contratación de Sevilla pasando así a ser propiedad del rey. El único requisito era haber nacido en poder de los cristianos garantizándose así haber sido bautizados.

En 1513, por recomendación del padre Bartolomé de las Casas, Nicolás de Ovando y los padres jerónimos, Fernando el Católico accedió a la concesión de Licencias para la importación del negro del continente africano (fueron suspendidas en 1516 por el cardenal Cisneros). Los que más empeño pusieron en ello fueron los padres jerónimos, según carta de 18 de enero de 1518, el Memorial de Fray Bernardino de Manzanero de febrero de 1519, y la carta al emperador Carlos V de 10 de enero de 1519. Para obtener estas licencias se exigía en pago a la Corona dos ducados por cada esclavo que se introdujese en América, y muchas se revendían llegando a pagarse hasta 30 ducados por cada una. Aunque es difícil poner una cifra exacta en el número total de esclavos africanos que se introdujeron en América durante los primeros años, sí consta que la Casa de Contratación de Sevilla autorizó unos 4,000 para las islas de Las Antillas, La Española, Puerto Rico, Cuba y Jamaica. En 1527 el rey dio permiso para que se llevasen a Cuba mil esclavos negros, de los cuales las dos terceras partes debían de ser hombres y la otra mujeres, con otros mil que debían enviarse a Castilla del Oro. También se sabe que en 1528 los agentes alemanes de la casa de los Welser llevaron muchos negros esclavos a Venezuela que habían comprado a los portugueses. Ya para mediados de siglo se tenían cifras más exactas como se verá a continuación.

Cifras globales de esclavos importados a América entre 1451 y 1870:

Hispanoamérica:	1,687,100
Norteamérica (sajona):	532,000
Caribe británico	2,443,000
Caribe francés:	1,655,000
Caribe holandés:	500,000
Caribe danés:	50,000
Brasil:	4,190,000[3]

Estas cifras son en extremo relevadoras. Como se comprobará al sacarse la cuenta, entre el inglés, francés, holandés, y danés se llevaron a América un total de 5,180,000 esclavos negros, mientras que España sólo importó 1,687,000, o sea, una diferencia de ¡3,492,900!, o el 32 por 100, una tercera parte. En vista de lo cual, resulta ser gran falacia e injusticia culpar a España de haber sido la nación que más provecho sacó a la trata de esclavos, cuando en realidad no fue ella sino las otras. Sólo la madre Inglaterra importó más de 600,000 esclavos a Jamaica en menos de un siglo, mientras que España importó solamente un 22 por 100 del total, correspondiéndole a todas las demás naciones europeas el 78 por 100. Saque cada cual sus conclusiones. Valga señalar que estas cifras son de un escritor norteamericano, James A. Rawley, tal como aparecen en su obra *The Transatlantic Slave Trade: A History* (W.W. Norton, Nueva York, 1981, pág. 428. Nota: estas cifras aparecen asimismo en la obra de Christina K. Schaefer, *Genealogical Encyclopedia of the Colonial Americas*, de la que se han tomado. Véase la Bibliografía).

Continuemos con las licencias. Si bien en un principio se otorgaban a particulares (conquistadores, oficiales reales y aun clérigos), las primeras licencias monopolistas las concedió Carlos V a Laurent de Gouvenot en 1518, y al caducar éstas en 1528 a Enrique Ehinger y J. Sailer, representantes de la casa Welser. En ellas se especificaba el número de esclavos que podían conseguirse (4,000 en cinco años), el derecho de la Corona de decidir país de origen y lugar donde habrían de destinarse en América, y el precio de venta de cada esclavo. Claro que este precio era ficticio pues al revenderlo el monopolista fijaba el precio que más le convenía. Tantas fueron las licencias concedidas que ya para 1589 era difícil conseguirlas, a pesar de haber más de 6,000 de ellas pendientes. Debido a ello, se recurrió al nuevo sistema de asientos, concediéndosele el primero a Pedro Gómez Reynal en 1595, quien se comprometía a proveer 4,250 negros anuales hasta un total de 40,000, con un costo a la Corona de 900,000 ducados.

Ciertamente que España usó al esclavo africano para reemplazar al indio, pero otros lo hicieron en mucho mayor grado, incluyendo la naciente Norteamérica en las plantaciones de Virginia y Luisiana. Difícil es olvidar que la situación del negro en este país fue causa principal de la Guerra de Secesión y de su casi ruina. Los verdaderos comerciantes de esclavos o negreros fueron los portugueses (especialmente después de independizarse de España en el siglo XVI), genoveses, alemanes, franceses, holandeses, y sobre todo los ingleses. Todas estas naciones necesitaban del negro, bien para comerciar o para emplear como mano de obra. Ahora bien, ha de decirse que España nunca se involucró directamente en la trata, empresa en la que se especializaron los otros. España los compraba y los hacía trabajar, pero nunca comerció con ellos. Pero los demás sí lo hicieron, llegando a acumular enormes riquezas con las que pudieron revitalizar sus economías, hasta ese momento en bancarrota. En el tratado de Utrecht de 1713, se le concedió a Inglaterra el monopolio de la trata a través de la Compañía del Sur, llegando a enriquecerse enormemente con tan infame comercio. En 1753 Carlos III derogó este privilegio, y en el Código Carolino de 1785 ordenó que se mejorase la condición del negro y la suspensión del terrible *carimbo*. Según dicho código, todo negro capaz de sustentarse por sí mismo debía ser puesto en libertad y con potestad absoluta para organizar sus propias comunidades. Además, los pobres, enfermos, viejos, niños y mujeres debían quedar totalmente exentos de pagar tributo. En Hispanoamérica empezó a dársele la libertad al indio con la independencia entre 1810 y 1890. En Estados Unidos no se logró hasta que el presidente Lincoln la suprimió con las proclamas del 23 de septiembre de 1862 y la del 1. de enero de 1863, ambas ratificadas por la enmienda 13 a la Constitución del 13 de diciembre de 1865. Véase, pues, que España primero e Hispanoamérica después se adelantaron en muchos años a Estados Unidos en concederle la libertad al desdichado esclavo negro.

Veamos de dónde provenía el esclavo negro. Se le traía mayormente de la zona del Bantú y del Sudán en el África Occidental. De aquí partían a América, pero en realidad procedían de distintas regiones del continente subtropical y ecuatorial, y de ahí gran diversidad de sus tribus, como la *mandinga, yorubá, jolofe, achanti* y otras. Ya cazados y marcados con el horrendo *carimbo*, se les apiñaba en barcos en una interminable y más que penosa odisea. Hambre, miseria, desesperanza, días enteros sin ver el sol y respirando el aire hediondo de las heces humanas. Uno de estos barcos fue el infame *Henrietta Marie*, inglés, rescatado del fondo del mar en 1972. Se calcula que en un período de 350 años pasaron a América más de diez millones de esclavos, siguiendo una ruta triangular que iba de Europa a África, de ahí a las Indias Occidentales y regresaba a Inglaterra. Ya en tierras americanas, se les llevaba primero a las Antillas y de ahí a distintas zonas del continente a todo lo largo de la costa, desde Virginia en la América del Norte hasta el Río de la Plata en Argentina. También se les llevaba a México desde Cuba, como hizo Hernán Cortés para ayudarle a arrastrar la artillería, y con Pánfilo de Narváez pasaron dos. Uno era algo bufón que divertía mucho a Cortés, y el otro fue más desdichado pues llegó enfermo de viruelas y fue el que las introdujo en México. Posteriormente se llevaron a este país miles de ellos llegando a constituir el diez por ciento de su población en la época virreinal.

Y al no más desembarcar en aquellas desoladas tierras, saturados de aflicción y congoja, se les vendía por ochenta o cien pesos y amarrados como animales se les llevaba a sus trabajos ímprobos. No semanas de cuarenta horas, no tacita de buen café a media mañana, no almuerzo con los amigos y cena con la familia. ¡Y que no nos venga un *Mr. Smith* quejándose de que el aire acondicionado en su oficina no funciona, o que tuvo que trabajar más de lo debido, o que no le alcanza el sueldo! Tanto era el agobio que en la primera ocasión el negro se rebelaba o huía a refugiarse en los montes, recibiendo estos últimos el nombre de *cimarrones*. El precio al que se les vendía variaba según distintos factores como su estado de salud, constitución física, etc. Veamos algunos ejemplos, todos de Lima: En 1551, Diego de Yllescas, mercader, llegó a pagar en subasta por una negra esclava 580 pesos de oro; en 1550 por un esclavo de Santo Domingo propiedad de María Álvarez, 170 pesos de oro; en 1554 por una negra llamada María de cuarenta años 240 pesos *en buen oro*; en ese mismo año por una esclava congolesa de veinticinco años, junto con su hija mulata de dos años de edad, 400 pesos de oro (sobre este tema consúltese la obra *The Harkness Collection in the Library of Congress*, referida en la Bibliografía).

Las zonas de mayor importación eran las Antillas, Colombia, Venezuela, Belice y Brasil. A finales del siglo XVII se les llevaba de África primero a Jamaica y Curazao (principales focos esclavistas dominados por los holandeses) y de ahí se mandaban a distintas regiones con lo que se ahorraba dinero y tiempo. También se prefirió transportarlos en barcos no nacionales como medio de ocultar la nacionalidad de los verdaderos negreros.

José M. Valega se refiere a la condición del esclavo en el Perú colonial:

Al nivel social inferior de los indios, coexistía la raza esclava africana, traída de Guinea, a vil precio, por lo negreros negociantes para servir las humildes funciones agrícolas y domésticas de la servidumbre colonial. Raza arrancada por la astucia y el crimen de sus fértiles comarcas africanas; nacida en la barbarie y explotada para la esclavitud, no pudo tener, ni orgánica, ni espiritualmente, amor al trabajo. Asimilada a los animales domésticos de utilidad inmediata, su condición humillante le privó de la natural evolución espiritual.

Desventurada fue la situación del esclavo en la colonia. Considerado en condición semejante al animal, la legislación no se ocupó de la pobre raza africana. Eran los Cabildos los que enseñaban la norma a los amos. Recordemos, con dolor, las principales:

En Lima, estaba prohibido a los negros caminar de noche por las calles, a no ser con sus amos. El que violaba la ordenanza podía ser desarmado y despojado sin responsabilidad.

El esclavo que fugaba de la casa del amo podía ser asexado, o se le dislocaba el tobillo si la ausencia no duraba seis días. Pasado este plazo, se le mataba por prescripción del Cabildo.

No podía tener casa propia, ni vestir seda ni adornos. En estos dos últimos casos, era obligatorio despojarlo en la vía pública.

Estaba prohibido venderles vino o chicha, y no estaban facultados para fabricar tales bebidas.

No podían ser enterrados en ataúd. Al principio se arrojaban sus cadáveres a las calles o a los muladares.

Se les desembarcaba de dos en dos, encadenados. Hacían cuarentena de un mes en una hacienda apartada. Al ingresar a Lima, se les tenía en la intemperie hasta que encontrasen comprador.

Los amos acostumbraban, para castigarlos, conducirlos a las panaderías para que amasasen la harina al compás del látigo del jefe de la cuadrilla.

No sólo era una industria lícita, sino bien mirada y remunerada la caza de negros cimarrones. Bastaba, para cobrar la prima, de cinco a veinticinco pesos, presentar al Cabildo la cabeza del negro alzado.[4]

Pero no todos maltrataban al esclavo o, al menos, muchos se esforzaban por evitarlo o de alguna forma compensarlo, como el virrey Francisco de Toledo que obligaba a casarse a todo aquel que ofendiese a una negra. Pero si mal trató el blanco al negro no menos lo hizo el indio, especialmente en el Perú. Al mandárseles a ambos hacer un trabajo, como barrer y limpiar los patios, el indio forzaba al negro a hacerlo, y si el amo lo descubría y regañaba o castigaba, esperaba que se fuese y lo repetía. Si el negro rehusaba con látigo en mano lo azotaba (véase la obra de Jorge Juan y Antonio de Ulloa, *Discourse and Political Relations on the Kingdoms of Peru*, University of Oklahoma Press, 1978). De igual forma se trataba al negro en México, llamándole despectivamente *Teocacatzacti*, que quiere decir *dioses sucios* y lo de dioses era por haber llegado con los españoles.

Pero a pesar del maltrato, el negro prefería permanecer junto al español y no con los europeos, según consta en una carta que le dirigió un esclavo de la Nueva España a un amigo suyo, esclavo también, y que rezaba en parte:

> Amigo, esta es buena tierra para los esclavos: aquí, negro tiene buena comida; aquí negro tiene esclavo que sirve a negro, y el esclavo del negro tiene naboría, que quiere decir negro o criado. Por eso, trabaja que tu amo te venda, para que vengas a esta tierra, que es la mejor del mundo para negros.[5]

Sobre este particular nos dice Salvador de Madariaga:

> Las primeras voces que en el mundo civilizado se alzaron contra la esclavitud de los negros fueron españolas. El propio Las Casas, que la propugnó para socorrer a los indios, confesó más tarde su error, y el Padre Avendaño abogó por su abolición. Pero el espíritu humano no llegó a más por entonces. Se había ganado una victoria magnífica salvando a los indios de la esclavitud — victoria en que España se manifestó superior a su tiempo y aun a lo peor de sí misma en varios siglos; pero esta victoria hubo que pagarla llevando a las Indias a otra estirpe humana para que soportase sobre sus hombros más robustos el peso de la esclavitud que el tiempo y las circunstancias imponían.[6]

Ya sabemos que los reyes españoles velaron siempre por el buen trato del indio y del negro. Y al decir reyes españoles nos referimos a todos, desde los Reyes Católicos hasta Carlos III. Veamos lo que le dice Felipe IV al Príncipe de Esquilache, virrey del Perú, en carta firmada en El Escorial el 14 de abril de 1626:

> Me ha parecido necesario advertiros de esto para que lo estéis del miserable estado que esto tiene, y que, pues es la primera cosa, como queda referido, en que se debe emplear vuestro Govierno, y que más precisa e inmediatamente corre por vuestra cuenta, enmendéis la parte que se ha dexado de remediar en el tiempo dél, o la que en los demás se huviese causado, de manera que estos vasallos, que como queda dicho, son personas tan miserables, y necesitadas de auxilio, y favor de la Justicia, y caridad conveniente con que deben ser amparados, y tan sujetos a vejaciones, y en su estado los más útiles a mi Corona, sean restituídos a la libertad, buen tratamiento y govierno que tengo mandado, y deseo; que esta es mi Real voluntad, y la causa a que, en primer lugar, y ante todas cosas, deseo que se acuda y que con esto descargo mi Real conciencia, poniendo a cargo de la vuestra la execución de todo.[7]

Sorprende la preocupación de este rey en tal asunto, pues, como se sabe, Felipe IV poco intervino en la gobernación de España durante su reinado, encargándolo a sus tres validos.

Y guiados por los reyes los virreyes hacían otro tanto. El virrey Don Luis de Velasco, al no más arribar a México en 1551 puso él mismo en libertad a más de 150,000 esclavos indios, y al protestar los interesados les respondió estas palabras: *Más importa la libertad de los indios, que las minas de oro de todo el mundo y las Rentas de la Corona no son de tal naturaleza que por ellas se hayan de atropellar las leyes divinas y humanas.*[8] Actuaba el virrey por su propia convicción, así como por las instrucciones que le había dado la Reina Gobernadora en Valladolid el 16 de abril de 1550 al marchar a México.

Decíamos anteriormente que América y sus mujeres cautivaron al español, según lo testimonian muchos cronistas españoles de la época. Veamos ahora lo que nos dice al respecto un extranjero, nada menos que un fraile inglés poco simpatizante de España. Nos referimos a Thomas Cage, quien se dedicó a recorrer varias regiones de América y escribió un libro (*Thomas Cage's Travels in the New World*, Londres 1648) en el que recoge sus experiencias. He aquí parte de sus observaciones:

…que mucho si no hay joven esclava negra o mulata que no remueva cielo y tierra hasta ir a la moda con su cadena y brazaletes de perlas, y sus pendientes de joyas de gran valor. El tocado de esta clase baja de gente de negras y mulatas es tan ligero, y su modo de andar tan encantador que muchos españoles, aun de la mejor clase (que suelen tener excesiva afición al deleite venéreo), desdeñan sus mujeres por ellas.[9]

Y en cuanto al vestir de la criolla en México y la atracción que causaba en el hombre agrega:

Llevan un refajo de seda o paño con muchas puntillas de oro o de plata, con una cinta muy ancha de algún color claro, con borlas de oro o de plata colgando por delante todo lo largo del refajo hasta el suelo, y lo mismo por detrás; el corpiño es de talle con faldas, también con puntillas de oro y plata, sin mangas, y una cintura de mucho valor adornada con perlas y nudos de oro; las mangas anchas y abiertas por abajo, de Holanda o hilo de China muy fino, bordadas con sedas de color, o con seda y oro, o con seda y plata, colgándoles casi hasta el suelo; los rizos del pelo cubiertos con una cofia bordada, sobre la cual llevan otra de seda atada con una cinta de seda, oro o plata, que cruza la parte alta de la frente y suele llevar escrita encima alguna divisa de vanidad. Los desnudos senos, negros o morenos, los llevan cubiertos con madroños que cuelgan de cadenas de perlas. Y cuando salen, se ponen un manto blanco de linón o batista con festón de encaje ancho, que algunas se echan sobre la cabeza,

y tan amplio que les cae hasta la mitad el cuerpo por detrás, de modo que
se les vea cintura y cintas, y las dos puntas por delante llegan casi hasta el
suelo; otras se echan estos mantos sólo a la espalda y van fanforreando
con ellos sobre el hombro izquierdo a fin de mover mejor el brazo derecho, enseñando la manga ancha al andar; otras, en lugar de este manto,
llevan un rico refajo de seda colgado del hombro izquierdo, sosteniendo
el borde con el derecho, y van hechas más muchachos traviesos que hon-
radas doncellas. Llevan zapatos altos de muchas suelas, con la parte alta,
en las más profanas de entre ellas, cubierta con cenefa de plata clavada al
cuero con clavos de cabeza de plata. Las más de entre ellas son esclavas,
aunque el amor les ha dado la libertad, para que a su vez esclavicen a
otras almas al pecado.[10]

Y sobre el mismo tema, y también en México, comenta R.P. Augustín
de Vatancourt:

Y si lo hermoso de la ciudad está en los que la habitan, por la gala y aseo
que los adorna, pasan de 8,000 los españoles vecinos, y de 20,000 las
mujeres, de que abunda, de todos estados, donde sobra el aseo y excede la
gallardía, y las más pobre tiene sus perlas y joyas que la componen; por
infeliz se tiene la que no tiene de oro su joyuela para los días festivos, y
son pocas las casas donde no hay algo de bajilla de plata que a la mesa
sirva.[11]

Difícil es imaginarse que en otras partes del mundo de aquella época
las mujeres se acicalasen tanto para llamar la atención del varón. No
extraña, pues, como queda dicho, que el español cayese en redes tan bien
tramadas por mujeres de tanta hermosura y elegancia.

Y si así vestía la negra, ¿cómo lo hacía la criolla? Añadamos a lo dicho
anteriormente estas palabras de Jorge Juan y Antonio de Ulloa refiriéndose a Lima:

La moda del Trage... se reduce al Calzado la ropa interior de Camisa, y
Fustán abierto (que en España se dice *Enaguas blancas*) un Faldellín
abierto, y un Jubón blanco en el Verano, o de Tela en el Ibierno; algunas
aunque pocas agregan a esto un Ajustadorcillo al Cuerpo, porque aquel
quede suelto... El Faldellín que usan atarlo quedándoles todo el Vientre
sobrepuesto a él, sólo llega a la mitad de la Pantorrilla, y de allí hasta más
arriba del Tobillo cuelga la punta de Encajes finísimos, que hace el ruedo
del Fustán; a cuya transparencia quasi llegando al Tobillo se dexan ver los
extremos, o Cabos de las Ligas bordados de Oro, o de Plata, y tal vez
salpicadas en ellas algunas Perlas, aunque esto no sea común. El Faldellín,
que, o bien es de Terciopelo, o de otra Tela rica guarnecido con Franjas
todo el rededor... o ya de Encajes y cintas. Las Mangas de Camisa, que
tiene de largo vara y media, y dos de vuelo se componen... de tiras de

Encaje, unidas o juntas entre sí, con variedad, y alternación de sus labores para que formen más agraciada simetría; sobre la Camisa ponen el Jubón cuya Manga, que es muy grande, forma en dos hojas una figura circular; y se compone todo él de tiras y Encajes, y de Cambrai... El cuerpo [de la Camisa] lo sujetan a las Espaldas con unas Cintas.... y arremangando sobre los hombros las mangas circulares del Jubón, hacen lo mismo con las de la Camisa, que quedan sobre las primeras; y prendidas allí forman con la Espalda su follaje, como quatro alas que les llegan hasta la Cintura... Sobre el Faldellín, ponen un Delantar, correspondiente en todo a las Mangas del Jubón... No causará novedad que una sola camisa... tenga mil y más de costo.[12]

Y Salvador de Madariaga tiene su propio decir acerca de la mujer limeña de la época:

Nada en el mundo, en ninguna época, puede compararse en belleza, movimiento, color, gracia, y sobre todo, estilo, con la vida, atavío y maneras de las mujeres de Lima... El pie había de ser pequeño, y para las limeñas era el de las españolas de España excesivamente grande. Con una suela en forma de 8 les bastaba. Nada de talón. Pocos adornos, y de haberlos, diamantes pero nunca perlas. El verdadero adorno del zapato de la limeña era el pie. Aviso a los zapateros. En cuanto a la pierna, era ya otra cosa. Cubierta con media de seda, blanca o de color, se transparentaba a través de la finísima tela, dando así pábulo a no pocos comentarios por parte de las entrañables amigas. El cabello abundante, por lo general negro, salvo en las damas oriundas de Guayaquil, que eran siempre rubias, era tan abundante y vigoroso que, suelto, llegaba hasta la rodilla. Llevábase peinado en seis trenzas arrolladas sobre la nuca, y presas con una aguja curva de oro cuyas puntas ocultaban dos "polizones" o madroños de diamantes. "De esta aguja pendían hasta los hombros a uno y otro lado sendos rollos de trenza. En la parte anterior y superior ponen varios Templeques de Diamantes, y con el mismo Cabello hacen unos pequeños rizos, que siguiendo su ceja en caracolados, baxan de las parte superior de las sienes, hasta la medianía de las Orejas... Y ponen dos parches de Terciopelo negro algo grande en las sienes."
En las orejas llevaban pendientes de diamantes o de madroños de seda con perlas. Al cuello y a los brazos, rosarios de perlas y diamantes; anillos igualmente ricos en los dedos, y en la muñeca pulseras de hasta pulgada y media de ancho, "donde el Metal sólo sirve de sostener las piedras; ultimamente sobre el Vientre, se ponen una joya redonda muy grande, que estando sujeta a un Cinto les ciñe por aquella parte, en ella no son menos comunes los diamantes que en las Manillas y demás aderezos: con que vestida una de aquellas señoras toda ella de Encajes en lugar de Lienzos... y adornándola las Perlas, y Diamantes, no se hace increíble lo que por allá se pondera en este asunto, regulando el valor de lo que se lleva, cuando se viste de gala, desde 30 hasta 40 mil pesos.

No quedaban menos complacidos los demás sentidos que el de la vista. El ámbar era el perfume favorito y hasta se solía frotar sobre las flores que se llevaban en la cabeza y cuerpo. Flores por doquier en aquella sociedad, de modo que la Plaza Mayor de Lima quedaba a primera hora transfigurada en jardín adonde acudían en sus calesas las damas limeñas a hacer provisión de aroma y color para el resto del día.[13]

Comentan asimismo Jorge Juan y Ulloa la limpieza y pulcritud de la mujer limeña tanto en su persona como en su hogar, y su gran donaire al caminar y sobre todo al mirar. La describen como mujer de mediana estatura, muy hermosa y agraciada y de genio alegre y contagioso, y muy amante de la música y del baile. Gustaba, además, de participar en las tertulias hablando de los temas más en boga de la época.

Y tanto revolvían estas limeñas al pasear su garbo por las calles de su hermosa ciudad, que llegó a oídos del rey e inmediatamente las censuró. José M. Valega nos da detalles:

El 10 de febrero de 1601, traída por el famoso "Cajón de España," llegó una pragmática promulgada en la Metrópoli en junio del año 1600 que rezaba: *Manda el rey nuestro señor que ninguna mujer, de cualquier estado y calidad que fuese, pueda traer, ni traiga, guardainfante, por ser traje costoso y superfluo, feo y desproporcionado, lascivo y ocasionado a pecar, así a las que la lleven como a los hombres por causa de ellas, excepto las mujeres que públicamente son malas de su persona, y gana por ello. Y también es prohibido que ninguna mujer pueda traer jubones que llaman escotados, salvo las que de público ganan con su cuerpo. Y la que lo contrario hiciere incurrirá en perdimiento del guardainfante o jubón, y 20,000 maravedís de multa.*

Y así mismo se prohíbe que ninguna mujer que anduviere en zapatos pueda usar ni traer verdugados, visillos claveteados de piedras finas como esmeraldas y diamantes, ni otra invención ni cosa que haga ruido en las barquiñas, y que solamente puede traer los dichos verdugados con chapines que no bajen de cinco dedos. Ytem, a las justicias negligentes en celar el cumplimiento de esta pragmática se les impone, entre otras, la pena de privación de oficio

El alboroto de las limeñas fue enorme. Ninguna admitía la posibilidad siquiera del cúmplase a la pragmática. En La Plaza de Armas, sobre las gradas de la Catedral en construcción, se reunieron en formidable mítin de protestas todas las faldas limeñas. La Audiencia tuvo que optar por una medida aplacadora: no poner el cúmplase. Y Felipe II tuvo que convenir en las razones de las limeñas.[14]

Pero no se deje engañar nadie por la delicadeza y femeneidad de estas mujeres. Llegado el momento, no pestañaban en cambiar los encajes por la espada, la plaza por el cuartel, y las galanterías varoniles por el trueno de los cañones. De la india decía Vespucio que en fortaleza física y en valentía a menudo superaba al hombre:

> Cuando van a la guerra llevan con ellos a sus mujeres, no para que gue-rreen sino para que lleven detrás de ellos el sustento: que una mujer lleva sobre sí una carga que no la llevaría un hombre... son tiradores certeros, que dan donde quieren; y en algunos lugares usan estos arcos las mujeres... Son personas muy ligeras al andar y al correr, así los hombres como las mujeres, que una mujer no tiene reparo en correr una legua o dos, que muchas veces lo vimos... Nadan de una manera increíble, y mejor las mujeres que los hombres, porque las hemos encontrado y visto muchas veces dos leguas mar adentro, nadando sin apoyo alguno. [15]

Y Pedro Mártir de Anglería nos habla de la Isla de Mujeres, cerca de La Española, según relato que les hicieran los indios a algunos españoles y que después contaron a Colón:

> *Los indígenas que Colón había llevado a España después del primer viaje, y los que habíanse escapado de cautiverio entre los caníbales afirmaron que sus habitantes las llamaban Malasinea [sic] y que solamente estaba habitada por mujeres. Algunos rumores acerca de esta isla habían llegado a oídos de los nuestros con anterioridad. Créese que en determinadas épocas del año trasládanse a ella los caníbales como es fama que en los tiempos antiguos los tracios pasaban a ver a las Amazonas de Lesbos, y que de igual manera ellas envían los hijos varones a sus padres, cuando ya han pasado la edad de la lactancia, y retienen en su poder a las hembras. Cuéntase que estas mujeres tienen grandes minas subterráneas, en las que se refugian cuando alguien se llega a ellas fuera del tiempo convenido; y si por fuerza o por acechanza se las persigue o intenta alcanzarlas, defiéndense con flechas que, al parecer, disparan con extraordinaria puntería.* [16]

Y sobre la isla de Guadalupe, agrega el mismo escritor:

> ... Son gentes intratables; no toleran huéspedes y se precisa gran esfuerzo para debelarlos. Ambos sexos pueden mucho con sus flechas envenenadas. Cuando los hombres marchan fuera, son las mujeres quienes defienden virilmente su derecho contra extrañas agresiones. Sospecho que de esta circunstancia se originó la creencia de que existen en este océano islas habitadas sólo por hembras, según lo persuadió el propio almirante Colón y dijimos en la primera Década. [17]

Y continúa Pedro Mártir dando más detalles sobre las Islas de Mujeres:

> Situadas a los costados de esta región de Coluacana, hay otras islas sólo habitadas por mujeres, sin trato de varón. Creen algunos que viven como

las Amazonas, pero los que conocen mejor el caso opinan que son vírgenes cenobitas a las que agrada el vivir retiradas, como las hay entre
nosotros y las hubo en muchos lugares entre los antiguos con nombre de
Vestales o consagradas a la Buena Diosa. En determinadas épocas del año
se trasladan hombres a su isla, no con objeto de cohabitar, sino movidos
de piedad, para arreglarles sus campos y huertos, con el cultivo de los
cuales puedan vivir. Mas es fama que existen otras islas de mujeres vio-
ladas, las cuales se cercenan los pechos desde niñas a fin de poder ejerci-
tarse con mayor agilidad en el arte de asaetear, y a las que acuden
hombres para poseerlas, sin que ellas críen los hijos varones. Téngolo por
fábula.[18]

También menciona Fernández de Oviedo una isla cerca de Tierra
Firme gobernada por mujeres, que puede haber sido una de las ya referidas o quizá otra. De todas maneras, mandaban en ellas las mujeres, aunque
tuviesen maridos, y las regía una reina llamada *Orocomay*, harto respetada
en toda la comarca y que llegó a hacer gran amistad con los españoles. No
se contaba con los hombres en absoluto, salvo que se les llamara para un
encargo específico o para luchar en las guerras, como tampoco se les permitía compartir en sus conversaciones. Y no es que al hombre se le des-
preciara, sino que les resultaba inútil según la vida que llevaban.

Y aún habla Colón otra isla de mujeres llamada *Matinino* (puede también ser una de las referidas) a unas 10 ó 12 leguas de la isla *Carib* (Puerto
Rico), según le mencionaron los indios al regresar a España. En esta isla,
si las mujeres parían hembras las guardaban y criaban con mucho amor,
y si eran varones se los mandaban a sus padres para que de ellos cuidasen.
En otras palabras, se valían de los hombres para procrear y después se
deshacían de ellos como si nada.

Y hablando de la gallardía de la mujer india, háse de mencionar a la
doncella Taxguaya, *la bella amazona de Cholula*, como se le llamaba.
Gabriel Lobo Lasso de la Vega la inmortalizó en los Cantos XVII y XVIII
de su poema *Cortés valeroso*. En la introducción a esta obra, titulada *Mexicana*, Don José Amor y Vázquez alaba la valentía de esta mujer al luchar
junto con los tlaxcaltecas contra las huestes españolas:

> *Lucha ésta esforzadamente en los combates y con Sandoval, y quedan
> mutuamente prendados, pero la misma pugnacidad de la doncella la destaca
> a los ojos de Alvarado, que la ataca y hiere de muerte. Su bautizo final cierra
> con broche ejemplar el episodio.*

Y refiriéndose a los Cantos XVII y XVIII agrega:

> Los tlaxcaltecas siguen peleando animosamente. Aparece la bellísima
> Taxguaya, doncella que ha hecho voto de castidad y vida guerrera.

Luchan ella y Sandoval. Durante un alto en el combate, cuando se levantan los morriones para enjugarse el sudor, quedan mutuamente impre-
sionados; los separa la llegada de refuerzos. Estando los españoles
acosados por los indígenas, interviene un ángel que saca a Cortés y los
suyos del estrecho en que estaban. Continúan los combates.

Taxguaya se debate entre los sentimientos amorosos y los votos de
castidad hechos; hace su confidente a Amixtla, otra joven indígena. Por
fin se decide a buscar al español en el campo de batalla. La joven lucha
esforzadamente. Alvarado, creyéndola hombre, la ataca y hiere de muerte.
Taxguaya le perdona. Sandoval confiesa su amor, y viéndola a punto de
morir, ofrece bautizarla. La joven acepta. Sandoval así lo hace y Taxguaya
expira al tiempo que los apartan unos escuadrones de indios que atacan
con nuevos bríos.

He aquí los textos de las estrofas 12 y 13 del Canto XVII:

> 12 *Aquella de Cholula había venido,*
> *de ver los españoles deseosa,*
> *y a probar, de su brazo conocido,*
> *con ellos la pujanza vigorosa:*
> *cuyo tiro de dardo era temido*
> *en toda la provincia belicosa*
> *por dar tan cierta y tan profunda herida*
> *que derramaba en un tiempo sangre y vida.*

> 13 *Era su oficio perseguir las fieras*
> *(con más velocidad que el presto viento)*
> *en tanto que las cajas y banderas*
> *no provocaban a rigor sangriento:*
> *ésta acudió a su patria tan de veras,*
> *que fue gran parte de notable aumento;*
> *ésta los enemigos espantaba*
> *y las cosas difíciles trazaba.*[19]

No menos gallarda fue la india llamada Isabel, mujer de un hidalgo
español y madre del conquistador mestizo Francisco Fajardo. Cuando en
1555 el hijo se dirigió a unas incursiones a la costa de Cumaná (Venezuela),
y en 1557 a Píritu, ella y un grupo de sus vasallos lo acompañaron com-
portándose como fieles aliados. Al rebelarse los indios, el cacique Paisana
envenenó las aguas y en ellas pereció la madre.

Y ya que se ha abordado tan interesante tema de mujeres valerosas,
que no queden fuera las supuestas Amazonas de América, según creyeron
hallar los españoles al descubrir el río Marañon por sus afluentes el Coca
y el Napo. No se sabe ciertamente si existieron o fue más bien obra de la
imaginación y fantasía, inspirada, quizá, en las Vírgenes del Sol de los

Incas. De todas formas, consta que el ejército de Francisco de Orellana luchó cerca de ese río con una tribu en la que figuraban mujeres, lo cual era muy común entre los indios de menor nivel cultural. Orellana las comparó con las amazonas de la mitología griega y de ahí surgió el nombre que ha prevalecido hasta hoy. Se describen a estas mujeres como blancas, altas y robustas, desnudas a no ser por sus partes privadas, armadas con arco y flecha y capaces, supuestamente, de vencer a diez hombres en combate. Al parecer, al llegar Orellana y sus huestes a un pueblo mientras perseguían a unos indios, se las encontraron y, al ver a los españoles, no sólo animaron a los indios a que peleasen sino que ellas mismas se lanzaron a la lucha y vencieron a los españoles. Pero, como queda dicho, nada de esto ha sido debidamente comprobado. También merecen mención las mujeres guerreras de Guatemala, en especial las de la tribu de los *cakchiqueles*, según estos datos que nos da el historiador D. José Milla sobre una batalla entre esta tribu y otra:

> "…Espectáculo terrible, dice el cronista de los cakchiqueles, era el que presentaba la multitud innumerable de los tukuchés, que no se contaban ni por ocho, ni por diez y seis mil hombres." Ostestaban los gefes airosos penachos que ondeaban sobre coronas de oro y pedrería. Al estruendo de los tambores y de las trompetas se empeñó el combate. Aparecieron entre los de la ciudad, añade el analista, cuatro mujeres armadas, acompañadas de otros tantos guerreros y que manejaban el arco con tal destreza, que sus flechas llegaron hasta el petate de Chacuibatzin, uno de los más fogosos y temibles gefes de los tukuchés.[20]

Y puesto que hemos hablado de la valentía de la mujer americana, vale mencionar dos ejemplos de valentía de la mujer española en dos de las más grandes batallas navales de todos los tiempos. En la famosa batalla de la Invencible muchas mujeres fletaron sus propias naves y siguieron a las otras dispuestas a juntarse en combate. Desgraciadamente, muchas perecieron en la gran tormenta que hundió a gran parte de la flota española, tronchando así los sueños de Felipe II. Y antes de la Invencible, la de Lepanto, sí, ésa, la otra gran batalla naval en que la Liga Santa, bajo el mando de Juan de Austria, sepultó para siempre la amenaza turca. En ella, una tal María, la mal llamada en este caso la *Bailadora*, echó mano de un arcabuz y peleó cuerpo a cuerpo contra los turcos y a uno de ellos lo mató a cuchilladas. Por su heroicidad, Juan de Austria le dio plaza de soldado en el tercio de Lope de Figueroa. Para una relación más completa de estas augustas mujeres, véase el Capítulo 7.

Regresemos al tema de la vestimenta de la india o la falta de ella. Habla Juan de Torquemada refiriéndose a los Chichimecas en México:

...los quales, en su principio, ni conocieron Oro, ni Plata, ni Piedras pre-
ciofas, ni aun tuvieron Ropas, que veftir; y fabes, Señor, que fu Vida
común, y ordinaria, era andar veftidos de Pieles de Venados, y otras
Fieras, que mataban; y que las Ajorcas, que en fus Brazos traían, eran
Cueros, en que la Cuerda del Arco baría; y fi alguna vez querían poner
Corona en fus Cabezas, era de yerbas , que en los Campos cogían; andaban defnudos, fin más Atavíos, y Ropas que las dichas, de Pieles, y Cueros
de Animales, y quando mucho, unas Mantas gruefas de Nequen, o las
Hojas de Maguei, fecas, cofidas unas con otras.[21]

Y sobre el mismo tema, Francisco Javier Clavijero dice:

No eran los mexicanos en sus trajes como en sus alimentos. Su vestido
común y ordinario era muy sencillo; reducíase en los hombres al *maxtlatl*
y al *tilmatli*, y en las mujeres al *cueitl* y al *huepilli*. El *maxtlatl* eran unos
pañetes con que se ceñían la cintura, dejando colgado un cabo por
delante y otro por detrás para reparo de la honestidad. Algunos se con-
tentaban con cubrirse la parte anterior con un lienzo cuadrado que se
ataban en la cintura en forma de delantal y les llegaba hasta cerca de las
rodillas. El *tilmatli* o palio mexicano era un lienzo cuadrado de cinco y
seis pulgadas castellanas; anudaban los puntas del lienzo sobre el pecho o
sobre uno de los hombros. El *cueitl* era otro lienzo o faldellin con que se
envolvían las mujeres desde la cintura hasta más abajo de las rodillas. El
huepilli era una camisa sin mangas propia de las mujeres.
   El vestido de los pobres era de hilo de maguey o de palma silvestre, y
cuando mucho de tela basta de algodón; pero el de la gente acomodada
era de tela fina de algodón puro de varios colores y con varias figuras de
animales y flores, o de algodón entretejido de pluma hermosa o de pelo
de conejo, y adornado de algunas piececillas de oro y de vistosos flecos,
especialmente en los pañetes. Los hombres llevaban dos o tres palios y las
mujeres tres o cuatro camisas y otros tantos faldellines de los cuales se
ponían debajo los más largos para que de todos se dejase ver alguna parte;
y sobre el *huepilli* se ponían una especie de camisón semejante a la sobre-
pelliz o cota de los eclesiásticos de Italia, pero más ancho... El calzado de
los mexicanos no constaba sino de una suela tejida por lo común de hilo
grueso de maguey que afianzaban con correas o cordones, de forma que
no quedaba cubierta y defendida más de la planta del pie. Usaban algunas
suelas de gamuza o de otras pieles curtidas.

Y en cuanto a la ornamentación de sus cuerpos, el mismo autor nos
la describe así:

Todos los mexicanos traían el cabello largo y tenían por grave ignominia
el que se lo conrtasen, si no era a las vírgenes que se dedicaban al servicio
del templo. Las mujeres lo traían suelto sobre las espaldas y los hombres
atado en diferentes maneras; pero ni uno ni otros acostumbraban

cubrirse la cabeza, sino en algunos lugares distantes de la capital, en que las mujeres llevaban un pañuelo o lienzo de color leonado. Pero aunque no se cubrían la cabeza, la adornaban los hombres en ocasión de danza o de guerra con vistosos plumajes.

Apenas se hallará nación en el mundo que con tanta sencillez en el vestido juntase tanta vanidad y lujo en el adorno de sus cuerpos. Además de las plumas y joyas con que adornaban su vestido, usaban arracadas en las orejas, pendientes en su labio inferior y algunas también en su nariz; gargantillas, collares, pulseras, brazaletes y aun cierta especie de anillos en sus piernas. Los zarcillos y pendientes de la gente pobre eran de conchuelas, cristal, ámbar o de alguna especie de piedra reluciente de poco valor; pero los ricos los traían de perlas, esmeraldas, amatistas o de otras piedras preciosas engastadas en oro.[22]

Bernardo de Balbuena, en su obra *Grandeza mexicana*, nos da una bella imagen de la mujer mexicana en tres simples versos:

> *damas de la beldad misma retrato*
> *afables, cortesanas y discretas,*
> *de grave honestidad, punto y recato*[23];

En esto de la ornamentación de sus cuerpos, la india desde luego superaba en mucho a la india y aun a la criolla y negra o mulata. En el vestir, era otra cosa, y en ello quedaba ella superada por las otras pues, como ya queda dicho, la india por lo general andaba desnuda. Así nos lo afirma Vespucio: ... *ni visten ningún traje, así los hombres como las mujeres, que van como salieron del vientre de la madre, que no se cubren vergüenza ninguna.*[24]

Y de la misma manera lo afirma Pedro Mártir al describirnos a la mujer caribeña, la de Santo Domingo:

> Al aproximarse saliéronles primeramente al encuentro treinta mujeres, todas ellas esposas del régulo, con ramas de palmeras en las manos, bailando, cantando y tocando por mandato del rey, desnudas por completo, excepto las partes pudendas que tapan con unas como enaguas de algodón. Las vírgenes, en cambio, llevan el cabello suelto por encima de los hombros, y una cinta o bandelera en torno a la frente, pero no se cubren ninguna parte de su cuerpo. Dicen los nuestros que su rostro, pecho, tetas, manos y demás partes son muy hermosas y de blanquísimo color, y que se les figuró que veían esas bellísimas Dríadas o ninfas salidas de las fuentes de que hablan las antiguas fábulas. Todas ellas, doblando la rodilla, hicieron entrega al Adelantado de los manojos de palma que llevaban en las diestras, mientras danzaban y cantaban a porfía.[25]

Digamos ahora unas breves palabras acerca del matrimonio del esclavo africano. Se les permitía casarse y hacerse libres si lo pagaban y obtenían autorización de su amo, conforme a las leyes dictadas por la Corona, que fueron reiteradas en 1527 y 1538 y aun posteriormente. Veamos otros aspectos de la vida del negro. Se le trataba mejor en las Antillas, básicamente por hallarse más alejado del indio, por cuanto prefería siempre que se les mandasen a Cuba, Puerto Rico y Jamaica. Fuera de estas islas, se le maltrataba, como ya se ha dicho, siendo una de las causas el que se pensase que procedía de una raza esclavizada por haber cometido algún delito terrible y que tal había sido su castigo. Se sobreentiende con esto que el negro era esclavo por merecérselo, por alguna maldición que había descendido sobre sus antepasados. Creencia errónea, pero creencia en fin de la mentalidad de aquella época.

Había tres clases de esclavos: los llamados *domésticos*, que eran los que trabajaban en las haciendas; los *jornaleros*, que eran los que se arrendaban a particulares, (empresas privadas o instituciones gubernamentales); y, por último, los llamados de *tala* que trabajaban en el campo. El negro llamado *criollo* era el más españolizado, esforzándose por aprender su lengua y costumbres, mientras que el llamado *bozal*, el recien llegado de África, era el más apegado a sus constumbres y por ende el más rebelde. El trabajo del negro era variado, pero al que más se adaptó desde un principio fue al de los ingenios azucareros en las Antillas, contribuyendo grandemente al desarrollo de esta industria, allí y en otras regiones de América, como México, por ejemplo. Ya para 1518 había en La Española más de cuarenta ingenios funcionando, unos moviéndose por agua y otros por caballos. Un ingenio medianamente bueno contaba con no menos de ochenta o cien negros y los había que sobrepasaban los ciento veinte. En Venezuela, por ejemplo, donde había muchos africanos, trabajaban en las minas, plantaciones de caña y cacao, y en la pesca de perlas. Por su habilidad manual llegaron a desempeñar importantes oficios y a ser excelentes capataces hasta el punto de que se les prefería sobre el indio. También al negro y mulato se les usaba en la guerra, llegando a ser gran aliado del soldado español. Sirva de ejemplo los negros y mulatos que ayudaron a cavar las trincheras cuando el pirata holandés Jorge Esperber atacó el Puerto del Callao, durante el virreinato de don Juan de Mendoza y Luna, marqués de Montes Claros.

Veamos cómo se introdujo la caña de azúcar en América. Como se sabe, era oriunda de Arabia y de ahí se llevó a España. Cristóbal Colón fue el primero en traerla a Santo Domingo y después se llevó al resto de las Antillas. El primero en cultivarla y elaborarla en Cuba fue el bachiller Gonzalo de Velosa. Resulta curiosísimo el hecho de que Hernán Cortés, sí, el conquistador, fuese por más de diez años azucarero en Cuba y que administrase allí varios ingenios. Al llegar a México se enteró que los indios hacían miel de las cañas del maíz, informándoselo al Emperador y diciéndole que era tan buena y dulce como la de la caña de azúcar. Poco después la mandó a traer de Cuba y fue el primero en plantarla en México y cultivarla, convirtiendo su hacienda de Atlacomulco en ingenio azucarero y produciendo en ella gran cantidad de azúcar. Fue así, pues, Cortés, no sólo el que la introdujo en México sino el hizo de ella una de sus más importantes industrias, llegando a igual o a superar la de la plata. En su testamento hizo constar que los ingresos de ella se usasen para el sostenimiento del hospital de la Limpia Concepción, fundado por él. En las Antillas, como en México, fue el negro el que más se dedicó a la industria azucarera y al que se le debe en gran parte su posterior desarrollo.

Volvamos a la llegada del negro esclavo. A medida que se iban descubriendo y conquistando nuevas tierras, las Antillas se fueron despoblando; por otro lado, el indio desaparecía bajo el rigor del trabajo y otros factores. La situación de los españoles empeoraba por día y pronto estalló una crisis en la que peligraban sus vidas. Informada la Corona de la situación, en 1525 comenzó a fomentar la emigración española permitiendo a toda familia con destino a la ciudad de la Concepción de la Vega llevar seis negros Dos años después se autorizó el envío a La Española de cien negros y cien negras. Al ver que disminuía la población blanca, en 1527 se rebelaron los indios y negros en Puerto Rico, agravando aún más la situación ya precaria de los españoles. Como no se esperaba que lo mismo ocurriese en Cuba, se dejaron llevar allí mil esclavos, de los cuales las dos terceras partes eran varones y la otra hembras. Asimismo se autorizaron otros mil para Castilla del Oro, constituyendo los prmeros esclavos que pasaron al continente, seguidos de muchos más. Veamos. Cincuenta con Diego de Ordaz al río Marañon y a los límites de Venezuela; cincuenta negros y cincuenta negras con Francisco Barrientos a Panamá en 1532; varios con Francisco de Montejo cuando fue a la conquista de Yucatán y la isla de Cozumel; varios con Pedro de Alvarado de Guatemala a Quito; cien con Pedro Fernández de Lugo a Santa Marta en 1535; doscientos con Domingo de Irala al Río de la Plata en 1534, mitad varones y mitad hembras; y varios de Chile a Perú en 1536. Muchas veces no se designaba un lugar específico adonde llevarlos, por cuanto en 1537 se le dieron a Juan Galvano cuarenta y nueve bajo tales condiciones. También se importaban muchos negros del Brasil como los llevados de allí a Puerto Rico en 1538. Después en Brasil se sublevaron los indios contra los negros y escaparon en unas balsas doscientos de ellos a Puerto Rico y Santo Domingo.

Como queda dicho, el negro fue el causante involuntario de las terribles epidemias de viruela que azotaron a América durante muchos años, siendo primero introducida en México. Fray Diego Durán lo explica así (traducción del inglés):

Al conquistarse el país (Nueva España) una plaga de viruelas lo azotó. Ésta la había traído un hombre negro que había venido con los españoles. Una gran multitud de indios murieron de esta enfermedad porque no había doctores y era un mal que se desconocía. Nunca lo habían visto. Así, miles perecieron, hombres, mujeres, y niños, y la pestilencia se le atribuyó a los españoles que la habían traído.[26]

Cerramos el capítulo con estas palabras de Bartolomé de Albornoz, implacable enemigo de la esclavitud:

Cuando la guerra se hace entre enemigos públicos, da lugar de hacerse esclavos en la ley del demonio, mas donde no hay tal guerra... qué sé yo si el esclavo que compró fue justamente captivado; porque la presunción siempre está por su libertad. En cuanto a ley natural, obligado estoy a favorecer al que injustamente padece, y no hacerme cómplice del delincuente, que pues él no tiene derecho sobre el que me vende, menos le puedo yo tener por la compra que de él hago. Pues ¿qué diremos de los niños y mujeres que no pudieron tener culpa, y de los vendidos por hambre? No hallo razón que me convenza a dudar en ello, cuanto más a aprobarlo. Otros dicen que mejor les está a los negros ser traídos a estas partes donde se les da conocimiento de la ley de Dios, y viven en razón aunque sean esclavos, que no dejarlos en su tierra, donde estando en libertad viven bestialmente. Yo confieso lo primero, y a cualquiera negro que me pidiera para ello parecer, le aconsejara que antes viniera entre nosotros a ser esclavo, que quedar por rey en su tierra. Mas este bien suyo no justifica, antes agrava más la causa del que le tiene en servidumbre... Sólo se justificará en caso que no pudiera aquel negro ser cristiano, sin ser esclavo. Mas no creo 'que me darán en la ley de Jesucristo que la libertad del ánima se haya de pagar con la servidumbre del cuerpo.' Nuestro Salvador a todos los que sanó de las enfermedades corporales, curó primero de las del ánima...[27]

6

Nuestras protagonistas

Y, en fin, a veces es mejor ser gobernado de una mujer heroica,
que de un hombre cobarde y flaco.

Francisco Antonio de Fuentes y Guzmán

Queremos empezar este capítulo con una cita de Francisco Antonio de Fuentes y Guzmán, en la que nos habla de la oposición, por no decir desaire o aversión, que algunos hicieron a Beatriz de la Cueva, esposa de Pedro de Alvarado, al nombrársele gobernadora de Guatemala.

Pero reconociendo la Gobernadora que el sexo le impedía muchas ejecuciones del gobierno, y quizá teniendo parte en la intención del Cabildo, hizo renunciación del gobierno en el licenciado D. Francisco de la Cueva, su hermano, y aunque este nombramiento hecho en doña Beatriz (véase que Fuentes y Guzmán señala que se le nombró gobernadora, mientras que otros autores dicen lo contrario, que fue ella la que se nombró así misma) le han murmurado algunos caballeros de España, ignorando el ánimo del Cabildo, y que sólo lo obtuvo esta gran señora el limitado término de un día, fisgando, ignorantes, de esta resolución, y pareciéndoles que para los que nacimos acá es materia de mucho pudor el que una mujer heroica gobernase un día este Reino; pero resurte contra ellos el eco vehemente del golpe, pues los que gobernaron los discursos, caballeros eran de España, paisanos suyos, y ninguno criollo como nos llaman, y que aquellos prudentes y grandes hombres mirarían con atento desvelo materia y punto de tanto peso, y que seguirían, sin duda, tantos ilustres ejemplares de las antiguas historias. Pues el dilatado reino de Francia, se gobernó por la reina regente Catarina de Médicis, lo que duró, con duras y sangrientas atrocidades, la vida de cuatro hijos menores; Flandes, en medio de tantas alteraciones, fue gobernado por la Duquesa de Parma; Inglaterra, por la bastarda intrusa Isabela, que aunque contaminada de religión corrompida, el don excelente de gobierno y máxima de estado la mantuvo sin quiebras en el Reino; y ahora, nuevamente, vemos este ejemplar practicado en nuestra España, gobernada en la menor edad de nuestro gran monarca Carlos II por la Reina tutriz doña Mariana de

Austria. Y si en tan antiguos reinos, a donde sobran hombres, y hombres que llaman grandes, gobernaron mujeres tan altas, ¿qué mucho que en Goathemala, Reino recién fundado, gobernara una mujer que no era de la menor esfera? Y más que México, Lima tendrá Goathemala que contar entre su blasones, lo que las monarquías de Francia, Inglaterra, España y Flandes, a quienes gobernó y mantuvo el gobierno de mujeres; siendo ejemplar en nuestras Indias occidentales este accidente glorioso de Goathemala que, desde el principio de su infancia empezó a correr parejas de grandeza con las mayores monarquías de Europa. Y, en fin, a veces es mejor ser gobernado de una mujer heroica, que de un hombre cobarde y flaco.— ob. cit. pág. 138.

MARÍA DE TOLEDO— Primera gran virreina

Su persona

Fue esta una de las mujeres más ilustres y de mayor abolengo que pasaron de España a América durante el siglo XVI. De ella decía Bartolomé de las Casas que *era señora prudentísima y muy virtuosa, y que en su tiempo, en especial en esta isla y dondequiera que estuvo, fue matrona, ejemplo de ilustres mujeres.*[1] Y de igual forma se expresa Oviedo diciendo *porque en verdad esta señora ha sido en esta tierra* (Santo Domingo) *tenida por muy honesta, y de grande ejemplo su persona e bondad, e ha mostrado bien la generosidad de su sangre.*[2] Mientras más se adentra en su personalidad más se le admira y respeta. Fue, en realidad, una mujer dotada de todas las cualidades y virtudes con las que se anhela alcanzar la casi perfección humana. Se dio en ella una dualidad de carácter que si bien debe considerarse propia de la mujer española de la época, en ella más que en otras alcanzó su máxima expresión. Por un lado, personificó a la femeneidad, al don exquisito y sublime de ser mujer en el más amplio y profundo sentido de la palabra, sin excluir el de fiel madre y ejemplar esposa. Por el otro, supo mantener su posición y autoridad en todas las duras pruebas que la confrontaron, especialmente al enviudar. Nadie como ella, ni siquiera su suegro y marido, lucharon con tanto ahínco y tenacidad y por tan largo tiempo por defender los intereses de la familia Colón.

Datos biográficos de María de Toledo

Su nombre completo era María Álvarez de Toledo y Rojas. Nació en 1474 y murió en 1549 en Santo Domingo. Era hija de Fernando Álvarez de Toledo, halconero mayor del rey, comendador mayor de León y hermano del duque de Alba de Tormes, y María de Rojas. El padre murió en 1532. Su tío paterno era Fadrique de Toledo, II duque de Alba quien, junto con su hermano, eran primos de Fernando el Católico por parte de su madre, Juana Enríquez, reina de Navarra y Aragón. Su abuela era María Enríquez, hija de Fadrique Enríquez Mendoza, segundo Almirante de Castilla. Así, estaba emparentada con la casa real y con las principales de Castilla y Aragón. Era, además, prima del cardenal don fray Juan de Toledo, arzobispo de Santiago, hijo del convento de San Esteban de Salamanca. Fue, por tanto, tía del Emperador Carlos V y tía abuela de Felipe II. Su estirpe era goda avecindados en Toledo. Poco se sabe de su niñez y juventud, comenzando su vida realmente a perfilarse al casar con Diego Colón, hijo primogénito del gran Almirante. Suponemos, claro está, que perteneciendo a familia tan aristocrática y poderosa su vida de niña haya estado colmada de continuos mimos y atenciones, y de que se le haya criado e instruido como correspondía a su linaje. Nos situamos, pues, en el año 1509 (10 de julio) cuando llega con su marido a Santo Domingo al ser nombrado virrey de la isla. (Fray Antonio de Remesal da como fecha de llegada el año 1508: "Vino a Indias el mismo año que se casó.")[3] Pero reparemos antes en algunos antecedentes importantes.

Datos biográficos de Diego Colón

Nació en Porto Santo, Portugal, en 1479 y murió el 26 de febrero de 1526 en Puebla de Montalbán, cerca de Toledo, en casa de su amigo Alonso Téllez Pacheco, cuando acompañaba a Carlos V a sus bodas con Isabel de Portugal, celebrada en Sevilla. Su madre fue Philippa Moniz e Perestrelo, noble dama portuguesa. Llegó con su padre a España en 1485 dejándolo en La Rábida o en Huelva con sus tíos maternos. Al regresar Cristóbal Colón de su primer viaje, se le nombra a Diego y a su medio hermano Fernando pajes del príncipe don Juan. Muerto el príncipe en 1497, pasa al servicio de Isabel la Católica y permanece allí por muchos años hasta que se le hace *contino* de su casa. Con la institución del Mayorazgo y el testamento de 1498 se le declara heredero legítimo y absoluto de todos los honores, cargos y privilegios de su padre. Al regresar don Cristóbal de su cuarto viaje ruega al hijo que vele por todos sus intereses, mandato que habría de cumplir cabalmente por el resto de su vida.

Casamiento y descendencia

Casaron Diego y María en 1508, después de alargarse el matrimonio por la necesidad de resolver varias cuestiones pendientes. Se celebra, pues, dos años después de morir Cristóbal Colón. La boda, como bien puede suponerse, tiene que haber sido suntuosa y concurrida por la más alta nobleza del reino. Tuvieron en total siete hijos, cuatro varones y tres hembras, de los cuales tres nacieron en Santo Domingo (Diego ya había tenido anteriormente otros dos, uno con Constanza Rosa, de Burgos, y el otro con Isabal Samba, de Bilbao). Sus hijos fueron: Felipe Colón y Toledo, nacido en 1510 y muerto entre 1542 y 1548 en Santo Domingo, que nunca casó; María Colón y Toledo, nacida probablemente en 1511, que casó con Sancho de Cardona y Liori; Juana Colón y Toledo, nacida en 1512 y muerta alrededor de 1592, que casó con Luis de la Cueva, hermano del duque de Alburquerque y abuelo de Beatriz de la Cueva, esposa de Pedro de Alvarado; Isabel Colón y Toledo, nacida en 1513 y muerta en 1549 (el mismo año que murió la madre), que casó con Jorge de Portugal; Luis Colón y Toledo, nacido en 1522, y muerto en 1572 (en el exilio), que casó tres veces o quizá cuatro; Cristóbal Colón y Toledo, nacido en 1523 y muerto en 1571, que casó primero con Leonor Zuazo, y después con Ana de Pravia y con Magdalena de Anaya y Guzmán; Diego Colón y Toledo, nacido en 1524 y muerto en 1546, que casó con Isabel Justinien. Diego Colón, el más joven, nacido en ausencia del padre, es al que se nombra heredero.

No puede afirmarse que su casamiento con Diego Colón haya sido enteramente por amor, al menos no por parte de él y bien pensado tampoco por parte de ella. En realidad él no quería casarse hasta saber en qué pararían los pleitos que había puesto a la Corona. Veamos lo que al respeto nos dice el padre Las Casas: *Pero los primeros y el primer pleito se comenzó el año de quinientos y ocho. En el cual, como el Almirante aún no se hobiese casado, esperando que [se] determinase su justicia, porque de allí dependía casar bien o mejor, acordó finalmente casarse con doña María de Toledo... Y no pudo el Almirante llegarse a casa de grandes del reino que tanto le conviniese, para que con favor expidiese sus negocios, ya que no le valía justicia, que la del duque de Alba.*[4]

Entraban aquí en juego dos poderosos intereses familiares. Por un lado, a los Colón les interesaba entroncar con una familia influyente en la corte para defender las reclamaciones de don Cristóbal. Por el otro, el duque de Alba quería favorecer a su sobrina y quizá al mismo Diego, reconociendo su valer y el gran futuro que le esperaba. A la larga, y considerando los títulos, posición, y sobre todo la fama y legado histórico predestinados, fue doña María la que salió mayormente aventajada de tal casamiento, aunque, como se verá, tuvo que valérselas litigando por mucho tiempo para defender lo que fue de su suegro y marido y lo que por herencia le correspondía a ella y a sus hijos. Sin embargo, dice Navarrete que al favorecerle el rey (ordenando al comendador Ovando, gobernador de la Española, que le acudiese con el oro y privilegios que pertenecieron a su padre y ofreciéndole en casamiento a su sobrina) no lo hizo por influencias de sus allegados, ni siquiera por conocerle y guardarle afecto, sino porque *como en el rey obraba con preferencia el impulso de la justicia, ella*

sóla fue, y no estas relaciones ni su amor al duque de Alba, ni su consideración
al comendador mayor, la que le obligó a poner a don Diego en posición de la
dignidad de almirante y gobernador de las Indias, enviándole a La Española
con poderes limitados.[5]

Antecedentes del viaje a América

Desde el descubrimiento se entabló una pugna entre la Corona
española y la familia Colón, resultando en los famosos *pleitos colombinos*
en los que se vio involucrada de forma muy directa María de Toledo. Indiscutiblemente que Cristóbal Colón tenía derechos que reclamar pero pedía
demasiado para sí, y la Corona no estaba dispuesta a depositar en un sólo
hombre tanto poder y relegarse a un segundo plano. Luchó el padre, luchó
el hijo y María de Toledo, al morir éste y pensando mayormente en el
futuro y la seguridad de sus hijos, luchó también. Al final se le concedieron
parte de esos derechos, como correspondía, pero no todos. Lo que más
resalta en este largo y complicado proceso es el comportamiento resoluto
y tenaz de una mujer sola, viajando a la metrópoli para que se le concediese lo que consideraba suyo, y que por su propio esfuerzo y con-
frontando duras pruebas lo haya logrado. Veamos. Dos años después de
la muerte de su padre, y fiel a su palabra, Diego Colón entabló pleitos con
la Corona. Pedía, entre otras cosas, el nombramiento de virrey y gobernador de todos los territorios descubiertos y por descubrir en Indias a partir de la Línea de Demarcación, incluyendo Puerto Rico, Veragua y Urabá.
Considerándolo todo, el Consejo Real finalmente dictó sentencia en Sevilla
en 1511, concediéndosele gran parte de sus reclamaciones, como el virreinato y gobierno de La Española y de todas las otras islas descubiertas
por su padre, el quinto de los ingresos de oro y el diezmo de todas las utili-
dades económicas, sancionándolo el rey el 17 de junio de ese año. Bastante era pero Diego no quedó satisfecho y al año siguiente apeló el
dictamen con gran descontento del rey. En 1520 se decidió finalmente concedérsele la gobernación de las islas pero limitándosele muchas de las
atribuciones. Mientras todo esto ocurría, Diego ya estaba en Santo
Domingo y bajo su gobierno se llevaron a cabo las conquistas de Cuba,
Puerto Rico y ocuparon los españoles Jamaica. Como medida para
restringir aún más su autoridad, se creó en 1511 una Audiencia en Santo
Domingo con la que tuvo Diego muchas desavenencias por la limitación
de sus poderes. Poco a poco se le iba arrinconando hasta formarse dos partidos opuestos, uno dirigido por él y el otro por el tesorero real Miguel de
Pasamonte, mientras se dirigían cartas a la Corte pidiendo que se le subs-
tituyese. En otras palabras, había creado muchos enemigos así en la isla

como en España, razón por la cual le mandó llamar el rey a España en 1515. Un año después, el cardenal Cisneros nombró una junta de tres frailes jerónimos para gobernar las Indias, mermándosele aún más su autoridad. Vuelto a su virreinato en 1520, finalmente Carlos V le suspendió en 1523, regresando nuevamente a España donde murió tres años después.

Vida en América

Obtenida ya la autorización real (Valladolid 3 de mayo de 1509), con su título honorífico de virrey y de Almirante Mayor de Indias, partió Diego con su mujer para Sevilla muy bien acompañados de su hermano Fernando Colón, sus tíos Bartolomé y Diego y algunos caballeros con sus esposas. Se embarcó en San Lúcar con una buena flota a fines de mayo o comienzos de junio de 1509 y llegó a Santo Domingo el 10 de julio del mismo año (según Oviedo, pero Las Casas dice que fue por el mes de junio, si bien en su carta al rey Fernando, Ovando da como fecha cierta el 9 de julio).[6] Primero se asentó en la fortaleza de la que era alcalde un sobrino del comendador mayor de la isla, y después se trasladó a la casa de Francisco de Garay, su alguacil mayor. Al llamarle el rey a España en 1515 dejó a su mujer con dos hijas en la isla. Se ausentó Diego de Santo Domingo dos veces: una de 1515 a 1520 y la otra y definitiva de 1523 hasta su muerte. Estuvo, pues, fuera de la isla, ocho años. Muerto el marido, le tocó a ella encargarse de sus hijos y seguir luchando por sus derechos. Con tal fin, y dispuesta a todo por lograr su propósito, marchó a España a seguir el pleito que Diego tenía con el fiscal real. De la muerte de Diego nos dice Oviedo *Gran pesar sintió doña María con la muerte de su marido, llorando mucho y haciéndole las exequias que su amor y persona merecían.*[7] Llevó consigo a España a su hija menor, doña Isabel y al menor de sus hijos Diego, y dejó en Santo Domingo a su hija mayor doña Felipa (que estaba enferma) y a sus hijos pequeños don Luis y Cristóbal. A poco de llegar a España casó a su hija Isabel con Jorge de Portugal, conde de Gelves y alcaide de los alcázares de Sevilla. Se proponía doña María entrevistarse con el Emperador y tratar directamente con él todos los asuntos pendientes. Pero al llegar a la corte halló que Carlos V había marchado a Italia a su coronación en Boloña. Pidió entonces audiencia a la Emperatriz que la trató muy bien e intercedió a su favor en la defensa de sus derechos, y fue recibido su hijo menor Diego por paje del príncipe Felipe con una ayuda de quinientos ducados de las rentas reales de Santo Domingo. Este es el momento, en los tratos que tuvo con la Emperatriz y posteriormente con el Emperador, en que doña María da muestras de su extraordinaria capacidad e inteligencia, de su sagacidad y dotes diplomáticos, amén de su tesón y voluntad inquebrantables.

Hecho histórico que le da renombre

Muchos son los factores que hacen de María de Toledo una insigne mujer. Antes que nada su carácter del que ya se ha hablado. Sigue el cumplimiento cabal de sus deberes como esposa y madre . Sigue la recta gobernación de La Española antes y después de la muerte de su marido, habiendo quedado sola y con no pocos enemigos. Y sigue, como último y más importante factor en nuestro criterio, el haber logrado por su propio esfuerzo la concesión de muchos de los derechos de la familia Colón. Cualquier otra mujer hubiese abandonado en poco tiempo la empresa y dedicado a vivir tranquila y feliz el resto de sus días. Sin embargo, empeñó catorce años de su vida de viuda en ella y, al final, quedó arruinada y en mísero estado. Llega el momento en que, cansada y envejecida, lo abandona todo en 1536 a cambio de una buena pensión y una propiedad con una extensión de 25 leguas en la costa de Veragua, entre el río de Belén y Zorobaro, en los confines de Costa Rica, para su hijo Luis. Recibió todo esto a cambio de renunciar Luis a los privilegios contenidos en las capitulaciones de Santa Fe. Contaba entonces doña María con 62 años de edad. Analicemos sucintamente el proceso que la llevó al logro de sus derechos. Como primer paso tenía que personarse en España para tratar directamente con el Emperador. No valían intermediarios. Llega a España pero el Emperador está de viaje y se desconoce la fecha de su regreso. Se dirige entonces a la Emperatriz que la recibe muy bien y la escucha con simpatía. Empiezan las negociaciones. Se mantiene firme, explicando como sólo ella sabía hacerlo el propósito de su visita. Pero dejemos que Oviedo, gran admirador de la virreina, nos lo relate con más detalle:

> Tornando al nuevo almirante, digo que, así como la visorreina doña María de Toledo supo la muerte de su marido el almirante don Diego Colón, e le hobo mucho llorado e fecho el sentimiento e obsequias semejantes a tales personas... determinó de ir a España a seguir el pleito que su marido tenía, sobre las cosas de su Estado, con el fiscal real; y llevó consigo a su hija menor, doña Isabel, y al menor de sus hijos, llamado don Diego, y dejó en esta cibdad a su hija mayor, doña Felipa (la cual era enferma, e sancta persona), y al almirante don Luis, y a don Cristóbal Colón, sus hijos, harto niños.
>
> Y como la visorreina fue en España, desde a pocos días casó la hija menor que consigo llevó, doña Isabel Colón, con don Jorge de Portugal, conde de Gelves e alcaide de los alcáceres de Sevilla. Llegada a la corte, halló ido al Emperador a Italia, a su gloriosa coronación en Boloña, e por la ausencia de su Majestad, hobo de residir e entender a sus pleitos e negocios en la corte de la Emperatriz nuestra señora, de gloriosa memoria, solicitando a los señores del Consejo de sus Majestades en los negocios

del almirante don Luis, su hijo. E su majestad la tractó muy bien e le favoresció, e fue rescebido don Diego Colón, su hijo menor, por paje del serenísimo príncipe don Felipe, nuestro señor, e mandaron sus Majestades dar quinientos ducados de ayuda de costa en cada un año al almirante don Luis, en las rentas reales de aquesta isla.

... digo que esta señora visorreina, continuando su buen propósito e siguiendo la justicia que pretendía por parte de sus hijos, litigando como quien ella era, e acordando a César, después que volvió de Italia, el grande servicio (e no como el otro jamás fecho a príncipes), como lo hizo el primero almirante, vino esta pendencia a se concertar. E el Emperador nuestro señor, descargando las reales conciencias de sus padres y abuelos y suya como gratísimo príncipe, hizo al almirante don Luis, duque de Veragua e del golfo e islas de Cerebaro en la Tierra Firme, e dióle la isla de Jamaica con mero y mixto imperio e título de marqués della; e demás deso, le hizo merced de diez mil ducados de oro de contado en cada un año, situados en las rentas reales e derechos desta Isla Española; e el alguaciladgo mayor desta cibdad, con voto en el regimiento della, e confirmación del oficio de almirante perpetuo destas Indias, así en lo descubierto como en lo que está por descobrir. E todo lo que es dicho, con título de mayoradgo perpetuo, entera e indivisiblemente para el dicho Almirante e sus subcesores, sin que se pueda enajenar ni salir de sus legítimos herederos. E demás deso, mandó Su Majestad dar de merced un cuento de maravedís de renta en cada un año en sus derechos reales, por todos los días de sus vidas, a doña María e doña Joana Colón, hermanas del Almirante, para ayuda a sus casamientos, e otras mercedes. E dio Su Majestad el hábito de Santiago a don Diego Colón, menor hermano del Almirante, con cierta renta en aquella Orden militar. Lo cual todo fue negociado e concluído con la diligencia de tan buena e prudente madre como ha seído la visorreina a sus hijos, a quien sin dubda ellos deben mucho; porque aunque esta satisfacción pendiese de los méritos e servicios del primero almirante, mucho consistió el efecto destas mercedes y su conclusión en la solicitud desta señora, e en su bondad e buena gracia para lo saber pedir e porfiar. A lo cual ayudó asaz el mucho e cercano debdo que la visorreina tiene con Sus Majestades.[8]

Pero los trabajos y afanes de María de Toledo habrían de continuar, aun después de haber concluído los litigios. Permanecía en la Corte como virreina de las Indias, y le pidió Carlos V que poblase la región de Veragua que pertenecía a la gobernación de su hijo don Luis. Apretada situación la de doña María, pues si bien quería complacer al Emperador, no contaba con los recursos económicos necesarios para cumplir con su requerimiento. Finalmente, pensando que quizás con ello mejorase de posición, decidió ponerlo en marcha. Para el dinero que necesitaba consideró la oferta hecha por el fraile Juan de Sosa, que había enriquecido en Perú, pero al no concedérsele la capitanía abandonó el proyecto del que

finalmente se hizo cargo Felipe Gutiérrez, hijo del tesorero Alonso Gutiérrez. Concertado el pacto, la visorreina le traspasó los poderes que fueron
aprobados por el Emperador y el Consejo de Indias.

Estuvo doña María ausente de Santo Domingo de 1530 a 1544, y al
regresar halló su hacienda arruinada por los robos y desmanes de sus
muchos enemigos y contrarios. Remesal nos describe la llegada así:

> La virreina doña María de Toledo tuvo harta necesidad de aprovecharse de
> su valor, cristiandad y cordura, en los sucesos que se le ofrecieron en
> entrando en su casa, porque la halló perdida, con su larga ausencia que
> había sido desde el mes de marzo de mil y quinientos y treinta, hasta aquel
> día que eran catorce años y medio, halló su hacienda robada, los hijos
> ausentes; y esto, el ser viuda fue causa que los vecinos no le hiciesen el
> acogimiento, ni la tuvisen el respeto que a ser quien era ella, sin ser virreina,
> se le debía.[9]

Y así, esta magnánima mujer, a los 75 años de edad, se aproxima al
ocaso de su larga y ejemplar vida. Pionera fue, como pioneras fueron todas
las demás mujeres que pasaron con ella a Santo Domingo, las futuras
madres y abuelas de una nueva raza en germen. María de Toledo, la gran
dama castellana, fue ejemplo ilustre de cuanta mujer española pasó a
América en su tiempo y aun después, como Beatriz de la Cueva y tantas
otras. Lástima que su hijo Luis, por el que tanto se afanó y en el que tantas esperanzas puso, resultase inmerecedor de la fe y confianza que había
depositado en él, como lo afirma Adrián Recinos: *Don Luis Colón perdió*
a su ilustre padre cuando apenas contaba cuatro años de edad. Su madre
procuró dirigir sus pasos por el buen camino, pero probablemente no tuvo la
suficiente energía para dominar su carácter. Muerta la noble señora, don
Luis, libre de todo respeto, dio rienda suelta a las inclinaciones de su genio
caprichoso y despreocupado de todas las conveniencias sociales, vivió mal y
terminó sus días en el destierro.[10] Más triste aún es que en 1556 Luis Colón
renunciase al territorio que se le había concedido en Veragua (aunque
conservó el título), a pesar de lo mucho que había luchado la madre porque
se le concediese. Aparentemente decidió que no le servía para nada, o que
no quería molestarse con la responsabilidad que ello conllevaba.

Documentos

TESTAMENTO DE CRISTÓBAL COLÓN (Extracto)*

Cuando partí de España el año de quinientos e dos, yo fize una orde-
nanza e mayorazgo de mis bienes e de lo que entonces me pareció que cumplía

---

Obras de D. Martín Fernández de Navarrete, Biblioteca de Autores Españoles, Atlas, Madrid,
1954, t. I, págs. 489–490.

ánima e al servicio de Dios eterno, e honra mía e de mis sucesores; la cual escritura dejé en el monasterio de las Cuevas en Sevilla, a Fray don Gaspar con otras mis escrituras e mis privillejos e cartas que tengo del Rey e de la Reina, nuestros señores. La cual ordenanza apruebo e confirmo por ésta, la cual yo escribo a mayor cumplimiento e declaración de mi intención. La cual mando que se cumpla ansí como aquí declaro e se contiene, que lo que se cumpliere por ésta, no se faga nada por la otra, porque no sea dos veces.

Yo constituí a mi caro hijo don Diego por mi heredero de todos mis bienes e oficios que tengo de juro y heredad, e que hice en el mayorazgo, y non habiendo él fijo heredero varón que herede mi hijo don Fernando por la misma guisa, e non habiendo él fijo varón heredero, que herede don Bartolomé mi hermano por la misma guisa, si no tuviere hijo heredero varón, que herede otro mi hermano; que se entienda así, de uno a otro pariente más llegado a mi línea, y esto sea para siempre. E no herede mujer, salvo si no faltase no se fallar hombre, e si esto acaesciese sea la mujer más llegada a mi línea.

E mando al dicho don Diego mi hijo, o a quien heredare, que no piense ni presuma de amenguar el dicho mayorazgo, salvo acrecentalle e ponello: es de saber que la renta que él hubiere sirva con su persona y estado al Rey e la Reina nuestros señores, e al acrescentamiento de la religión cristiana

CARTA DEL DUQUE DE ALBA PARA EL REY NUESTRO SEÑOR*
Olmedilla, 25 de mayo de [1508]
Católico y muy alto y muy poderoso rey e señor
Vuestra alteza. por me fazer merced, metió al almirante de las yndias, mi sobrino, en mi casa casándole con Doña María de Toledo, mi sobrina, la que merced yo tuve por muy grande quando V.a. lo mandó hazer, y así la tengo agora, si por mi debdo, junto con sus servicios y meritos del almirante, su padre, el rescibe de V.a. las mercedes que yo espero que an de rescebir todos los que a mi casa se allegan, y faltando esto, no era merced la que V.a. me hizo en casalle con mi sobrina, mas volverse ya en mucha vergüenza mia y menoscabo de mi casa, y agora no solamente me dizen que las mercedes del almirante estan suspensas, mas que V.a. no es servido de mandalle guardar justicia en sus negocios de las yndias, y que estando vista e determinada su justicia por los de vuestro muy alto consejo, V.a. a mandado suspender la sentencia que por el se ha de dar, y le a mandado mover algunos partidos por ynducimiento de algunas personas que no deben desear tanto vuestro servicio como yo.
Suplico a V. magestad que pues a mí me toca tanto y a mi casa las cosas

*Los cuatro documentos: Luis Arranz Márquez, *Don Diego Colón, almirante, virrey y gobernador de las Indias*, Consejo Superior de Investigaciones Científicas, Madrid, 1982, págs. 177–178, 184, 194, 197.

*del almirante, que a V.a. plega mandarle guardar justicia y desembarazarle
su hacienda e oficios, quel con tanto servicio vuestro y provecho de vuestros
reinos, y con tanto trabajo de su padre, tan justamento adquirió para sy,
quanto mas concurriendo ser la persona del almirante tal y con tantas calidades para ser cierto a vuestro servicio, que debria ser elegido para esto, a
que teniendo tan justa sucesion, se le pone tan agraviado ynpedimento. Otra
vez torno a besar los pies y las manos de V.A. por que le plega breve y enteramente mandarle dar su justicia, en lo cual yo recibiré muy mayor merced
quel, y en la dilacion mucha mayor vergüenza quel puede rescibir perdida,
por grande que sea. Nuestro Señor la muy excelente persona y real estado de
V.A. guarde y siempre prospere.*

R.C.A. A Diego Colon Nombrandole Gobernador De Las Indias

*El Rey: por cuanto yo he mandado al Almirante de las Indias que vaya
con poder a residir y estar en las dichas Indias, a entender en la governación
dellas, según en el dicho poder será contenido, hase de entender que el dicho
cargo y poder ha de ser sin prejuicio del derecho de ninguna de las partes.
Fecha en la villa de Arévalo, a nueve días del mes de agosto de quinientos y
ocho años. Yo el Rey. Por mandado de su Alteza, Miguel Pérez de Almazán.*

Testamento De Diego Colón (parte)

*Manda veinte. item mando que a doña María mi mujer será dado el
buquets de maravedís que trajo de su dote, y mas mando que le dé dos mil
ducados que yo le prometí y mandé de arras quando me casé con ella; y si de
ella y de mi quedare hijos o hijas y no quisiere casar, mando que, en todo el
tiempo que viviere, le dé mi heredero trescientos mil maravedís cada un año.
item mando y hago merced a la dicha doña María y doy todas las joyas de
oro y todas las vestiduras que ella tiene para su persona, excepto la cruz de
don Enrique de Toledo mi tio, que está en piedras con otra joya que tengo
yo. asi mismo le doy el alderezo de su silla de plata de su mula, con sus tablas
todo de plata.*

*Manda treinta y cinco. item, mando a mi sucesor y legítimo heredero,
o a cualquiera a quien deviniere y perteneciere el mayorazgo y mi herencia,
que lea a menudo el testamento el almirante mi señor padre, [que] santa gloria haya, y tenga siempre en cuidado de ser obediente a sus mandamientos,
y de cumplir todo lo en él contenido, como y de la manera que yo soy obligado, y de no hacer en especial el amenguar el dicho mayorazgo, y en todo lo
que toca al servicio de sus altezas del rey y de la reina, nuestros señores, y al
acrecentamiento de la religión cristiana.*

BEATRIZ DE LA CUEVA —
La desventurada gobernadora

Su persona

Nos encontramos ante una mujer de personalidad compleja y de la que, desgraciadamente, se sabe muy poco. En realidad, los datos que existen sobre ella mayormente se relacionan con el segundo viaje de Pedro de Alvarado a España y con su inesperada muerte en Guatemala. Cierto es que fue la segunda gobernadora de América, después de María de Toledo, pero fue tan relampagueante su gobernación y en circunstancias tan extrañas, que resulta difícil caracterizarla como tal. Sabemos que fue mujer ardiente y apasionada, de gran temple y ambiciosa, y que llegado el momento hizo valer su voluntad aun a sabiendas de que siendo mujer tendría no pocas barreras que vencer. La vida de esta mujer se nos esfuma, desaparece precisamente en momentos en que más acucia en nosotros la curiosidad por conocerla mejor, por saber hasta dónde la hubiesen llevado sus anhelos y ambiciones. ¿Cómo hubiese sido su gobernación? ¿Cuánto tiempo hubiese durado? ¿Cómo hubiese pasado los últimos años de su vida, sola, pues nunca tuvo hijos? ¿Se hubiese quedado en Guatemala o regresado a España? ¿Vuelto a casar, a tener hijos? El fatídico terremoto de Guatemala selló para siempre lo que su vida hubiese podido ser, y éstas y otras interrogantes quedarán suspendidas en la inmensidad del tiempo. Pero sigamos adelante, tratando de perfilar su vida en base a la información que tenemos a mano la cual, como se ha dicho, es no sólo escasa sino muy repetida por distintos autores.

Datos biográficos de Beatriz de la Cueva

D. José Milla señala que *Doña Francisca y Doña Beatriz eran sobrinas del duque de Alburquerque, descendientes del célebre Beltrán de la Cueva, mayordomo del rey Enrique IV de Castilla y considerado padre de la famosa* Beltraneja, *que estuvo a punto de ser reina.*[11] Su padre era don Luis de la Cueva, almirante de Santo Domingo, Comendador mayor de Alcántara, y hermano del duque de Alburquerque, y su madre Doña Manrique de Benavides. Tuvieron varios hermanos pero casi todos murieron en distintas guerras contra el ejército francés en Argel. Francisca fue dama de honor de la corte de doña Leonor de Austria, futura reina de Francia, por el año de 1527. Sobre Francisca nos dice Fuentes y Guzmán que *era mujer colmada del esplendor claro de su ilustre sangre, virtud, discreción y belleza, que la hacían ser codiciada de muchos títulos y grandes mayorazgos de aquel tiempo.*[12] Y Bernal Díaz del Castillo se refiere a ella como mujer hermosa en extremo.[13] Igual se nos presenta su hermana Beatriz (según Bernal Díaz y Adrián Recinos no eran hermanas sino primas segundas), aunque de su hermana añade Ricardo Majó Framis que *era fina, como de seda toda ella, especie de altanera muñequena aristocrática*. Y de Beatriz dice que *era toda de fino contorno, de un quebradizo natural, como una rosa de grana apasionada, fiera, aterciopelada, y quizás más inteligente que la otra*.[14] Ambas hermanas eran naturales de la villa de Úbeda, en la provincia de Jaén, Andalucía, de la que lo era también Francisco de los Cobos, privado de Carlos V (San Juan de la Cruz murió en un monasterio de esta villa). Francisca nació entre los años 1485 y 1500, y Beatriz, aunque se desconoce la fecha exacta de su nacimiento, se supone que haya sido en 1500. Dato interesante es que Beatriz estaba emparentada con María de Toledo, esposa del virrey Diego Colón y primera virreina de Santo Domingo, de la siguiente forma: la tercera hija de Diego y María, Juana Colón, estaba casada con don Luis de la Cueva, hermano del duque de Alburquerque, y por tanto tío abuelo de doña Beatriz.

Datos biográficos de Pedro de Alvarado

Nació en Badajoz hacia 1485 y murió en Guadalajara, México, en 1541. Era hijo de Gómez de Alvarado, comendador de la Orden de Santiago, y de Leonor de Contreras, de nobleza extremeña. En 1510 viajó a La Española con varios de sus hermanos y primos, donde residía su tío Diego de Alvarado, caballero de Santiago. En 1511 tomó parte de la conquista de Cuba bajo las órdenes de Diego Velázquez quien le dio una capitanía y le hizo encomendero. En 1518 acompañó a Juan de Grijalva a la expedición de Yucatán y posteriormente participó en la de Gonzalo de Córdoba. Al planearse la conquista de México, el gobernador Velázquez pensó en él como jefe pero desistió después nombrando a Cortés, a quien se le agregó con sus soldados en Trinidad, Cuba. Fue durante la conquista de México el segundo en mando y el más leal compañero de Cortés. Según nos lo describen varios autores, era hombre apuesto, corpulento y de cabellera rubia, razón por la cual los indios le llamaban *Tonatiub* (El sol). Estuvo, como compañero inseparable y más que valioso de Cortés, en todas las batallas, como la de Cholula, la marcha sobre México y en la entrada de la ciudad. Fue el que hizo prisionero a Moctezuma y el que lo mantuvo bajo su custodia. Al marchar Cortés sobre Pánfilo de Narváez, le dejó a cargo del ejército de la ciudad y fue el causante, según la historia, de la insurrección de los aztecas y de la primera pérdida de México. Se portó valientemente en la batalla de Otumba por la que lograron los españoles refugiarse en Tlaxcala. Participó en el sitio de México como capitán de uno de los tres cuerpos. Ganado México, en el que Alvarado fue uno de los principales protagonistas, le envió Cortés a conquistar la América Central nombrado ya teniente gobernador. Partió el 6 de diciembre de 1523, acompañado de sus hermanos Gonzalo y Jorge. Conquistada toda la zona después de arduas pruebas, fundó finalmente el 25 de julio de 1524 la villa de Santiago de los Caballeros de Guatemala. En unos cuantos meses había sido capaz de descubrir Guatemala y el actual Salvador y sometido a todos los estados quichés. El resto queda explicado en otras partes de este escrito.

Antecedentes del viaje a América

Salió de España con su esposo el Adelantado Pedro de Alvarado con rumbo a Guatemala a principios de 1539. En su séquito de damas, que se calculan alrededor de unas 20 (según el propio Alvarado en carta que le dirige al Cabildo de Guatemala el 4 de abril de 1539) figuran en el registro de pasajeros a Indias los siguientes nombres: doña Isabel de Anaya, doña Francisca de San Martín, doña Ana, doña Luisa, doña Ana Fadrique, doña María de Caba, doña Juana de Arteaga, doña Isabel de Saavedra y doña Ana Mejica[15], todas ellas damas de muy honorables familias. Pedro de Alvarado venía ya cargado de títulos dados personalmente por el Emperador Carlos V, y aunque ya algo avanzado de edad, pues contaba entonces con 54 años, muchos para aquella época (doña Beatriz a la sazón tenía 39 años), bullían en él nuevos bríos al verse casado con mujer tan exquisita y tan honrado y poderoso. Beatriz sentía igual felicidad, al lado de un caballero tan famoso y aclamado, deseosa de llegar a su destino y disfrutar de la vida de reina que sabía le esperaba. Fuentes y Guzmán nos describe los preparativos del viaje:

> *Habiendo celebrado sus bodas el Adelantado D. Pedro de Alvarado, con la ilustre persona de Doña Beatriz de la Cueva, su cuñada, trató de disponer su viaje, no sólo colmado de la nueva merced del gobierno de Goathemala, sino de otras cédulas provenencionales para los accidentes y más seguro modo de su gobierno; y en este viaje que hizo a España, demás de los honores que Su Majestad le había conferido a la posteridad, con el título de Adelantado, añadió el de Almirante de la mar del Sur: con que, lleno de mercedes y de gozo, que le aumentaba la compañía de su ilustre y generosa consorte, y la no menos noble orden de la crecida familia que le asistía, dio al viento las velas de su armada, que se componía de tres naos gruesas con guarnición de trescientos arcabuceros, y navegando con prosperidad y bonanza llegó a surgir a Puerto de Caballos, a los 4 de abril del año de 1539; habiendo descubierto este puerto el mismo D. Pedro el año de 1536, para ser ahora los suyos los primeros navíos que llegaron a surgir en él.*[16]

Casamiento y descendencia

Pedro de Alvarado casó dos veces, ambas con españolas y en España; la primera con Francisca de la Cueva, cuando vino de México después de conquistar Guatemala en 1527, quien murió al poco de llegar a Veracruz (del vómito negro o fiebre amarilla, que la desfiguró). Francisca tuvo noticia de Alvarado al publicarse sus hazañas en Toledo en 1525, quedando prendida de su valentía y fama. La segunda con su cuñada, Beatriz de la Cueva, hermana de la otra, después de regresar de la expedición del Perú en 1538, a quien conoció al visitar la tumba de Francisca en Úbeda. El casamiento con Beatriz puede haber sido el 17 de octubre de ese año, pues en ese mismo día es cuando se le concede licencia para viajar a América, en la que aparece ya como esposa de Alvarado. Para poderse casar, tuvo Alvarado que obtener autorización papal, en lo cual intercedió el propio Emperador Carlos V impulsado no sólo por los méritos del propio Adelantado, sino también por consejo de su leal y poderoso secretario Francisco de los Cobos. Vale señalar aquí que Alvarado había dado palabra a Cortés de casarse con su prima Cecilia Vázquez, y que al encontrarse los dos en España y enterarse Cortés de su casamiento con Francisca de la Cueva, se mostró algo molesto y así se lo insinuó. Si quiso de veras a una u otra hermana, no está muy claro, pues mayormente lo que le llevó a casarse con ambas, si bien más con la primera, fue por adquirir mayor influencia en la corte y silenciar ciertos pleitos que se le habían puesto, incluyendo el embargo de algunas de sus propiedades en Sevilla y en otras partes de España e Indias, lo cual pronto logró. En cuanto al sentimiento de Beatriz, siendo Alvarado ya viejo, es probable que haya sido más por admiración que por amor puro o meramente carnal. Estuvieron casados más o menos un año. Lo que sí sabemos a ciencia cierta es que su verdadero amor, la mujer por la que suspiraba y a la que tenía muy cerca de su corazón, era Luisa Xiconténcalt, o la princesa Teculihuatzin, su fiel compañera y madre de su muy querida Leonor de Alvarado Jicotenga Tecubalsi, su hija mestiza, con la que casó después Francisco de la Cueva, hermano de Beatriz, por haberlo querido hacer así el propio Pedro de Alvarado estando todos en España. Esta Luisa fue hija de Xiconténcatl *el Viejo*, de Tlaxcala, dada por él a Cortés y éste a Alvarado en señal de paz y bautizada con dicho nombre. Ya había tenido Alvarado su hija Leonor (nacida en la ciudad de Utatlán, Guatemala) al casar con Francisca de la Cueva, en cuyo momento contaba con cuarenta y tres años de edad, y cojeaba de una pierna por un flechazo sufrido en Acajutla. Además de Leonor, Alvarado había tenido otros cinco hijos: Pedro de Alvarado; Diego Alvarado, llamado *el mestizo;* Inés Alvarado; y Anita Alvarado, desconociéndose quién fue la madre de los cuatro. También tuvo otro hijo llamado Gome, con una moza española que conoció en la isla portuguesa Tercera. No tuvo ninguno ni con Francisca ni con Beatriz de la Cueva. Doña Luisa, compañera inseparable de Alvarado en la mayoría de sus viajes en México, le acompañó también con su hija Leonor al Perú, y al poco tiempo de regresar a Guatemala, posiblemente en 1535, murió la muy noble princesa india y fue enterrada en la iglesia mayor de esta ciudad.

Vida en América

Llegó Alvarado con su esposa Beatriz al Puerto de Caballos, Honduras, después de hacer escala en Santo Domingo, en abril de 1539 (donde permanecieron por cinco meses), y fueron agasajados como correspondía a personas tan famosas e ilustres. Valga apuntar que el cronista Oviedo da como fecha de llegada a Guatemala principios del mes de abril de 1530, es decir, nueve años antes, lo cual indudablemente tiene que ser un error. Según el *Diccionario de Historia de España* (ob. cit. I, pág. 194), la llegada oficial es la susodicha de 1539, lo cual es corroborado por otros autores. Quizá Oviedo se referería a su primera llegada después de haber viajado a España, en cuyo caso vendría acompañado no de Beatriz sino de su hermana Francisca. Pero tampoco esto es cierto, pues Alvarado desembarcó en Veracruz, México, acompañado de su primera esposa doña Francisca en 1528, perdiéndola a los pocos días. O lo de Oviedo es una errata, o quiso decir 1539 y no 1530, pues coincide también en el mes. De todas formas, nos guiamos y tomamos por ciertos los datos dados por el DHE. Andrián Recinos da septiembre como el mes de llegada a Guatemala[17] y, caso curioso, Fuentes y Guzmán la fija el 4 de abril (1539).[18] A Guatemala llegaron el 15 de septiembre.

Gobernación de Beatriz de la Cueva

Según Remesal, Beatriz de la Cueva tuvo siempre que ver, sino directa, indirectamente, en la gobernación de Guatemala mientras la tuvo su esposo, y así dice que *no tenía poca mano en el gobierno*[19] con lo cual se ve, como queda dicho, que era mujer decidida y ambiciosa. Esta participación tiene que haberse hecho más real y evidente al ausentarse él en la siguiente expedición que le habría de llevar a las Molucas, según se tenía previsto, y antes al dirigirse a Honduras en auxilio de Andrés de Cereceda. Parte Alvarado hacia México el 25 de mayo de 1540, y deja de suplente gobernador a su cuñado Francisco de la Cueva, y nunca más volvió, tal como presentía su mujer. El carácter inquieto de este indomable hombre lo llevaba a moverse de un lado a otro constantemente; es decir, que no paraba de buscar nuevas aventuras en las que ganar aún más honra. Veamos cómo doña Beatriz llegó a ocupar el cargo. Unos dicen que ella misma se declaró gobernadora, y entre ellos el propio Remesal: *Y con todos estos extremos excedía su ambición las lágrimas, y el deseo de mandar a la falda del monjil y pliegues de la toca, y así, en acabando las obsequias de su marido, que duraron nueve días continuos, no obstante la carta del virrey, llamó a su casa al obispo y a los alcaldes y regidores de la ciudad y trató con ellos que la eligiesen gobernadora en lugar del adelantado, con la misma autoridad y poder que él tenía.*[20] Temía Beatriz, además, de que si fuese elegido su hermano la gobernadora sería su mujer, doña Leonor, lo cual no le sentaba nada bien. Una vez hechas las consultas pertinentes en reunión del consejo, se decidió acceder a su petición y concederle la gobernación, con excepción de un voto contrario que fue el del alcalde Gonzalo Ortiz *para no admitir a una mujer por gobernadora y en aquella sazón con muy pocos indicios de ser cristiana, ni cuerda.*[21] *E luego los dichos señores alcalde y regidores susodichos, por presencia del señor obispo desta provincia y del licenciado Francisco de la Cueva, dijeron: que ellos todos la elegían e nombraban en nombre de Su Majestad por tal gobernadora desta provincia e gobernación, hasta tanto que Su Majestad provea cerca de la gobernación lo que más a su servicio convenga. E que todos la obedecerían e guardarían sus mandamientos como mandamientos de Su Majestad, hasta tanto que Su Majestad les provea de gobernador según su real servicio sea. E luego la dicha señora Beatriz de la Cueva juró sobre la cruz de la vara de la gobernación en forma de derecho, que guardará y cumplirá las cosas siguientes PRIMERAMENTE que guardará el servicio de Dios e de Su Majestad. E que en ello pondrá la diligencia que le fuere posible. E todas las otras cosas que el licenciado Alonso Maldonado juró e prometió guardar al tiempo que fue recebido por juez de residencia desta gobernación. E que donde hubiere menester consejo de letrados e personas sabias, el suyo no alcanzado, lo tomará pudiéndolo haber. E a la absolución del dicho juramento dijo:* Sí juro y amén.[22] Ya nombrada y jurada gobernadora el 9 de septiembre de 1541, doña Beatriz propuso y nombró a su hermano, Francisco de la Cueva, teniente gobernador, que fue aceptado por todos. Esto hizo, según Fuentes y Guzmán, reconociendo la Gobernadora que el ser mujer le impedía muchas ejecuciones del gobierno.[23] En el acta oficial de su nombramiento como gobernadora, firmó de su puño y letra Doña Beatriz, *La sin ventura*, pero después tachó su nombre dejando únicamente *La sin ventura* (valga anotar que en esto hay varias teorías, diciendo unos que lo hizo adrede y otros que no, como son los casos de Remesal, Fuentes y Guzmán y Ximénez). En otras palabras, quedaba entre ambos hermanos el poder absoluto de la gobernación de Guatemala. Hay que añadir aquí que doña Beatriz no sólo se sintió con derecho a reclamar la gobernación por ser la viuda del gobernador, sino, además, por haberla declarado él su heredera universal, según testamento que pudo hacer poco antes de morir. *Y porque tenía hecha compañía con el virrey don Antonio de Mendoza sobre el descubrimiento de la costa del poniente* (Molucas) *e islas del mar de Sur, manda a sus herederos que la cumplan según en ella se contiene en todo y por todo y deja por su universal heredera del remanente de sus bienes a su mujer doña Beatriz de la Cueva.*[24] Enterado el virrey Antonio de Mendoza de la decisión que se había tomado, nombrando a doña Beatriz gobernadora y a su hermano Francisco de la Cueva teniente gobernador, escribió aprobándolo y dando órdenes que se respetasen y acatasen su autoridad.

Muerte de Alvarado y triste fin de Beatriz

Triste y espantosa muerte tuvo esta infausta dama, de la que nos hablan no pocos autores por el valor histórico que encierra. La noticia de su muerte llegó a Guatemala el 29 de agosto de 1541, por carta del virrey Antonio de Mendoza fechada en México un mes antes. Veamos primero la muerte de Alvarado y después la de Beatriz. Para la una dejaremos que nos la narre Bernal Díaz del Castillo, y para la otra a Antonio de Remesal. Habla ahora Bernal Díaz:

Y ya que estaban para hacerse a la vela (hacia las Molucas o islas de la Especería) le vino una carta que le envió Cristóbal de Oñate, que estaba por capitán de ciertos soldados en unos peñoles que llaman de Nochistlán, y lo que le envió a decir que, pues es servicio de Su Majestad, que le vaya a socorrer con su persona, y soldados, porque está cercado en partes que si no son socorridos no se podrá defender de muchos escuadrones de indios guerreros y demasiadamente esforzados que están en muy grandes fuerzas y peñoles, y que le han muerto muchos españoles de los que estaban en su compañía, y se temía en gran manera no le acabasen de desbaratar, y le significó en la carta otras muchas lástimas, y que a salir los indios de aquellos peñoles victoriosos, la Nueva España estaba en gran peligro. Y como don Pedro de Alvarado vio la carta y las palabras por mí memoradas, y otros españoles le dijeron el peligro que estaban, luego sin más dilación, mandó apercibir ciertos soldados que llevó en su compañía, así de [a] caballo como arcabuceros y ballesteros, y fue en posta a hacer aquel socorro; y cuando llegó al real estaban tan afligidos los cercados que si no fuera por su ida estuvieran mucho más, y con su llegada aflojaron algo los indios guerreros de dar combate, mas no para que dejasen de dar muy bravosa guerra como de antes andaban.

Y estando una capitanía de soldados sobre unos peñoles para que no les entrasen por allí los guerreros, defendiendo aquel paso, parece ser que a uno de los soldados se le derriscó el caballo y vino rodando por el peñol abajo con tan gran furia y saltos por donde don Pedro de Alvarado estaba que no se pudo ni tuvo tiempo de apartarse a cabo ninguno, sino que el caballo le encontró de arte que le trató mal, y le magulló el cuerpo, porque le tomó debajo; y luego se sintió muy malo, y para guarecerle y curarle, creyendo no fuera tanto su mal, le llevaron en andas a curar a una villa, la más cercana del real, que se dice La Purificación; y en el camino se pasmó y llegado a la villa luego se confesó y recibió los Santos Sacramentos, mas no hizo testamento y murió (conforme a otros autores sí hizo testamento antes de morir. Fuentes y Guzmán dice que hizo testamento con el obispo Marroquín, antes de partir para las Molucas; véase ob. cit. págs. 143–44).[25]

Ya dijimos que Alvarado murió el 4 de julio de 1541, y que la noticia llegó a Guatemala el 29 de agosto de ese mismo año. Veamos ahora el final de la desdichada Beatriz. Al enterarse de la muerte de su marido, esta mujer enloqueció. Se sentía ahora sola, desamparada, y todos sus sueños de grandeza, de verse poseedora de fama y poder, se habían desvanecido. Al despedirse de él en camino a la Nueva España, no pensó que nunca más le volvería a ver. Atravesada de dolor y sobrecogida de incertidumbre, maldijo su existencia, blasfemó, y cayó presa de una profunda depresión que le turbó el pensamiento. Manda a enlutar toda la casa y a pintar de negro las paredes por dentro y por fuera, y se encierra a llorar incontenibleme su gran cuita. No valen consuelos, ni siquiera los de fray Pedro de Angulo al que le grita atormentada: *Quitaos de ahí, Padre, no me vengáis acá con tales sermones. ¿Por ventura tiene Dios más mal que hacerme después de haberme quitado al Adelantado, mi Señor?* Lloraba mucho — escribe Gómara —; *no comía, no dormía, no quería consuelo ninguno; y así diz que respondía a quien la consolaba que ya Dios no tenía más mal que hacerle; palabra de blasfemia, y creo que dicha sin razón ni sentido; mas paresció muy mal a todos como era razón.*[26] En un momento de arrebato, y pensando quizá en lo que hubiese sido el deseo de su marido, se proclama ella misma gobernadora y exige que se le tenga como tal. *¡Ella quería que viviera él, que viviera en su obra; su reto al universo era éste: "¡No ha muerto!" Y para perpetuar al esposo, ella se instala en su vez y lugar; para proseguir, grano a grano, minuto a minuto, todo lo que él hubiera hecho. No era posible mayor vehemencia en la identificación de amor.*[27] Pero aquí es donde se destapa el carácter complejo de esta mujer. ¿Lo hizo por amor? ¿Lo hizo por mantener a través de ella el recuerdo del marido? ¿Lo hizo por temer la ruina del país que con tanto esfuerzo y sacrificio había conquistado él? ¿Lo hizo por ambición personal y por considerarse ella capaz de asumir el poder? Considerando lo poco que se sabe de su vida no hay respuesta cierta, aunque bien puede haber sido una combinación de todos estos factores, y más quizás el último. Desde luego, mujer de temple fue al dar este paso, igualándose en capacidad y disposición a tan afamado líder. *Entre tanto, ella piensa algo extraño, extraordinario; hacerse gobernadora de Guatemala ella misma, aun siendo mujer — dice de este pensamiento Gómara — y cosa nueva entre los españoles de Indias.*[28]

Pasan unos días, pocos, quizás diez. Beatriz sigue prisionera de sus desvaríos, de sus sueños, de sus angustias. Quiere y no quiere, piensa y no piensa, sufre y no sufre. Llega el once de septiembre, día de Nuestra Señora de Septiembre, son las dos de la madrugada...Remesal nos narra lo que vino después:

...tembló la tierra con tanta fuerza que jamás los indios ni españoles habían visto cosa semejante. Porque el monte que ellos llamaban volcán del Agua en cuya falda estaba fundada la ciudad, daba tantos saltos hacia arriba que parecía quererse arrancar de cuajo, o que minado todo él, quería reventar el fuego que tenía dentro de sí y volar la ciudad. Despertó la gente con tantos y tan fuertes movimientos de la tierra y dejando sus casas, porque la más fuerte era menos segura, desnudos unos, otros en camisa y el más bien arropado se rebozaba con una capa o se cubría con una ropa de levantar; la mujer más honesta apenas sacó consigo la sábana de la cama para cubrirse y la que más tiernamente quería a su hijo, por poco le dejara en la cuna con el deseo de salvarse, y desta suerte inquieta y desasosegada, no teniéndose por segura en parte ninguna, andaba por las calles del lugar llorando a voces y a grandes gritos llamando a Dios y a los santos que los favoreciesen; con tantas veras, como quien no esperaba menos que un juicio final, y sonándole la trompeta a los oídos, veía abrirse la tierra y resucitar los muertos y el infierno abierto para tragárselos... Y fue que el agua y aire que penetraban las concavidades del monte llamados arriba, o despedidos de abajo con grandísima fuerza, arrancó de la cumbre dél, más de una legua en alto, trastornándola a la otra parte de la ciudad, donde ahora está el pueblo de San Cristóbal. Y como el agua es más fácil en su movimiento, derramóse por este otro lado hacia el pueblo del Aserradero y San Juan del Obispo, haciendo grandes aberturas y canales por el monte abajo y trayendo consigo grandísimos peñascos, que rodaron hasta lo más bajo del monte. No fue una vez sola la que sintieron los vecinos este ruido, otra y otras dos tuvieron por perdidas las vidas, pensando que el monte se caía y los sepultaba en sus ruinas. Pero cuando tuvieron esto por muy cierto, fue sintiendo un grandísimo temblor y que poco después bajaba tanta cantidad de piedras del monte que parecía granizo y tan cerca de la ciudad, que llevaban tras sí las casas de los arrabales... Bajó luego tras los peñascos un gran golpe de agua mayor que el más caudaloso río y torció algo la corriente esparciéndose por la ciudad que la bañó toda, porque como estaba fundada en ladera y el agua no perdió su fuerza, arrancó y derribó muchas de sus casas, anegando gran cantidad de gente y la que más peligro corrió fue la que moraba junto al río.

La sin ventura doña Beatriz de la Cueva sintiendo el temblor de la tierra y el ruido del monte, saltó de la cama y dejando unos aposentos bajos muy fuertes, por ser las paredes de cantería, se subió corriendo a unas piezas altas donde tenía un oratorio, siguiéronla doce señoras principales que tenía en su casa, así con título de criadas como en depósito y encomienda porque sus maridos habían ido con el adelantado; y todas juntas, con mucha devoción y lágrimas, comenzaron a llamar a Dios y con más fuerza la doña Beatriz como quien entendía que le tenía más ofendido y enojado con sus inconsideraciones, y para mostrar más veras en alcanzar su misericordia se subió sobre el altar y se abrazó con los pies de un Cristo que servía de retablo y allí le decía mil amores y ternuras, porque demás de ser discreta la mujer, la necesidad y aflición en que se veía le daban palabras que significaban su gran dolor. En este tiempo tembló la tierra, y el aposento que estaba sentido de los temblores pasados, acabó totalmente de descomponerse y cayó sobre la doña Beatriz y las demás señoras que estaban con ella, y como fieles amigas no la quisieron desamparar y allí murieron todas con mucha contrición y dolor de sus pecados.[29]

Después del terremoto, el obispo de Guatemala don Francisco Marroquín mandó hacer oraciones y sufragios por la muerte de doña Beatriz y todas las demás víctimas, entre ellas Anita Alvarado, hija del Adelantado de cinco años, que muere en brazos de su madrastra, y todos los hijos de Jorge de Alvarado. Nombró capellán al bachiller Juan Alonso y pasó después esta capellanía a la iglesia mayor donde fue enterrada doña Beatriz. *Los cuerpos de las otras señoras se quedaron en la iglesia mayor antigua y después se trasladaron al convento de San Francisco de Almolonca, cuando el año 1579 aquellos padres le mejoraron de sitio y edificio; según consta por un letrero que está al lado del evangelio en la capilla mayor, que dice así:* Aquí yace la señora doña Juana de Artiaga, natural de la ciudad de Baeza en los reinos de Castilla, y doce señoras sus compañeras; las cuales todas juntas perecieron en compañía de la muy ilustre señora doña Beatriz de la Cueva en el terremoto del volcán que arruinó la ciudad vieja de Guatemala año de 1541. Fueron trasladados sus huesos a esta santa iglesia año del Señor de 1580.[30] Sobre los restos de Alvarado y Beatriz de la Cueva, Fuentes y Guzmán nos da más detalles: *Doña Leonor de Alvarado Xicotenga, hija del Adelantado D. Pedro de Alvarado, labró dos sepulcros en la capilla mayor de la santa iglesia catedral de esta ciudad de Goathemala la Nueva; el uno al lado del Evangelio, para depósito de las cenizas de su padre y madrastra, trayendo a su costa las de su padre del pueblo de Chiribito, a donde lo hizo despositar Juan de Alvarado, y las de doña Beatriz de la Cueva, de la Ciudad Vieja; ejecutando su traslación con pompa y fausto muy ilustre; y el otro sepulcro, al lado de la Epístola, señaló para sí y para D. Francisco de la Cueva su esposo. Estos dos mausoleos conocí en la santa iglesia catedral, que se demolió para fabricar la nueva que gozamos.*[31]

Hecho histórico que le da renombre

Cualquier mujer (u hombre) que en el siglo XVI se decidise a viajar a América era ya de por sí una persona excepcional, heroica. El cruzar un mar misterioso y aún desconocido, en embarcaciones frágiles y prontas a deshacerse, no era empresa de cobardes. Y vencido este primer obstáculo faltaba el otro, el de enfrentare a un futuro incierto en tierras tan lejanas e inhóspitas.

Una de estas mujeres fue Beatriz de la Cueva. Véase la estirpe noble de Beatriz y se tendrá una idea muy real de lo que tuvo que haber sido su infancia y juventud: fácil, despreocupada, segura. Esta puede haber sido la causa, o al menos una de las más importantes, por la que nunca casó, no porque no fuese bella o ventajas que ofrecer al más hidalgo de los caballeros, sino por estar acostumbrada a una vida regalada que sólo el calor paternal le podía brindar. Pero un buen día, por pasión o admiración, por compromiso o conveniencia, o quizás por ver hecha realidad una alocada aventura con la que alguna vez soñó, se encontró en puerto andaluz lista a embarcarse con rumbo a las lejanas Indias. Y, junto a ella, cogidos ambos fuertemente de la mano, nada menos que don Pedro de Alvarado, el abatidor de cuarenta reyes y el que hizo prisionero al poderosísimo emperador azteca. Muerto él, y en aquel incipiente nuevo reino de Guatemala, casi acabado de conquistar, desordenado y hostil, una mujer, sola, viuda, y acongojada, dio a valer su autoridad tratando de imponer orden donde faltaba al desaparecer figura tan central como la de su marido. Mucho extrañó su decisión y mucho dio de qué hablar. Unos la apoyaron y otros la desdeñaron. Finalmente el Cabildo, tomando en cuenta su persona y los derechos que le pertenecían como esposa legítima del que había conquistado aquellas tierras, dio su sello de aprobación mientras se informaba al virrey Velasco y posteriormente al rey que habría de dictaminar el caso. No interesan las causas que llevaron a doña Beatriz a dar este paso. Lo que sí interesa es saber que esta mujer, en aquellos difíciles tiempos y circunstancias, y con no otro aliado que su fortaleza de corazón y férrea voluntad, y aun siendo mujer, hizo función de líder tal y cual lo hubiera hecho el propio Alvarado. Un ejemplo más de la magnanimidad de la mujer española.

MARÍA ARIAS DE PEÑALOSA —
La gobernadora leal

Pasamos ahora de Andalucía a Castilla, a la incomparable Segovia, y a esta otra mujer que dio brillo y honra a su estirpe y a su tierra natal. Nos situamos también en el siglo XVI, en Nicaragua, en aquellos turbulentos y exaltados primeros años en que el español estaba enfrascado en la conquista y gobierno de este país. Ya sabemos que los principales focos colonizadores españoles en Indias fueron primero Santo Domingo, o La

Española, y después la llamada Castilla del Oro, que comprendía el litoral americano entre el golfo de Darién y el cabo Gracias a Dios. Nicaragua formaba parte, pues, de esta región, a la que se llamaba Veragua, situada al occidente del istmo de Panamá y que fuera descubierta por Cristóbal Colón durante su cuarto viaje en 1502. Nicaragua fue explorada por Gil González Dávila en 1522–23, y conquistada por Hernández de Córdoba, fundador de León y Granada en 1523–24. Esta es la época y la tierra en la que vivió por muchos años María de Peñalosa y en la que dio muestras de su exepcional personalidad y proceder. Pero vayamos por partes sin adelantarnos a los acontecimientos. Veamos quién fue esta preclara mujer y el porqué la hemos hecho figurar en estas páginas.

Su persona

María de Peñalosa fue, antes que nada, una madre ejemplar. Ya veremos más adelante los muchos hijos que tuvo y cómo los atendió y cuidó de ellos. Y se comprenderá fácilmente que el ser una buena madre en aquellos años era en sí una enorme hazaña, dadas las dificultades de encontrarse en tierras extrañas y rodeada de formas de ser y costumbres tan distintas a las propias. No era igual criar a un hijo, y muchos menos a varios, en Segovia que en Nicaragua, lo cual, ya en sí, le da a esta mujer un valor extraordinario. Es de notar, también, el amor que reinaba en esa familia, sobre todo el de los hijos varones hacia la madre, y no menos el que existía entre marido y mujer. Fue, pues, gran matrona de una familia numerosa, querida y respetada por todos y, por si fuera poco, amante y fiel hija.

Pero fue mucho más. Aunque no se ha escrito mucho acerca de ella, casi todos los autores consultados coinciden en afirmar que lo que más resalta en ella es su nobleza de espíritu, su esforzado corazón, su elevado don de madre y esposa, y ser mujer más que capaz para afrontar momentos muy difíciles en los que siempre demostró gran piedad y comprensión. Y estos momentos difíciles fueron siempre en relación a su familia, a su esposo e hijos, a los que siempre defendió y apoyó contra fuerzas poderosas tanto en la península como en Nicaragua, desde el rey y el Consejo Real de Indias, y aun la misma Inquisición, hasta clérigos y oficiales de la Audiencia de Guatemala. Esta no era mujer fácil de intimidar o de doblegar al tratarse de asuntos que tuviesen que ver con su familia, a la que protegía como una leona. Muchas veces se vio sola, rodeada de enemigos no sólo del marido sino de su propio padre, el férreo Pedrarias Dávila, y después de sus dos hijos mayores, pero ninguno de ellos logró desanimarla o hacerle mella, manteniéndose firme y resoluta, dueña de su persona y de su casa. El marqués de Lozoya nos la presenta así: *Estaba ésta* (doña María) *bien capacitada para ser la mujer de un conquistador; dotada de todas las cualidades de los de su linaje, era enérgica y activa, ambiciosa y prudentísima; sobre su firme corazón habían de caer, sin rendirlo, todas las amarguras como esposa y como madre, todas las humillaciones como dama.*[32] También se dice que fue mujer ambiciosa, hija de su padre, y que ella fue, quizás, la que impulsó a su marido a aceptar el cargo de nuevo gobernador de Nicaragua. Ya se verá más adelante a esta mujer en plena acción, cuando le tocó echar sobre sus hombros la enorme carga que representaba lidiar con tanta pasión desatada en aquella región.

Datos biográficos de María de Peñalosa

Como las otras mujeres, María de Peñalosa pertenecía a una familia noble de Castilla la Vieja, de la vetusta y majestuosa ciudad de Segovia, de la misma tierra donde fue proclamada reina Isabel la Católica y que vio nacer a tantos personajes célebres de España. Allí nació, aunque se desconoce su fecha de nacimiento, en el palacio de los Arias-Dávila en el vecindario de San Martín la mayor de las hijas de Pedrarias Dávila (su nombre era propiamente Pedro Arias Dávila), gobernador a la sazón de Nicaragua, y de Isabel de Bobadilla, que había sido dama de Isabel la Católica. Su padre era hermano del primer conde de Puñonrostro, y en su familia figuraban célebres personajes segovianos, como Diego Arias (su abuelo), contador de Enrique IV, y Juan Arias-Dávila, obispo de Segovia, entre otros. Se crió en la corte y fue apodado el *Gran Ajustador*, por su bizarra conducta en las guerras de Granada y en el norte de África, especialmente en la toma de Orán y de Bugía. Su madre era sobrina, por su hermano, de la marquesa de Moya, mujer muy dispuesta y esforzada, que fue la que entregó la ciudad de Segovia a los Reyes Católicos cuando fue invadida por los portugueses.

Datos biográficos de Rodrigo de Contreras

Su nombre completo era Rodrigo González de Contreras y de la Hoz, nacido en Segovia, probablemente en 1502, y fallecido en Lima en 1558. Procedía de una familia muy noble y distinguida, *la cual se estableció en Segovia en el siglo X, siendo el fundador del solar Fernán Sassa de Contreras, Infanzón, sobrino del Conde Fernán González (hijo a lo que se dice de González Teliz, hermano del Conde). En los nobiliarios se encuentra también una enumeración de los primogénitos de esta familia, de la cual proceden las del mismo apellido en Ávila, Jaén y otros sitios. Parece más probable que la familia, venida del norte, se asentara en la ciudad en tiempo de Alfonso VI; en el siglo XIII era ya en ella poderosa.*[33] Su padre fue el licenciado Fernán González de Contreras, heredero del mayorazgo, que ocupó varios cargos distinguidos en los Consejos Reales, y su madre doña María de la Hoz, hija el regidor Juan de la Hoz. Según lo describe el marqués de Lozoya, era de gentil disposición, muy prudente y bien criado.[34] Fue nombrado por el Emperador Carlos V gobernador de Nicaragua, donde llegó en 1535. Allí, durante su mandato, se exploró el cráter del volcán Masaya y el río San Juan; en 1536 reconoció la región del río Yara a la que le puso por nombre Segovia, y donde en 1543 se fundó la ciudad de Nueva Segovia. Fue procesado varias veces por la Inquisición y el gobierno pero salió absuelto. Para el resto de su vida léase todo lo demás que sigue hasta el final.

Casamiento y descendencia

Piénsase que María de Peñalosa casó con Vasco Núñez de Balboa, el descubridor del Pacífico, pero no fue así (Bernal Díaz del Castillo así lo dice, entre otros). Si bien estaba comprometida con él, lo cierto es que el matrimonio nunca llegó a consumarse y que casó con Rodrigo de Contreras, su verdadero y único esposo. *Tuvo, entre otros hijos (Pedrarias Dávila), a María de Peñalosa, así denominada en atención al linaje de su abuela materna, según costumbre de la época, la cual no fue mujer de Vasco Núñez de Balboa, como se ha asegurado, sino meramente su prometida. Porque cuando dicha doña María Arias de Peñalosa tuvo edad para casarse y pasar a Indias, ya hacía años que Pedrarias había reñido con su presunto yerno Vasco Núñez y le había hecho cortar la cabeza.*[35] Dejemos que el marqués de Lozoya nos relate el matrimonio:

> Las capitulaciones matrimoniales fueron concertadas entre el licenciado de Contreras y Doña María de la Hoz y Morales por parte del novio, y por Doña Isabel de Bobadilla, en nombre del Señor Gobernador Pedrarias, por la de la novia y firmáronse por las partes el día 30 de Septiembre de 1523 ante el escribano Juan de Miranda; según ellas, comprometíanse los Contreras a aumentar el mayorazgo de su hijo con la heredad de Cabañas y otros bienes, y los Arias-Dávila dotaban a doña María en 4,000 ducados de oro. En los primeros días del año 1524 celebráronse las bodas, por las cuales, Rodrigo de Contreras, descendiente de apacibles hidalgos segovianos, quedaba ligado a aquella familia inquieta y aventurera, de cuyas extrañas prosperidades y malaventuras estaban destinados a participar.[36]

La descendencia de la pareja fue numerosa, como lo fue la del padre de doña María, aunque la de ella fue mayor, más fecunda. Tuvieron en total once hijos (Pedrarias había tenido ocho) que fueron los siguientes:

El primero fue un varón, Hernando, nacido en 1525, o sea, al año de casados. Le siguieron Pedro, Alonso Diego y Basco, y de las hembras Isabel,

Beatriz, María, Constanza, Gerónima y Ana. Al tercero, Alonso, el padre se lo había llevado a España en su segundo viaje y la madre nunca más lo volvió a ver, pues murió al poco tiempo de morir él y no llegó a enterarse. Además, aunque no se menciona en la genealogía, tuvo otros hijos que murieron al nacer o poco después, sin saberse exactamente cuántos. Todos los hijos casaron bien, y una, Ana, se hizo monja en el monasterio de San Antonio el Real de Segovia, y otras tres casaron en Lima, María, con don Pedro de Córdoba, Constanza con don Juan Tello de Sotomayor, y Gerónima con el licenciado Polo de Ordegardo. Basco de Contreras casó en la ciudad de La Paz con doña Teresa de Ulloa y de la Cerda, hija del capitán Antonio de Ulloa, y posteriormente fue nombrado por el virrey del Perú, conde de Villar, Corregidor de la provincia de Collasuyo del Collao. Pedro de Contreras casó con la muy noble doña Bernarda de Zúñiga y Mendoza, sobrina de don García Hurtado de Mendoza, marqués de Cañete, virrey del Perú, quien le nombró Corregidor de la provincia de Omasuyo y de otros pueblos. Muchos de ellos se establecieron en Perú y llegaron a ocupar grandes cargos que desempeñaron dignamente, con lo cual honraron a sus padres, don Rodrigo y doña María de Peñalosa.

Viaje a América

Dejaremos que nos relate este hecho el marqués de Lozoya:

> Difícil empresa era para el nuevo Gobernador la de trasladar a Indias su casa, ya muy embarazosa, y su familia, numerosa ya. Eran muchas sus heredades y sus obligaciones y muy niños sus hijos; el viaje para el que se aprestaba era tan largo y en aquel tiempo tan temeroso, que los preparativos habían de ser muy complicados.
>
> La noticia de su partida produjo revuelo en la ciudad y muchos parientes y allegados, excitada su ambición, quisieron correr la aventura juntamente con el mayorazgo… Así pues, no nos parece mucho tiempo el que tardó Rodrigo de Contreras en despachar sus asuntos y ponerse en disposición de partir. A 12 de Septiembre del mismo año de 1534 obtuvo una provisión de los señores del Consejo en la que se ordenaba a los oficiales de la Casa de Contratación de Indias en Sevilla que diese toda suerte de facilidades al nuevo Gobernador para proveerse en la ciudad y comarca de lo necesario para seguir el viaje a su provincia de Nicaragua con su mujer e casa y que le favoreciesen como a persona que va en servicio de Su Majestad.
>
> En los comienzos de Diciembre del referido año se aprestaba ya el caballero a emprender su peligroso viaje… Sin embargo era ya entrado el año de 1535 cuando pudo abandonar la vieja tierra de España, levando anclas el buque que le conducía en el Puerto de San Lúcar que era en aquella época uno de los que mantenían mayor tráfico; iban con él doña María de Peñalosa y sus hijos, salvo dos de las hembras, doña Beatriz de

Bobadilla y doña Ana de Contreras, que permanecieron en Segovia a la guarda del Canónigo Juan de Contreras, su tío, el cual quedó habitando la casa solariega.

Por de mal augurio pudo tomar el nuevo Gobernador su penosa travesía de los dos mares, en la cual el buque fue combatido por tempestades y adversos vientos... Llegó al cabo el navío a Panamá y desembarcaron nuestros viajeros en este puerto... Allí el malsano ambiente y el calor húmedo y aplanador del trópico conmovieron de tal manera la naturaleza de Rodrigo de Contreras, formada y habituada en el frío y seco clima segoviano que le ocasionaron una larga y penosa enfermedad. Cuando este nuevo contratiempo se lo permitió, abandonó Panamá y dirigióse a su gobierno de Nicaragua a donde llegó a fines de Noviembre de 1535, fatigado por el viaje y desalentado de tales comienzos.[37]

Muerte de María de Peñalosa

Murió el 25 de mayo de 1573 en su casa de Lima, siendo asistida por su buen amigo el Arzobispo. Se le enterró, junto con su marido, en el Convento de la Merced de Lima.

Hecho histórico que le da renombre

Uno de los aconteceres que le da un aire de gran majestuosidad y humanismo a esta mujer, es el haber hecho de su casa en León de Nicaragua lugar de acogida y reposo a todo aquél que se le acercaba, fueran parientes, amigos, o simplemente extraños y desconocidos en necesidad de ayuda. Mucho tenía que ver en ello su marido, pero en última instancia era ella la que los atendía y aseguraba que eran bien servidos y tratados. Al respecto nos dice el marqués de Lozoya: *Al poco tiempo de establecerse en León los Contreras pudo notarse de cuánto provecho y acrecentamiento era para la pequeña ciudad* (en la que habitaban no más de ciento cincuenta vecinos) *su estancia en ella. Ordenó el Gobernador su casa como la de los mayorazgos segovianos; esto es, de manera que estuviese siempre asistida de parientes, criados y aun de infinidad de allegados y clientes. Según declaración de muchos testigos, la casa de Rodrigo de Contreras sostenía más la ciudad que las de veinte vecinos de ella. Además de esto, era como un asilo o posada para cuantos soldados y funcionarios pasaban de unas a otras provincias en servicio de Su Majestad y aun para toda clase de pasajeros y viandantes, pues en ella y en lo que en otros pueblos poseía la familia, se ofrecía generosísima asistencia a todo el que lo demandaba, sin preguntarles siquiera su nombre o condición, cosa de gran utilidad en un país casi por completo despoblado o salvaje.*[38]

Cuando el licenciado Alonso Maldonado, presidente de la Cancillería de los Confines, llegó a Nicaragua en 1547 donde permaneció cinco meses,

Contreras y su mujer le atendieron a él y a sus acompañantes y corrieron con todos los gastos. *Durante medio año dio de comer todos los días en sus casas de la ciudad de León a treinta o cuarenta soldados principales y a cuantos se lo pedían, con sus criados y caballos, y alojaba a otros muchos en los pueblos encomendados en doña María y sus hijos, hasta el punto de que no bastándole su hacienda para estos gastos, hubo de empeñarse y quedó debiendo al regidor Hortiz muchos ducados.*[39] En otras palabras, esta magnánima mujer se hacía cargo no sólo de su casa y familia, ya muy dilatada, sino de muchísimas más personas lo cual hizo por varios años. Esto ya de por sí hace de doña María una mujer excepcional. Pero aún falta mucho por decir de ella. Veamos otros casos. En uno de los sermones dados por Bartolomé de las Casas en la iglesia de San Francisco en León de Nicaragua, este fraile pronunció palabras ofensivas contra el gobernador Rodrigo de Contreras, y al enterarse su mujer se dirigió enfucerida a la iglesia y lo mandó a callar y bajar del púlpito. Cuando el gobernador Contreras se dirigió a explorar los márgenes del Desaguadero, se encontró sin bastimentos y en situación más que precaria; enterada doña María actuó rápida y enérgicamente y le envió socorros con el capitán Machuca, aunque éste no cumplió debidamente con su encargo. Es muy probable que si no le hubiese llegado esta oportuna ayuda que le enviaba su mujer, Contreras y todos los que estaban con él hubiesen perecido de hambre en aquella remota y desolada región. En tanta estima y consideración se tenía a doña María, que cuando no estaba presente su marido para tratar de cualquier asunto de gobierno, todos se dirigían a ella, como el presidente Gasca durante su permanencia en Castilla del Oro. Así de hábil y de discreta era esta señora y tanta era la confianza despositada en ella por su marido.

Veamos ahora un suceso en el que María de Peñalosa da amplias muestras de su enérgico y resoluto caráctrer. He aquí los antecedentes. Al morir en 1542 el obispo Mendaria, el gobernador Contreras deja vaco el Deanazgo que entonces ocupaba uno de sus más enconados adversarios, Pedro de Mendaria. Aprovechando la ausencia del Gobernador que estaba en Panamá, aquél envía un exhorto a la Audiencia para que los Oidores, en nombre de la Inquisición, le culpasen de usurpador de la facultad eclesiástica. Se le encierra a Contreras en las cárceles del Santo Oficio y, aunque permanece en ella poco tiempo, se le ordena dirigirse a España para dar cuenta de los cargos. Sale de Panamá acompañado de su hijo Hernando a fines de 1542, dejando como teniente gobernador de Nicaragua a su yerno Pedro de los Ríos. Al no más hacerse cargo del gobierno, comienza a cometer una serie de tropelías que encienden la ira y rencor de sus muchos enemigos que forman un bando de oposición contra él y sus aliados. El marqués de Lozoya nos relata el resto:

El primer cuidado de Pedro de los Ríos en su mal ganado gobierno (a pesar de haber sido depuesto por la Audiencia de Panamá, se rebela contra ella y se hace recibir de gobernador), fue el de perseguir a D. Pedro de Mendaria, a sus hermanos y, en general, a todos cuantos habían ayudado con sus declaraciones a la prisión del suegro; pero era el Deán un clérigo enérgico y bullicioso, no dispuesto a dejarse maltratar mansamente; así pues, procuró reunir a sus parciales en la ciudad de Granada, que servía a la sazón de residencia a la familia de Contreras, y fueron tales su arrojo y su osadía, que logró apoderarse por medio de un golpe de mano de la persona de Pedro de los Ríos, y púsole preso en nombre de la Santa Inquisición, encerrándole en el Convento de la Merced, por ser edificio todo de piedra y el más fuerte de Granada. Sucedía esto en la noche del 12 de Mayo de 1543.

Y aquí entra en escena María de Peñalosa. Continúa con su relato el marqués de Lozoya:

D. Pedro de Mendaria encontró rival digna de él en una mujer, Doña María de Peñalosa, en cuyas venas ardía la sangre de Pedrarias Dávila. En la mañana del día siguiente, que era Pascua del Espíritu Santo, Doña María mandó echar pregones por toda la ciudad, para que los vecinos y moradores saliesen con armas y caballos a batir y asaltar el convento, bajo pena de muerte y de perdimiento de hacienda e indios. Amaban y respetaban todos en la ciudad a la dama, y se aprestaron a cumplir sus voluntades y mandatos, sin que el Ayuntamiento tratase de estorbarlo. Reuniéronse no menos de doscientos hombres (casi la totalidad de los ciudadanos) bien armados, y rodeando el convento, exigieron la libertad del de los Ríos; negóse el Deán, y se trabó una verdadera batalla, en la cual lucha murieron dos frailes, un franciscano y un lego, heridos ambos de saetas. Al cabo, como viese D. Pedro de Mendaria que las gentes de Doña María comenzaban a derrocar el convento, conoció su causa perdida, pues no la favorecían ni el Ayuntamiento ni aun la mayor parte de los eclesiásticos, y aceptó entrar en tratos, en virtud de los cuales dio suelta al preso, obligándole a jurar primero sobre el ara de la iglesia que no "procedía ni sería desaguisado alguno a ninguno de todos los que habían benido con el dean en favor de la Santa Inquisición."[40]

Y he aquí otro episodio en el que intrervino doña María, demostrando como siempre su fibra heroica. Una vez alcanzado el triunfo de los hermanos Contreras, Juan Bermejo y los otros sublevados, y habiendo dado muerte al gran adversario el obispo Valdivieso, se hizo presa de la ciudad el afán de venganza contra los adversarios, momento en que doña María, siendo tan cristiana y de buenas entrañas, se interpuso entre las filas de unos y otros gritando a toda voz *"Non matéis a los vecinos de Granada."* *Vióla Juan Bermejo y se echó a sus pies con rendido acatamiento diciendo: "Eh, señora mía, vuestra Merced no ha de venir aquí que son unos traidores," pero al cabo consistió en perdonar las vidas y entonces la dama se recogió a su casa.*[41]

Hay un aspecto en la vida de esta mujer que bien pensado nos asombra y nos hace admirarla y respetarla aún más, y es las muchas veces que quedó sola en Nicaragua mientras su marido viajaba a España, y cómo se las arregló en cada ocasión para salir adelante. Y nos asombra porque no era aquel tiempo ni lugar para una mujer sola, sobre todo teniendo ella y su marido tantos enemigos poderosos, gentes que les guardaban a los dos muy mala y enconada voluntad. Pero mientras más sola se quedaba, más despertaba en ella el sentido de la responsabilidad y el deber, y con más brío afrontaba todos los contratiempos y vicisitudes. Desde luego tiene que haber sufrido enormemente en el último viaje a España que hizo su marido para protestar por la expoliación de sus propiedades, ocurrido ya avanzado el año de 1548, máxime cuando se llevó consigo a Hernando y Pedro siendo aún pequeños, mientras ella se quedaba realmente desamparada, salvo de la compañía de algunos prosélitos, a cargo de la familia y de los interminables problemas en su nueva residencia de Granada. ¿Volvería a verlos a los tres? ¿Qué sería de ella y de sus otros hijos si algo les ocurriese? Todas estas interrogantes tienen que haberle pasado por la mente y colmado de incertidumbre y desasosiego, pero en ningún momento enflaqueció su corazón. "Vete, aquí me quedo, y no te preocupes que yo me las arreglaré con el favor de Dios," tiene que haberle dicho al angustiado Contreras.

Pero a pesar de su rigidez de carácter, cuando las circunstancias se lo imponían, doña María poseía tierno y compasivo corazón. Al recibir carta de su marido a principios de 1550 explicando que sus asuntos en España no marchaban bien, principalmente por el continuo acoso de su acérrimo enemigo el obispo Antonio de Valdivieso, y al enterarse los hijos, Hernando y Pedro del contenido de la carta, *hallaron a su madre toda en lágrimas, sumida en la mayor aflicción.*[42] Pero ella, en realidad, no se los quería decir y tuvieron que arrebatarle la carta que apretaba contra su pecho. Esto fue en realidad lo que rebasó la copa y llenó de cólera a ambos hijos, pues no podían sufrir ver a su querida madre en aquel estado, ni tampoco a su padre humillado y sumido en penas, razón por la cual, e incitados por las ambiciones y conjura de Juan Bermejo, se sublevaron tomando un camino que a la larga resultó aciago para la familia. Este Juan Bermejo era uno de los principales pizarristas que fueron desterrados del Perú , y que soñaba no sólo con el desquite sino con hacerse co-dueño del Perú, proclamando a Hernando Contreras rey o emperador de ese reino. En tal trampa cayeron los hermanos Contreras, llevados por el odio de muchos años, significando al final su ruina. Los hermanos Contreras, Hernando y Pedro, desaparecieron más tarde misteriosamente en los bosques de Panamá.

La conjura de los hijos con los pizarristas y sus planes de apoderarse del Perú, fue un duro golpe para doña María que temía por un lado perder a sus hijos, y por el otro que manchasen así el buen nombre de los Contreras y traicionasen su fidelidad a la Corona. Trató de evitarlo pero no pudo, a pesar de tener gran dominio sobre sus hijos. El marqués de Lozoya nos da detalles:

> Con mayor injusticia obró aún el Licenciado (Pedro de La Gasca) pretendiendo basarse para sentar la culpabilidad de la madre de los sediciosos en una carta de esta señora dirigida a Hernando de Contreras, su hijo, la cual se encontró en Taboga. La desventurada dama, viendo que sus lágrimas no podían detener a sus hijos en el camino emprendido, escribió esta carta y la mandó a Taboga para que en este punto, antes de llegar a Panamá, la recibieran los jóvenes rebeldes y fuese parte a detenerles en su mal designio; en ella, con suavidad y delicadeza de madre amonesta a Hernando por el levantamiento y se duele de la muerte del Obispo, la cual dice la habían ocultado, y tornaba rogándole sobre todo que no se apartasen del servicio del Rey, como su sangre de leales caballeros les obligaba... Basado, pues, en datos tan vagos el Licenciado de la Gasca hizo que el Gobernador de Tierra Firme emprendiese la información contra la dama y se diera a ella comienzo en Nombre de Dios con las declaraciones de los de la fragata y la del indio. Para atender a las resultas atendió el Gobernador en persona..., al secuestro de una cantidad que un vecino de Panamá, llamado Juárez, adeudaba a la dama, y del galeón "Spiritu Santo," con sus fletes, y envió traslado a la Audiencia de Lima para que secuestrase los cuantiosos bienes que la acusada poseía en el Perú.
>
> Doña María de Peñalosa que, abrumada por tantos infortunios lloraba en Granada la más tremenda de las penas que pueden agobiar en el corazón de una madre cristiana, el perder a sus hijos y el pensarlos perdidos por toda la eternidad, vióse envuelta, en ausencia de su marido, en las redes de un enojoso proceso y sin más amparo para desasirse de ellas que su bien templado corazón de castellana.[43]

La situación en Nicaragua resultaba intolerable para los Contreras. Regresa Rodrigo de España a finales de 1550, abatido por el fracaso de su empresa, y se entera de la conducta de sus hijos y de los sinsabores por los que había atravesado su mujer. Exhaustos ya de tanta lucha, deciden probar mejor suerte en Lima y allá se dirigen con la venia del Emperador. Se instalaron en Lima con muy bien concierto y rodeados de amigos, entre ellos el viejo amigo el arzobispo D. Gerónimo de Loaysa, y aún Rodrigo de Contreras participó en la contienda con el sublevado Hernández Girón. Llega el año de 1558, y el abrumado Gobernador, ya con casi sesenta años a cuestas, entrega su alma a Dios muriendo apacible y piadosamente.

Murió quince años antes que su mujer. Como resumen de su vida, he aquí estas palabras del marqués de Lozoya:

> Es muy importante figura la de este segoviano, Rodrigo de Contreras, cuya vida y aventuras hemos seguido y al que hemos visto extinguirse de tan apacible modo. Gobernador de extensos territorios, se mostró prudente en el gobierno, muy favorecedor de los indígenas y muy servidor de la Majestad, sobre todo en el alzamiento de Gonzalo Pizarro. Sus descubrimientos fueron utilísimos. Él llevó a cabo los primeros tanteos verdaderamente prácticos para la comunicación de los dos Océanos, empresa hoy realizada, cuya posibilidad fue acaso el primero en vislumbrar y de la cual debe ser considero como precursor.
>
> Combatisísimo, como fue, entre una hoguera de pasiones exaltadas, hemos de reconocer que su mano fue dura, y que su gobierno, independiente como el de un Rey, se hubo de hacer pesado a sus enemigos, pero al juzgarle, bueno será considerar primero la época, aquel siglo XVI de tan recia enjundia, y el lugar, una recién descubierta provincia de las Indias, en que gobernó, y veremos entonces justificados muchos actos que nos parecerían despóticos en un ambiente más suave. En todo caso no merece el olvido en que ha estado hundida la memoria de este caballero, que difundió el nombre de su ciudad, que es la nuestra, dándosele a un poblado escondido entre los bosques de Nicaragua, y perpetuó el apellido de su linaje al nombrar con él un remoto archipiélago del Océano Pacífico.[44]

ANA FRANCISCA DE BORJA —
La gobernadora eficaz

Su persona

El ponderado escritor Ricardo Palma nos da una descripción más que completa y perfecta de doña María. Dejémosle hablar:

> Dama de mucho cascabel y de más temple que el acero toledano fue doña Ana de Borja, condesa de Lemos y virreina del Perú. Por tal la tuvo S.M. doña María de Austria, que gobernaba la monarquía española durante la minoría de Carlos II; pues al nombrar virrey del Perú al marido, lo proveyó de real cédula, autorizándolo para que, en caso de que el mejor servicio del reino le obligase a abandonar a Lima, pusiese las riendas del gobierno en manos de su consorte. El conde de Bornos decía que la mujer de más ciencia sólo es apta para gobernar doce gallinas y un gallo. ¡Disparate! Tal afirmación no puede rezar con doña Ana de Borja y Aragón, que, como ustedes verán, fue una de las infinitas excepciones de la regla. Mujeres conozco yo capacs de gobernar veinticuatro gallinas… y hasta dos gallos.

Y prosigue don Ricardo con más detalles de su persona:

> Era doña Ana, en su época de mando, dama de veintinueve años, de ga-
> llardo cuerpo, aunque de rostro poco agraciado. Vestía con esplendidez y
> nunca se la vio en público sino cubierta de brillantes. De su carácter
> dicen que era en extremo soberbio y dominador, y que vivía muy enfa-
> tuada con su abalorio y pergaminos... Las picarescas limeñas, que tanto
> quisieron a doña Teresa de Castro, la mujer del virrey García, no vieron
> nunca de buen ojo a la condesa de Lemos, y la bautizaron con el apodo de
> la "Patona." Presumo que la virreina sería mujer de mucha base.[45]

Pero hay otro aspecto del carácter de la virreina muy distinto al que
nos presenta Ricardo Palma. Veamos la opinión opuesta del escritor Jorge
Basadre:

> En la primera mujer que gobierna el Perú no hay pues el ímpetu de una
> vocación. Está muy lejos de la *Mariscala*, la esposa de Agustín Gamarra,
> doña Francisca Zubiaga y Bernales, tersa y vibrante como una
> espada, amazona mestiza, sublimación y venganza de todas las rabonas
> serranas sobre las orgullosas tapadas de Lima. A doña Ana de Borja, sin
> pensarlo, sin proponérselo, la arrastran al escenario público sus deberes
> de esposa. El Conde le entrega el poder, como una ofrenda a su fidelidad.
> Y ella lo acepta con gesto pasivo, como un hijo más. Al despacho de
> graves asuntos internos e internacionales lleva un vaho de alcoba. Debió
> interrumpir el acuerdo con sus zozobras de preñada y su gobierno tan
> corto se divide en tres períodos: antes del parto, en el parto y después del
> parto. En la Condesa se encarnan la solidez, la sencillez, el encanto del
> hogar antañón. Completa una trilogía con las otras dos mujeres inmor-
> tales de la Colonia: Santa Rosa y la Perricholi. Sin llegar a una cínica blas-
> femia, cabe afirmar que la Santa Sublime del siglo XVII y la actriz
> cortesana de siglo XVIII representan los extremos de su sexo, cielo e
> infierno, santidad y pecado, alma y cuerpo. En medio de ellas, la Condesa
> de Lemos, tiene una luz tranquila, sin exaltaciones de arrebato, una tibia
> comodidad conyugal. Ni virgen ni pecadora, fecunda como una
> campesina y al mismo tiempo severa en su dignidad de gran dama y
> devota hasta en su sangre que era sangre de santos, los poetas de la época
> hubieran podido compararlas con Ceres la diosa agraria, nodriza y legis-
> ladora del género humano...[46]

Cuál de estas dos opiniones ha de prevalecer es difícil de determinar,
máxime debido a la parvedad documental que existe sobre nuestra virreina. Ricardo Palma la vio de una forma y Basadre de otra, y nosotros
como típica mujer española de su tiempo, hogareña, dulce, sensible, y a
la vez resoluta y gallarda ante el deber. Otra María de Toledo o María de
Peñalosa, sin llegar al extremo de una Isabel Barreto o Beatriz de la Cueva.

Datos biográficos de Ana Francisca de Borja

Doña Ana era la octava hija de don Carlos de Borja y Centellas, octavo duque de Gandía, y de doña Artemisa María Doria Colonna, hija ésta a su vez de Andrea Doria, Grande de España. Su nombre completo era Doña Ana Francisca Hermenegilda de Borja Centelles Doria y Colonna, nacida en Madrid y fallecida en la misma ciudad en julio de 1706. Descendiente de los afamados, o "infamados," según se vea, Borja (o Borgia, en italiano), familia española de gran linaje que comienza con los familiares que acompañaron a Jaime I cuando se radicó en Valencia después de conquistada Murcia. Es decir, que entre sus antepasados se encontraban un papa, un santo, y un Grande de España: Rodrigo, cardenal y pontífice conocido como Alejandro VI (el de las *bulas Alejandrinas* o *Inter Cétera*); San Francisco de Borja, miembro de la Compañía de Jesús y tercer general; y Pedro Luis que tomó parte en la guerra de Granada. También se cuentan en su familia Francisco de Borja y Aragón, príncipe de Esquilache, virrey del Perú (1615–1621), y Juan Borja, gobernador y presidente del Nuevo Reino de Granada, tomando posesión de su cargo en 1605, ambos descendientes de San Francisco de Borja. Doña Ana nació en Gandía y fue bautizada en la Colegiata de esta ciudad el 22 de abril de 1640.

En cuanto a su cargo de virreina, dejemos que el historiador peruano José M. Valega nos dé detalles de cómo lo obtuvo:

> El célebre Conde se trasladó a Puno para cumplir su deberes soberanos, y dejó en Lima, debidamente autorizada, a su esposa como virreyna, la primera mujer que ejercitó tan señalado privilegio. Doña Ana de Borja, dama distinguida de la nobleza de España, hija del Duque de Gandia, ejercitó autoridad en el Perú durante seis meses— 4 de junio a 3 de noviembre de 1668 —con beneplácito general, mientras su esposo cumplía, en Laicacota, su cruel función exterminadora de los rebeldes.[47]

Poco después de la muerte del conde regresó a España donde murió.

Datos biográficos de D. Pedro Antonio Fernández de Castro y Andrade, X conde de Lemos

Nacido en Monforte, Galicia, en octubre 20 de 1632, y fallecido en Lima en 1672. Su nombre y títulos eran: D. Pedro Antonio Fernández de Castro (III) y Portugal, X conde de Lemos, VII marqués de Sarriá, VIII conde de Villalba, VII de Andrade, VIII di Castro (Nápoles) y otros. Era hijo de Don Francisco Fernández de Castro, IX conde de Lemos, que fue virrey de Aragón y de Cerdeña durante el reinado de Felipe IV. Familia distinguísima oriunda de Monforte, Galicia. El título de condes de Lemos fue creado por el rey Enrique IV de Castilla en 1456. Durante el reinado de los Austrias, el título de esta familia estaba vinculado a la de los Castro por matrimonio de Beatriz de Castro Osorio, III condesa, con Dionis de Portugal, hijo del III duque de Braganza. Prefirieron el apellido Castro al de Portugal y así lo ostentaron todos sus descendientes. Es interesante notar que el VII conde de Lemos, Don Pedro Fernández de Castro, bisabuelo del X conde de Lemos, virrey de Nápoles y presidente del Consejo de Indias, fue protector de algunos de los más ilustres escritores españoles del Siglo de Oro, entre ellos Cervantes y Lope de Vega. Todos sabemos que Cervantes le dedicó la Segunda Parte del *Quijote* y *Los trabajos de Persiles y Sigismunda*, como lo testimonia en la dedicatoria del primero.

El X conde de Lemos fue nombrado por Carlos II virrey del Perú (el décimo noveno), el cual gobernó desde 1667 hasta su muerte en 1672, cuando la Real Audiencia toma el poder hasta 1674 en que se lo entrega al conde de Castellar. Se le considera hombre severo y de justicia implacable las que demuestra al rebelarse José Salcedo en Puno, ejecutándolo junto con otros cuarenta y tantos. Su fervor religioso lo llevaba a cometer extremos tales como barrer él mismo el piso de la iglesia de los Desamparados, prohibir pintar cruces donde pudieran ser pisadas, y ordenar que todos se arrodillasen al toque de oración; además, no faltaba a misa todas las mañanas en la que permanecía no menos de tres horas después de haber confesado y comulgado.

Casamiento y descendencia

Casó en Madrid con el X conde de Lemos, don Pedro Antonio Fernández de Castro, su segundo esposo, en 1664. El primer esposo había sido don Enrique Pimentel Enríquez de Guzmán, pero enviudó al año de casada. En cuanto a hijos, el matrimonio tuvo solamente dos, el primer vástago, una hembra, María Alberta Antonia nacida el 22 de abril de 1665, que más tarde fue Duquesa-consorte de Béjar, y un varón, Ginés Miguel Francisco, nacido el 16 de octubre de 1666, que fue el undécimo conde de Lemos al morir su padre. Sabemos que tuvo uno dando a luz el 11 de julio de 1668, pero se desconoce su nombre y si llegó a tener más. Jorge Basadre, autor ya citado, se refiere a la condesa diciendo que era "fecunda como una campesina," lo que no entendemos pues tuvo sólo dos hijos, como queda dicho. En carta que dirige la condesa a las religiosas franciscanas de Monforte desde Lima con fecha 12 de diciembre de 1672, pide que el cuerpo de su marido sea depositado en la capilla de Nuestra Señora de los Desamparados, en Monforte, rogando a la vez que allí mismo sea depositado el suyo a su muerte.

Hecho histórico que le da renombre

Fue designada virreina el Perú por su marido, el conde de Lemos, mediante provisión firmada por él con fecha 30 de mayo de 1668. Sobre ella recae no sólo los asuntos de gobierno sino de guerra también mientras el conde se dirige a Puno para sofocar la rebelión de José Salcedo. Parte el conde en su empresa el 7 de junio y no regresa hasta el 3 de diciembre, o sea, seis meses aproximadamente que es el tiempo en que ella permanece dueña absoluta del poder.

Guillermo Lohmann Villena nos da detalles de su nombramiento:

> … No se compaginan estas dudas y consultas con la aseveración de un autor (Romero, "La Virreina Gobernadora," en *Revista Histórica. Órgano del Instituto Histórico del Perú*— Lima, 1909, I, pp. 39–59) de que el Conde tenía premeditado, ya desde España, emprender un viaje punitivo a las Provincias de Arriba y en consecuencia, había cuidado de recabar del Monarca una Cédula, supuestamente librada el 12 de junio de 1667 [*sic*] en que se le concedía la facultad de transferir su autoridad ordinaria a las manos de su esposa, cuyas prendas e inusitadas dotes conocía sobradamente después de tres años de vida conyugal.
>
> Sea de ello lo que fuere, es lo cierto que tras largas cavilaciones, el Conde había llegado a la conclusión de que la única persona a quien podía delegar el poder durante su ausencia, en la certidumbre de que le guardaría lealtad a toda costa, era su propia consorte Doña Ana de Borja, en quien a la postre, por haber estado casada en primeras nupcias con un Virrey de Aragón y de Navarra y llevar la sangre de un gobernante del Perú, D. Francisco de Borja y Aragón, Príncipe de Esquilache, su tío-abuelo, era de esperar un lucido desempeño de tan delicada tarea. Así surgió la solución original y única en la Historia del Perú virreinal de haber regido una mujer esas comarcas. Caso tanto más notable, habida cuenta de que en estricto sentido la subrogación tiene los efectos de transfundir todas las calidades, derechos y preeminencias del cedente en el agraciado.[48]

Veamos cómo se comportó la condesa en uno de sus actos más notables como virreina, al enterarse de que el desalmado pirata inglés Henry Morgan, procedente de Jamaica, se había apoderado de Portobello (12 de julio de 1668, llegando la noticia a Lima el 31 del mes siguiente). Lohmann Villena nos da detalles:

> El suministro de ayuda a esa plaza no dependía del Perú, mas no obstante esta limitación, en cuanto la Virreina regente tuvo noticia del desagradable acontecimiento, requirió el consejo de Ibarra, atenta la gravedad del asunto y a fin de atenerse a su parecer. Al punto y sin dilación, convocó la Condesa una reunión del Acuerdo General de Hacienda, con asistencia de

todos los Ministros… Vistas y reconocidas todas las cartas provenientes de Panamá, se resolvió enviar prontamente un poderoso auxilio, cuyo alistamiento se dejó al arbitrio y disposición de la Virreina.

El 1. de Septiembre se nombraron cuatro Capitanes para efectuar la leva de infantería española. Recayeron las conductas en Hernando de Ribera… y en el término de veinticuatro horas reclutaron 213 soldados… En tales tareas se desenvolvió la Virreina con tanto despejo, que un lisonjador cortesano ponderaba los desvelos de la gobernadora "como si en muchos años hubiera sido General en Flandes."

La brevedad en el alistamiento de la expedición fue sin precedentes. El 3 de Septiembre formó en la Plaza Mayor un escuadrón de toda gente, causando gran admiración ver ajustado en tan breve lapso un caudal de cuatro centenares de soldados, cuando poco tiempo atrás, durante el gobierno de la Audiencia había sido obstáculo infranqueable congregar una bandera para remitirla a Laicacota.

Es indiscutible que sólo un gobierno enérgico y decidido como lo era el del Conde de Lemos y su consorte, es capaz de hacer frente a situación semejante. La Audiencia hubiese dejado perder todo, o por lo menos los asuntos se hubiesen empeorado a tal extremo con su lentitud, que la expulsión de los invasores de Portobelo hubiese sido tarea muy dificultosa. Si bien se mira, el esfuerzo realizado por la Virreina es realmente prodigioso, consideradas la aflictiva situación fiscal, hallándose la parte más eficaz de los cuadros militares en la jornada de Puno, la diseminada población y relativamente escasos recursos que era posible poner a contribución en un país cuya economía reposaba sobre la minería. El plazo en que se equipó tan lucida expedición fue realmente angustioso: contados días bastaron para adoptar las disposiciones pertinentes, facilitar los elementos humanos y materiales y embarcar todo para cumplir un viaje de 500 leguas.

Cuando zarpó el socorro despachó la Virreina correos a todos los puertos del litoral hasta Guayaquil, en que al tiempo que noticiaba la novedad, ordenó a los Corregidores y Cabos de Milicias estuviesen prevenidos para acudir a la primera señal. Con igual empeño aconsejó a la Audiencia de Quito que remitiera ayudas de costa y elementos bélicos a Guayaquil.

En Cédula particular (con fecha 24 de Junio de 1670) agradeció la Reina el socorro que la Condesa gobernadora había dispuesto para expulsar a los invasores de Portobelo, significándola haber sido ejemplar su manera de acudir a prevenir aquella incursión. Al pie de la Carta Real, escribió Doña Mariana de su propia mano una honrosísima posdata. A dichas expresiones de enaltecedora consideración, respondió la favorecida en los siguientes términos:

Señora:

En Cédula particular me fauorece y honra V. Mgd haciendo estimación del socorro que remití a Portobelo, quando el corsario Yngles le ocupo por interpresa en ocasion que el Conde estaua atendiendo en la pazificacion de los Alborotos de Puno. Y solo esta honra pudiera dar aliento a mis fuerzas,

no a mis deseos, que no pueden crecer a más en el sero de V. Mgd y
qualquiera empeño por mi sangre, y lo que yo, y los mios en particular deve-
mos a V. Mgd es mui conforme a mis obligaciones que reconocere siempre
hasta dar la vida en defensa de los Reynos y señorios de V. Mgd Cuya
Catholica y Real persona guarde Dios como la christiandad ha menester.
Callao 11 de Junio de 1672.— ob. cit. págs. 342–43–44–45–46.

José M. Valega nos habla sucitamente de lo mismo y de algo más de
su gobierno:

> Singularizó su sagaz gobierno la ilustre dama con dos actos trascenden-
> tales para la época; mandó preparar una expedición defensiva contra los
> piratas de Portobelo el 11 de julio de 1668; y reglamentó el precio de la
> cera, de gran consumo entonces, fijando en 140 pesos el quintal, por
> bando del 31 de octubre.[49]

Otro episodio que manifiesta su sagacidad, buen juicio y sentido de
justicia, tiene que ver con un ardid que creó su imaginación para determinar la culpabilidad de un fraile al que todos tenían por falso. Tal hecho
nos recuerda a Sancho Panza cuando hizo su función de gobernador de la
isla Barataria, en la que demostró sesuda discreción y gran don de justicia. Nos referimos a la mujer que va a él reclamando haber sido violada
por un hombre desalmado, y le toca a Sancho dictar sentencia a favor de
uno u otro. Veamos ahora el ardid de la virreina. Ricardo Palma lo incluye
en sus *Tradiciones Peruanas* bajo el título "¡Beba, padre, que le da vida!,"
pero el artículo, aunque interesantísimo y ameno es muy prolijo. También lo cuenta, más escuetamente, José M. Valega y de él lo copiamos:

> Una anécdota de sus días de gobernadora del Perú, explica aquella virtud
> de la gran dama en contraposición con los métodos dominantes en la
> época tan propicia a la denuncia anónima.
>   Un fraile portugués, de la grei de San Jerónimo, llegado a Lima, fue
> denunciado ante la virreina como espía disfrazado que venía en misión
> secreta de su patria. Contra la opinión unánime de los oidores de la
> Audiencia, buscó la solución en un ardid admirable: Invita a comer al
> denunciado, junto con los consejeros de las medidas rápidas y violentas y
> les pide observar detenidamente al jeronimita. El convencimiento se pro-
> dujo unánime durante la comida.
>   La cuestión llegó al público selecto, y se cuenta que en los salones,
> cuando se recordaba la actitud de la condesa, los menos avisados recibían
> esta explicación elocuente:
>   —Pues, la Virreina en mirándolo comer, comprendió su legitimidad
> eclesiástica. ¡Tragalón como buen fraile![50]

Como se verá, de buena maña se valió la virreina para asegurarse de la legitimidad del reverendo, dejando a todos estupefactos con su prudencia y perspicacia.

Documentos

Documento mediante el cual se delega la gobernación del Perú a Ana Francisca de Borja.

Don Pedro Fernández de Castro y Andrade, Conde de Lemos, de Castro, Andrade y Villalba, Marqués de Sarriá, Duque de Taurisano, Virrey, Gobernador y Capitán General destos Reynos y Prouincias del Perú y Chile, &.— Por quanto las inquietudes del assiento de Puno que tuuieron principio desde el Gouierno del Señor Conde de Santisteuan mi antecessor, se han continuado con grande menoscauo de la Hazienda Real, y de la Auctoridad de la Justicia, y el perjuicio de la causa publica, sin que ayan vastado los medios que hasta aqui se han elegido para reducir las materias desde Reyno a la obediencia, paz, y tranquilidad de que antes gozaba; y tengo resuelto ir a aquel Assiento a aplicar el remedio conueniente, y es necesario porque no pare el despacho dejar en mi lugar quien acuda a dar expediente a los negocios de Gouierno y Guerra por el tiempo de mi ausencia; en consideracion de algunos justos motibos que tengo; y de que estando yo en el Reyno no toca el Gouierno a esta Real Audiencia de Lima; elijo y nombro a la Exma. Señora Condesa de Lemos, mi mujer, pa que en mi nombre, y representando mi propia persona, resuelva y determine todos los negocios y causas de Gouierno y Guerra con la mesma facultad que yo lo puedo y deuo hacer sin limitacion alguna; y le doy todo el poder necesario, y comision en bastante forma, y juntamente para que pueda disponer y determinar, qualquier duda, o litigio, que se ofreciere entre los Ministros de la Real Audiencia, y lo que yo puedo como Presidente de ella; y mis Asesores, y el Auditor general de Guerra asistiran a los despachos segun y de la suerte que hoy proceden: Y para ello se despachará provision en forma.— Lima, 30 de Mayo de 1668.— El Conde de Lemos.// Sebastián de Colmenares. (Guillermo Lohmann Villena, ob. cit. págs. 119–120).

ISABEL BARRETO Y QUIRÓS —
Primera y única almiranta de la Hispanidad

Su persona

Dícese que en lo físico era mujer atractiva, sin llegar a ser una gran belleza, y en cuanto a su carácter muy autoritaria, caprichosa, y vanidosa y se cita como ejemplo de esto último su comportamiento durante la travesía que hizo con su marido por el Pacífico. La situación era tensa debido a tres factores principales: uno, la impericia de Álvaro de Mendaña en el arte de marear, demostrada al no poder contar más con los conocimientos náuticos del almirante Lope de Vega, desaparecido en su nave la Almiranta; dos, la escasez de víveres al prolongarse más de lo debido el viaje; y tres, la actitud soberbia y ostentosa de doña Isabel que más se preocupaba por su persona que por la situación difícil que atravesaban los demás. Si es verdad que por esta actitud se le ha criticado en demasía, en nada desdice su actitud valiente y decidida al hallarse sola sin el apoyo de su consorte en medio de la inmensidad del océano, y rodeada de hombres impertérritos (muchos eran viejos rebeldes del Perú) que la aborrecían. Así, Isabel Barreto se nos presenta como uno de los tantos personajes históricos, cuyo don de mando y ambición por el poder les llevó a a escalar cimas insoñadas y ganarse la enemistad de sus contemporáneos. No es, digámoslo de una vez, que sintamos gran simpatía hacia esta mujer, pero sí le reconocemos su valía y méritos. En cuanto a la crítica de la que ha sido objeto, el historiador español Ramón Ezquerra nos dice *que su popularidad es inmerecida, pues el alma del viaje en lo sucesivo* (a la muerte del marido) *fue Quirós, y ella demostró solo pequeñez de ánimo y egoísmo, dedicando su agua a lavar su ropa, cuando la tripulación perecía de hambre, sed y enfermedades.*[51] Continuando con su carácter, Nancy O'Sullivan-Beare basándose en comentarios de Fernández de Quirós, dice: *Con incansable oficiosidad doña Isabel amargaba el ánimo de Mendaña informándole de todas cuantas protestas llegaban a sus oídos, mientras el Adelantado se debatía entre el sometimiento a su mujer y la necesidad de contemporizar y mantener adicta a la tripulación. Las murmuraciones contra la señora eran constantes, y varios se atrevieron por fin a protestar de la ingerencia de la mujer en las decisiones del gobernador. "En otra salida tomó la mano el maese de campo, quejándose al Adelantado, por cosas que doña Isabel había hablado de él..."* (cita de Quirós). Y en otra parte señala: *Desde entonces comienza también a mostrarse la participación de doña Isabel en las dificultades que siguieron. Como se deduce de todo el relato de Quirós, doña Isabel era harto vanidosa, y había llevado consigo una provisión de galas que parecieron poco oportunas desde el momento en que la tripulación había comenzado a sufrir. Doña Isabel no disminuía, sin embargo, su ostentación a pesar de los peligros. La escasez de víveres se achacaba a los enormes gastos realizados por doña Isabel en la preparación de su enorme ajuar. "También se decía que en los vestidos de doña Isabel había para gastar dos años; y que dijo uno que se había de tener por muy dicho quien casase a su mujer de la mano"* (cita de Quirós).[52]

Datos biográficos de Isabel Barreto

Adviértase que los datos acerca de esta mujer son escasísimos, sobre todo los relacionados con su vida anterior al matrimonio con Álvaro de Mendaña, lo cual no deja de extrañarnos por haber sido una de las mujeres que más se destacaron en América. Tiene que haber sido por el fracaso de la expedición, pues de haber encontrado al Continente soñado—Australia—, y en él las riquezas que se esperaban, las crónicas de tal triunfo hubiesen igualado a las de México o el Perú, y dada la actitud y logros de Doña Isabel, y por el simple hecho de haber sido mujer, se hubiese escrito de ella tan prolíjamente como el de tantos otros célebres personajes de la época. Se desconoce su lugar de origen, pero se cree que era orienda de Galicia o Portugal, inclinándonos más a lo primero pues el marido era gallego. Según ella misma declara en su testamento, era hija legítima de Nuño Rodríguez Barreto y de doña Mariana de Castro. Tenía en total tres hermanos y tres hermanas, dos que eran monjas de la Concepción y la otra de Santa Clara, cuyos nombres eran doña Leonor, doña Beatriz y doña Petronila, a las que dejó una dote en su testamento. Los hermanos eran don Diego Barreto, don Luis Barreto y don Antonio Barreto. En cuanto a su entierro, en su testamento dejó dicho *que Ytem, mando que mi entierro y sepultura sea en la yglesia de Santa Clara sobredicha a voluntad y disposición de mys albaceas,*[53] lo cual así se hizo. Al morir, se enterró su cuerpo en la iglesia mayor de la ciudad de Castrovirreina, Perú, el lunes por la mañana 3 de septiembre de 1612, estando presente su marido don Fernando de Castro y el vicario de la ciudad el doctor Pedro de la Plaza, y posteriormente, según mandaba en su testamento, se pasó a la iglesia del monasterio de Santa Clara en Lima. Como se verá, murió antes que su marido a quien le dejó gran parte de sus bienes y designó heredero, y muerto éste a su hermano Antonio y a sus sucesores.

Datos biográficos de Álvaro de Mendaña

Nació hacia 1542 en Galicia y falleció en 1595 en la isla de Santa Cruz. Se cree que viajó a América en 1567 acompañando a su tío Lope García de Castro, presidente de la Audiencia de Lima y gobernador del Perú de 1564 a 1569. Bullían por aquel entonces noticias de un supuesto continente en el Mar del Sur (Australia) según impresión de Sarmiento de Gamboa, razón por la cual el gobernador decidió mandar una expedición en su busca nombrando a Mendaña jefe. El 19 de noviembre de 1567 salió la armada compuesta de dos naves y 150 tripulantes del Callao, entre los que se encontraban el célebre marino Sarmiento de Gamboa y el piloto Hernán Gallego. El 9 de febrero de 1568 hallaron varias islas en el archipiélago de

Salomón, entre ellas la isla de Santa Isabel, Ramos, Guadalcanal y San Cristóbal. Después de permanecer en ellas varios meses, decidieron emprender el regreso pasando por las islas Marshall y desembarcando en México a principios de 1569 y de allí al Perú. Los detalles que siguen los dejaremos para cuando tratemos de Isabel Barreto y de su hazaña.

Casamiento y descendencia

Isabel Barreto y Álvaro de Mendaña se conocieron en Lima cuando él se aprestaba para organizar su segunda expedición al Pacífico. Él era soltero y apuesto y había sido ya nombrado Adelantado de algunas de las islas descubiertas. Ella era soltera también y, como hemos dicho, mujer agraciada físicamente. Casaron hacia 1586. Ella misma dice en su testamento que sus *padres la casaron con Álvaro de Mendaña, Adelantado de las Islas de Santa Cruz,* y que con la dote que le dieron sus padres pudo Mendaña *comprar una navío llamado Santa Isabel y algunos pertrechos de guerra y otras cosas necesarias para la jornada de las dichas islas de Salomón.*[54] La dote de doña Isabel ascendía a ciento treinta mil pesos, gastados todos por Mendaña en abastecer su armada y aún quedando en deuda al morir. Fallecido Mendaña en 1595, doña Isabel se volvió a casar en Manila con el general Fernando de Castro y regresó al Perú. Fallecida doña Isabel, éste reclamó para sí la confirmación de las capitulaciones de Mendaña con poco éxito. No se tiene noción de que haya dejado descendientes de ninguno de los dos matrimonios, pues ni Mendaña ni ella, ni Fernando de Castro hacen mención alguna de haber hijos en sus respectivos testamentos. Resulta interesante el dato de que una de las hermanas de Miguel de Cervantes (el autor de *Don Quijote*), Andrea, se nombrase en un documento como esposa del adelantado Álvaro de Mendaña, lo cual no es cierto pues en aquella época no había nadie que se llamase igual.

Hecho histórico que le da renombre

Al hablar de la biografía de Mendaña dimos algunos detalles de su primer viaje por el Pacífico. Ahora continuamos con el resto. En general, se opinaba que este primer viaje había sido un fracaso por no haberse hallado en esas islas riqueza alguna. En 1574 recibió Mendaña una capitulación nombrándosele adelantado de las islas por él visitadas, y posteriormente se le autorizó para organizar una segunda expedición que salió del Callao e 1595, o sea, veintiséis años después de la primera. Iba ahora acompañado de su esposa y tres de sus hermanos y del famoso piloto portugués Pedro Fernández de Quirós. Durante este viaje se descubrieron el archipiélado de las Marquesas de Mendoza (21 de julio) y el 7 de septiembre las islas de Santa Cruz. Aumentaba el descontento entre la tripulación por no haberse encontrado hasta ese momento riquezas, manifestado en parte en el maltrato de los indígenas. Enfurecido Mendaña mandó a matar al jefe de los insubordinados, Pedro Marino Manrique, y tomó otras medidas enérgicas para sofocar un posible motín. Enferma Mendaña a causa de de una epidemia de Malaria, de la que fallece, designando a su mujer, según su propio testamento, heredera de todos sus bienes y cargos. Murió en la bahía Graciosa el 18 de octubre de 1595. Muerto Mendaña cunde el desánimo, se abandonan todos los planes previstos se inicia el regreso al Perú. En el trayecto muere Lorenzo Barreto, designado capitán general, y es cuando Isabel Barreto toma el mando como "adelantada del mar Océano," siendo la primera vez que así se nombraba a una mujer hasta nuestros días. Ahora bien, a pesar de ser ella la que "mandaba," era Quirós el que estaba a cargo, "el alma del viaje," como le llama el ya citado historiador Ramón Ezquerra. Por varios meses navegaron en dirección Noroeste atravesando las Marianas (o Ladrones) hasta llegar a Manila, pues doña Isabel había cambiado el rumbo, el 11 de febrero de 1596. En Manila obtuvieron la ayuda del gobernador Antonio de Morga para reparar una de las naves con la que regresar al Perú. O sea, que fue acertada decisión la de doña Isabel de cambiar de rumbo a Filipinas en vez del Perú, a pesar de la fuerte oposición que se le hizo. Fue, pues, almiranta de la armada desde la muerte de su marido hasta llegar a Manila, un período que va desde el 18 de octubre de 1595 hasta el 11 de febrero de 1596, cuatro meses aproximadamente. Este fue el momento en que doña Isabel se portó heroicamente y en el que hizo valer su autoridad, pues sin su presencia y rígido proceder hubiesen regresado al Perú en las condiciones ínfimas en que se encontraban las naves, por lo que es casi seguro que nunca hubiesen llegado. Doña Isabel se mantuvo firme y muy a pesar de las protestas los dirigió a Manila. El piloto mayor Quirós acató sin chistar la orden de doña Isabel, con lo que demostró respeto y consideración aunque fuese en contra de su voluntad. He aquí sus propias palabras según le fueron dadas al escribano Esteban de Marquina:

> … la dicha Ysabel Varreto desplobó la dicha Ysla, y luego dixo que a pedimyento solo de los soldados y no de la gente de la mar se lebanto el rreal y se desplobo, y despoblados, embarcada toda la gente, la dicha doña Ysabel Varreto mando a este testigo, como piloto mayor que era de la dicha armada, saliesen de aquella ysla nauegando dos dias hazia el poniente para ver si hallavan las yslas que yban a buscar, o la almiranta. Y auiendo nauegado, segun la horden que se le dio el dicho tiempo, visto que no se daua con las dichas yslas ni hallauan la dicha almiranta, le ordeno y mando a este testigo la dicha gouernadora que tirase la derrota para estas yslas Filipinas. Y viniendo en demanda de ellas se derrotaron

los dos vajeles pequeños, el vno de los quales no aparecido hasta oy, solo el vno que fue apartar a las yslas de Mindanao, segun se a dicho, y al cavo de algunos dias con la dicha nao capitana *San Jerónimo* vino a tomar puerto a estas yslas de Manila, al puerto de Cabite, della donde el dia de oy esta surta y anclada la dicha nao.[55]

Habiendo dado ya algunos pormenores de la hidalguía de esta gran mujer, nos toca incluir, para completar su figura, parte del capítulo que F. Ximénez de Sandoval le dedica en su sesuda obra *Varia historia de ilustres mujeres*. El capítulo es largo pero lo reduciremos. Helo aquí:

En la prodigiosa epopeya escrita por las quillas y las velas españolas sobre los océanos Atlántico y Pacífico hubo centenares de héroes— pilotos, capitanes, misioneros— que arrostraron con ánimo y valor inauditos los misterios tenebrosos, las tormentas, el hambre, la sed, las flechas envenedadas de los salvajes y las feroces rivalidades, más peligrosas a veces que los más graves riesgos de la Naturaleza y el azar. Entre aquellos hombres de granito y hierro, de temple y resistencia increíbles, la Historia nos ha dejado un solo nombre de mujer — Doña Isabel de Barreto— protagonista de las más extraordinarias aventuras náuticas.

Los datos que se conocen de Doña Isabel son escasísimos, y probablemente tergiversados en muchos momentos por la pasión enconada del cronista Pedro Fernández de Quirós— portugués al servicio de España —, acérrimo enemigo de ella y de Don Álvaro de Mendaña, su esposo. No obstante esta parvedad documental y la parcialidad con que Quirós en algunas ocasiones llega a pintar de sombrío y repulsivo color el carácter de la intrépida señora, creemos de interés singular intentar una evocación de su figura.

Se ignora la fecha y el lugar del nacimiento de Doña Isabel, suponiéndose que debió tener lugar hacia mediados del siglo XVI, en alguna villa del litoral gallego. Tampoco se sabe a ciencia cierta en qué data y con qué motivo, su padre Don Francisco Barreto [*nota del autor: en su testamento, Isabel Barreto da como nombre de su padre Nuño Rodríguez Barreto; véase debajo*], su madre, sus hermanos Lorenzo, Diego y Luis, y ella — niña todavía— salieron de España para dirigirse al Perú. Parece ser que Don Francisco tuvo algún cargo de importancia en la administración de las Indias portuguesas, lo que induce a sospechar que no fuera súbdito del Rey de España, sino del Monarca lusitano. No se tiene certidumbre de que su familia le acompañara a aquellas lejanas tierras, en donde halló la muerte en una expedición fabulosa en busca de las minas del Rey Salomón, allá por el año de 1574.

Dos lustros más tarde, la viuda y los hijos de Don Francisco viven en la bella ciudad de Lima, capital del virreinato del Perú, al parecer no mal acomodados de fortuna. Desde las costas del Pacífico parten constantemente navíos españoles: unos hacia Filipinas, recién descubiertas y en plena colonización; otros en busca del continente austral — desconocido pero presentido desde que Balboa descubriera el Pacífico y Magallanes encontrara el estrecho de su nombre — . Navegantes, geógrafos, visionarios, aventureros y charlatanes, discutían en los mentideros limeños sobre la necesidad de que existiera una gran masa de tierra que compensara la del hemisferio boreal sin la cual el globo terráqueo carecería de equilibrio. El capitán Álvaro de Mendaña, que en 1567 había hallado un bellísmo archipiélago— al que puso el nombre de islas Salomón, convencido de que al sur de aquellas islas tenía que estar situado el legendario país de Ofir, del que el Rey Salomón sacó el oro para el templo de Jerusalén y para las joyas de su amada Belkiss, la reina de Saba — , era uno de los valedores de aquella donosa tesis.

Doña Isabel de Barreto escuchaba con interés apasionado los vivos diálogos y las ardientes discusiones que sobre estos temas incitantes sostenían sus tres hermanos con los amigos mozos que frecuentaban la casa... Doña Isabel — gran imaginativa — había concebido en su mente la idea de asociarse —como fuera — a la empresa de Mendaña, para explorar con él las riquísimas tierras auríferas... El azar favoreció los sueños de Doña Isabel. Después de mil peripecias, el Adelanatdo Mendaña regresó a Lima en 1578, y emprendió la tarea de organizar una nueva expedición. Un año más tarde, cuando Mendaña tenía ya apalabrados los pilotos y marineros y encargados los bastimentos, llegó a Lima el nuevo Virrey, Don García Hurtado de Mendoza, cuarto Marqués de Cañete... En sus salones—frecuentados por las gentes más encopetadas de la ciudad que acudían a hacer su corte a la Marquesa de Cañete — se encontraron el descubridor Mendaña y Doña Isabel de Barreto, iniciando lo que hoy llamaríamos un *flirt*, en el que toda acometividad y la insinuación partirían de la enérgica muchacha, decidida a representar un papel primordial en los futuros descubrimientos.

... Tras un noviazgo largo, contrajeron matrimonio en 1586 después de estipular en el contrato esponsalicio que Doña Isabel y sus hermanos acompañarían en su inminente expedición al Adelantado... [que] no pudo hacerse a la mar hasta 1595... Al fin, vencidos todos los obstáculos e inconvenientes, se hicieron a la vela cuatro naves: la capitana, llamada *San Gerónimo*, la almiranta, *Santa Isabel*, una galeota titulada *San Felipe* y la fragata *Santa Catalina*. En la primera viajaban el Adelantado y su esposa, el capitán Don Lorenzo Barreto y sus hermanos, el Maestre de campo (general) de las fuerzas de desembarco y el Piloto Mayor.

...Como en todos aquellos fantásticos viajes, hubo en éste tempestades horribles, vendavales aterradores, cumplimientos primero y batallas luego con los indios, traiciones y emboscadas, volcanes pavorosos, conspiraciones, crímenes y ejecuciones sumarísimas para escarmiento. En todas estas situaciones dramáticas Doña Isabel mostró una resolución indomable y un valor a toda prueba. Su entereza sostuvo el espíritu muchas veces decaído y pusilánime de su esposo, atajando con energía cualesqiera conatos de rebelión a bordo o en tierra y veleidades de abandono de la empresa. Su entereza rayaba en el despotismo y la crueldad, haciéndole aborrecible a todos. Aborrecible, pero respetada. Aun cuando la murmuración se cebaba en ella atribuyéndole toda suerte de artes malignas para influir sobre el Adelantado, así como un impropio afán de lujo, nadie osó manifestarse abiertamente en contra suya, por temor a la violencia de su cólera. Con su actitud inflexible y severísima, Doña Isabel logró sostener la disciplina relajada por las envidias, las banderías y el cansancio.

En octubre enfermó gravemente Don Álvaro. Doña Isabel, advirtiendo que su muerte provocaría una peligrosísima crisis en el mando, logró arrancarle un testamento en el que se la nombraba Gobernadora de las Islas descubiertas, y Capitán General a su hermano, don Lorenzo, sobre el cual ejercía también un gran ascendiente la extraordinaria mujer. El 17 falleció Don Álvaro, y Doña Isabel tomó con mano firme las riendas del gobierno oponiéndose férreamente a cualquier actitud levantisca de la gente agotada por los esfuerzos y el clima y totalmente desmoralizada por las luchas intestinas y el combate con los indios. El 2 de noviembre. don Lorenzo murió a consecuencia de un flechazo, y Doña Isabel asumió el mando absoluto de la flota y las fuerzas de tierra. Como la situación se hacía insostenible en las islas por las pérdidas sufridas y la indisciplina y el desaliento de los fracasados buscadores de oro, Doña Isabel ordenó el regreso. El 7 de noviembre la escuadra levó anclas para dirigirse al Perú. Ya en alta mar, falleció el Padre Juan Rodríguez de Espinosa, Vicario General de las Indias, única persona capaz de conciliar los contrapuestos temperamentos y opiniones de la Adelantada, el piloto Quirós y las tripulaciones exhaustas, famélicas e insubordinadas. Los navíos estaban medio deshechos, y los víveres eran escasísimos, por lo que se decidió tomar el rumbo de las Filipinas, que se encontraban mucho más cerca — a novecientas millas— del Perú.

La travesía fue horrible. Cada día morían de inanición o e escorbuto dos o tres personas. La sed y los temporales aumentaban los tormentos de aquel puñado de esqueltos harapientos. Los barcos, destrozados, caminaban casi a la deriva. Doña Isabel, hierática, orgullosa, aislada e imperturbable, amenazaba con colgar de una verga al que vacilara en el cumplimiento del deber o anduviese remiso en la disciplina. Las Filipinas no aparecían por parte alguna. Parecía como si el mar se las hubiese tragado, lo mismo que a las islas Salomón y al Continente soñado. Por fin, el 14 de enero, se avistó tierra — una de las Filipinas—, y el 12 de febrero de 1596 se echaron las anclas en la bahía de Manila, donde Doña Isabel fue acogida en triunfo por el pueblo y las autoridades, que la identificaban con la bíblica Reina de Saba.[56]

Dígase lo que se quiera de esta mujer, lo cierto es que con su actitud decidida y tajante logró salvar a la tripulación de una muerte casi segura, aunque nunca se le reconoció. Después de todo, las órdenes venían de una mujer a la que se le tenía muy enconada voluntad. Esto tiene que haberlo reconocido el mismo Quirós, pues él, más que nadie, bien sabía la catástrofe que hubiese resultado si hubiesen tratado de viajar al Perú en las condiciones en que se hallaban.

Documentos

DOCUMENTO II. TESTAMENTO DEL ADELANTADO EN
EL QUE DESIGNA A ISABEL BARRETO GOBERNADORA (extracto)

*En el nombre de Dios. Amen. Sepan cuantos esta carta de testamento
vieren como yo, Aluaro de Mendaña, adelantado de las yslas, gouernador y
capitán jeneral dellas por el Rey nuestro señor, estando enfermo del cuerpo y
sano de la voluntad y entendimyento y en mi libre juicio, tal cual Dios nuestro señor fue seruido de me dar, creyendo como creo en la Sanctisima Trinidad
bien y verdaderamente, confieso todo lo que tiene y cree la sancta Yglesia
Romana, protesto de bivir e morir en esta fe y creencia debaxo de la qual hago
y hordeno este mis testamento en la forma e manera siguiente:*

*Primeramente, mando y encomiendo mi anima a Dios nuestro señor que
la crio y rredimio, y el cuerpo mando a la tierra para donde fue formado, y
mando si desta enfermedad muriere, mi cuerpo sea sepultado en la Yglesia
que esta fundada en esta ysla nombrada Sancta Cruz, y sea acompañada del
vicario della, y que el dia de mi entierro se me diga vna misa de cuerpo presente, y si no ouiere lugar, el dia siguiente, por lo qual se pague la limosna
acostumbrada.*

*Ytem, mando a las mandas forzosas, y si aqui no las ouiere lugar, se
cumpla en la ciudad de Los Reyes.*

*Ytem, mando se me digan ensima de mi cuerpo donde estuviere sepul-
tado, a donde ouiere mas lugar, veynte misas por mi anima.*

*Ytem, nombro a doña Ysabel Barreto, mi legitima muger, por gouer-
nadora.*

*… Item mando que si la dicha doña Ysabel Barreto mi muger, despues
de mi muerte se quisiere casar, puede gozar libremente de todos mis bienes,
y que su marido que fuere goze de todos los titulos que yo tengo, y de todas
las mercedes que su magestad me a hecho y a de hazer. Aluavro de Mendaña,
adelantado de las yslas. Don Diego de Bera. Joan Ysla. Andres del Castillo.
Felipe Corzo. Don Luis Barreto. Ante mi, Andres Serrano, escriuano nombrado.*[57]

DOCUMENTO XIV. DOÑA ISABEL BARRETO CONFIRMA A PEDRO
HERNÁNDEZ DE QUIRÓS CAPITÁN Y PILOTO MAYOR. EN LA MAR,
A LA ALTURA 2, 5 DE DICIEMBRE, 1595.

*Doña Isabel Barreto, gournadora de las yslas occidentales desta mar del
sur, por fin y muerte de Aluaro de Mendaña, mi marido, adelantado, gouernador y capitan general que dellas hera por el Rei nuestro señor, &a. Por
cuanto bos, Fernandes de Quiros, me presentasteis este título arriua contenido
en que el dicho adelantado mi marido os proveio y me pedisteis le aprouase,
diese por bueno y de nuevo le confirmase, lo qual he tenido y tengo por uien*

de le aprouar y dar por bueno y confirmarle, segun y de la manera que en el se contiene, sin que falte cosa alguna para que uais hussando los dichos cargos y exerciendolos como en el dicho titulo se contiene. Fecho en este galeon San Geronimo, capitana desta armada, yendo nauegando en altura de dos grados, en cinco de diciembre de mill y quinientos y nouenta y cinco años.[58]

ISABEL DE BOBADILLA —
La gobernadora amante

Iniciamos esta sección con estas palabras de Cesáreo Fernández Duro:

> ¡Oh, las Bobadillas! Ellas solas dieran materia a un buen libro. La Marquesa de Moya, política, ilustrada, persuasiva, uno de los soportes de Colón, por más que el P. Feijóo afirmara que solamente la Reina venció "los temores y perezas de D. Fernando." La hermana de la misma Marquesa, llamada Beatriz como ella, que fuera rival de Doña Isabel a no despacharla de la Corte por tirana de las Islas Canarias, donde fue su vida una novela. Doña Isabel, hija de Pedrarias Dávila, casada con Fernando de Soto y ya celebrada como gobernadora de Cuba. Doña Leonor, hija natural del Conde de la Gomera, doncella de diez y siete años, de belleza extremada, a la que prohijó la anterior ofreciendo casarla en Indias, y que casó secretamente en el camino con el Teniente General Nuño Tovar, porque se entendiera no necesitar de andadores…[59]

Su persona

En esta mujer se juntan cualidades mezcladas de algunas de las otras mujeres, como María de Toledo y Ana Francisca de Borja. Mujer fue ésta enamorada y de sensibilidad exquisita, pero también capaz de ejercer su autoridad y de asir con firmeza y resolución las riendas del poder. De ella nos dice Oviedo que *era mujer de gran ser e bondad, e de muy gentil juicio e persona.*[60] Y Antonio de Herrera se expresa así de la madre, pero igual fue ella: *Quisiera dejar Pedrarias a su mujer en Castilla, pero ella, como varonil matrona, no quiso sino por tierra y por mar seguir a su marido* (ob. cit. arriba, pág. 401). Una vez que de Soto partió y la dejó en Cuba, la vida de esta mujer se apaga y no hace sino suspirar incesantemente por su regreso, tal como si le hubieran arrancado parte de su corazón, así de mucho lo quería. Fue hija de tal padre y de tal madre, heredando de ambos sus máximas cualidades.

Datos biográficos de Isabel (o Inés) de Bobadilla

Murió en 1543, al poco de haber recibido la triste noticia de la muerte de su marido. Era hija del gobernador Pedrarias Dávila, de quien ya se ha hablado, y de Isabel de Bobadilla, hermana de Beatriz de Bobadilla, marquesa de Moya. No está claro el parentesco de la madre con Francisco de Bobadilla, el gran enemigo de Colón, aunque se supone que haya sido su padre que casó con María de Peñalosa. Como quiera que sea, hubo dos Franciscos de Bobadilla y de ahí la confusión. Uno que era maestrala de la reina Isabel, y el otro, el adversario de Colón, que era, entre otros títulos y cargos, corregidor de Segovia y el posiblemente emparentado con Isabel de Bobadilla. Tal ha sido y es la confusión, que el historiador dominicano J. Marino Incháustegui ha escrito una obra que intenta aclararla titulada *Francisco de Bobadilla. Tres homónimos y un enigma colombino*, Madrid, 1964. La hermana de Isabel hija (la esposa de de Soto) era María de Peñalosa, esposa de Rodrigo de Contreras, cuyo nombre tomó de la supuesta abuela. Era Isabel, por línea materna, sobrina de la marquesa de Moya, quedando así establecido su alto linaje. Pero mientras más se adentra en esta familia, más confusión sale a la superficie. En su obra *Navegantes y conquistadores españoles en el siglo XVI*, R. Majó Framis, al hablar de Isabel de Bobadilla, la esposa de Pedrarias Dávila, dice que era sobrina o prima de la marquesa de Moya, mientras que en otras fuentes la citan como su hermana. Señala Majó Framis, además, que tenía sangre hebrea como también la tenía Pedrarias: *...De familia de hebreos, o de afines de hebreos, es también su mujer, la Bobadilla, sobrina o prima de aquella marquesa de Moya, que fue el hada madrina de Colón, y estuvo casada con Andrés de Cabrera, el que dio a la reina Isabel, en el día de su proclamación, el alcázar segoviano, y que era de estirpe incuestionable de judíos conversos.*[61]

Datos biográficos de Hernando de Soto

Comencemos con estas palabras de Oviedo:

> ... el Emperador nuestro señor hizo gobernador e capitán general de la isla (Cuba o Fernandina) e de la provincia de la Florida e sus anejos en la Tierra Firme, a la parte del Norte que había descubierto el adelantado Juan Ponce de León, a Hernando de Soto el cual es uno de aquellos mílites del gobernador Pedrarias de Ávila, del cual, en las cosas de Tierra Firme, en muchas partes se hace mención de su persona, porque es de los antiguos en aquellas partes e al cabo se halló en la prisión de Atabaliba (Atahualpa) donde fue uno de los que más parte le cupo de aquellos despojos. E puso tanta parte de ellos en España, que fue fama que con más de cient mill pesos de oro se vido en Castilla, donde por sus servicios y méritos fue muy bien tratado del Emperador nuestro señor, e le hizo caballero del Orden militar del apóstol Sanctiago, e otras mercedes, e le hizo su gobernador e general capitán en lo que es dicho.[62]

Nació hacia 1500 en Bancarrota, provincia de Badajoz, y falleció en 1542 en América del Norte, al poco de descubrir el río Misisipí, una de sus glorias y por la que más se le recuerda y admira. Fue uno de los principales descubridores y exploradores de esa tierra, altamente honrado en ella en la actualidad y sobre el que se han escrito infinidad de obras. Pasó a América con Pedrarias Dávila siendo muy joven, permaneciendo bajo su orden por muchos años en la América Central. Fue uno de los descubridores de la costa de Nicaragua junto con Gaspar de Espinosa, y participó en su conquista con Francisco Hernández de Córdoba. Fue regidor en León de Nicaragua. Pizarro se lo llevó a la conquista del Perú pues ambos eran amigos y compañeros en Centroamérica, aportando varios buques y cien hombres. En dicha conquista se le consideró el segundo en mando después de Hernando, hermano de Pizarro, y salió muy rico de ella. Fue uno de los principales protagonistas de la batalla de Túmbez, en los acontecimientos de Cajamarca y prisión del emperador Atahualpa. Permaneció en el Perú algún tiempo, y al enterarse de la odisea de Álvar Núñez Cabeza de Vaca por América del Norte, solicitó y obtuvo una capitulación de los Reyes en 1537 para su conquista, la cual costeó de sus propios dineros por casi dos años. Se le había nombrado Adelantado de la Florida y gobernador de Cuba. Salió la armada de España el 6 de abril de 1538 y desembarcó en Cuba en junio de ese mismo año. Allí se provisionó, reuniendo a muchos soldados y colonos, y zarpó de La Habana el 18 de mayo de 1539, quedando su mujer, Isabel de Bobadilla, como gobernadora de la isla. Desembarcaron en la actual Tampa, a la que llamaron bahía del Espíritu Santo, el 25 de mayo de 1539.

Casamiento y descendencia

Isabel de Bobadilla estaba dada como esposa a Vasco Núñez de Balboa, el famoso descubridor del Pacífico, según fue concertado por sus padres, dejándose llevar mayormente por el obispo fray Juan de Quevedo, buen amigo de Balboa. Al respecto nos dice Oviedo:

> Como el obispo era sagaz, conoscía la dispusición destos ánimos, por ir conosciendo malicias e cautelas, e usando él de otras mayores por salir con su deseo, que era ver señor en todo a Vasco Núñez; viendo que el gobernador era hombre de mucha edad, e estaba enfermo, e tenía hijas, e era cobdicioso, movió este perlado a Pedrarias que casase una de sus hijas con el adelantado Vasco Núñez que era mancebo e de buena disposición para trabajar, porque sería a su propósito; lo uno, porque Vasco Núñez le serviría como hijo; e lo otro, porque era hombre hijodalgo e tenía ya título de adelantado, y él casaba muy bien su hija, e sería su teniente, e descuidaría en las cosas de la guerra, e serviría muy bien al Rey, e acres-

centaría su honra e haciendas, e demás de eso, cesarían las parcialidades e pasiones de los oficiales, y el gobernador ternía mucho descanso. E de este tenor le dijo otras muchas palabras en el caso, e lo mismo dijo e persuadió a doña Isabel de Bobadilla, su mujer, la cual estaba bien con Vasco Núñez, y él se había dado mucho a la contentar e servir. En lo cual el gobernador y su mujer vinieron, e se hicieron los capítulos matrimoniales, e le tomó por hijo e yerno (puesto que para la conclusión desde casamiento estaba la hija, que Pedrarias le ofreció, en España, e quedó que dentro de cierto tiempo la llevarían al Darién). E así comenzó a llamar hijo al adelantado, e a honrarle e favorescerle, y en nombre de su hija se desposó e dio la mano por ella, e pasaron las escripturas e firmezas que les paresció. Y escribió luego Pedrarias al Rey e a los señores del Consejo de Indias, que este casamiento había hecho de su hija, porque todos sirviesen mejor e más derechamente a Dios e Sus Majestades.[63]

Y el ya citado Majó Framis nos habla también del matrimonio:

Se trataba de un matrimonio artificioso, bien pensado de gente vieja, y en que entraba tanto el cálculo como un reflejo del poniente de esta pasión que se llama amor. La fama tiene dibujadas a las hijas de Pedrarias como a largas estantiguas, de velo negro, pertinaces en el rezo y en la vida célibe. Para Hernando de Soto, sus bodas con una hija de Pedrarias eran ocasión de gran orgullo. Él era aquel mismo mozo de fortuna que había ido a Indias en 1514 con el gobernador Pedrarias, en la humilde calidad de sencillo soldado—y ni aun verdadero soldado era, por la muy corta edad que tenía entonces—. ¡Podre aldeano extremeño, sin rentas, sin apellido ilustre, sin poder exhibir un blasón, ni enlace con una parentela nombrada, que fue al Darién por remediar sus hambres, ahora se ve casado con la propia hija de su antiguo capitán! ¡He aquí que se había levantado en la jerarquía social de Castilla a ser igual que sus antiguos amos! Razones son éstas más que suficientes para explicar su matrimonio con la adusta solterona, sin tener que mediar causas de esas en que interviene el voltario Cupido.[64]

Casaron doña Isabel y de Soto en 1537 cuando fue éste a España por primera vez después de conquistado el Perú. La dote de Isabel, firmada en Valladolid el 14 de noviembre de 1536, consistía en todo el ganado que poseía su padre en Panamá, sus esclavos y caballos. En cuanto a hijos, de Soto tuvo dos ilegítimos en América Central de madres indias, pero ninguno con doña Isabel.

Hecho histórico que le da renombre

Partió Hernando de Soto de La Habana el domingo 18 de mayo de 1539 con su armada de nueve navíos, y llegó a la costa septentrional de la Florida el 25 del mismo mes, día de Pascua del Espíritu Santo. Había dejado, muy a su pesar (y también de ella) a su mujer doña Isabel como gobernadora en Cuba. No es que le faltara a de Soto gente de confianza y que le apreciara en Cuba, entre la que muy bien podía haber nombrado a alguien para sustituírle, pero nadie como su mujer, hija de Pedrarias y sobrina de la marquesa de Moya. Si alguien estaba en condiciones para hacerse cargo del mando y cumplir con su deber era ella y así la designó sin reservas y se fue tranquilo en pos de sus sueños, del otro Perú o México del que él solo sería el conquistador.

El Inca Garcilaso nos da más detalles de su nombramiento de gobernadora:

> Viendo el adelantado que toda su gente, así de a caballo como infantes, estaba ya toda junta en La Habana y que el tiempo de poder navegar se iba acercando, nombró a doña Isabel de Bobadilla su mujer y hija del gobernador Pedro Arias de Ávila, mujer de toda bondad y discreción, por gobernadora de aquella gran isla, y por su lugarteniente a un cabellero noble y virtuoso llamado Joan de Rojas, y en la ciudad de Santiago dejó por teniente a otro caballero que había nombre Franscico de Guzmán.[65]

Muchas fueron las ocasiones en que doña Isabel dio muestras de su discreción y buen juicio y sobre todo de su fidelidad a de Soto. En realidad, tuvo que vencer grandes obstáculos durante su ausencia. El Inca Garcilaso nos habla de una de ellas:

> Es así que, pasados ocho días que el gobernador se había hecho a la vela, Hernán Ponce presentó un escrito ante Juan de Rojas, teniente de gobernador, diciendo haber dado a Hernando de Soto diez mil pesos de oro sin debérselos, forzado de temor no le quitase como hombre poderoso toda la hacienda que traía del Perú. Por tanto, le requería mandase a doña Isabel de Bobadilla, mujer de Hernando de Soto, que los había recibido, se los volviese; donde no, protestaba quejarse de ello ante la majestad del emperador nuestro señor.
>
> Sabida la demanda por doña Isabel de Bobadilla, respondió que entre Hernán Ponce y Hernando de Soto, su marido, había muchas cuentas viejas y nuevas que estaban por averiguar, como por las escrituras de la compañía y hermandad entre ellos hecha parecía, y por ellas mismas constaba deber Hernán Ponce a Hernando de Soto más de cincuenta mil ducados, que era la mitad del gasto que había hecho para aquella conquista. Por tanto mandó a la justicia prendiese a Hernán Ponce y lo tuviese a buen recaudo hasta que se averiguasen las cuentas, las cuales ella ofrecía dar luego en nombre de su marido. Esta respuesta supo Hernán Ponce antes que la justicia hiciese su oficio, que doquiera por el dinero se hallan espías dobles, y, por no verse en otras contingencias y peligros como los pasados, alzó las velas y se vino a España sin esperar averiguación de cuentas en que había de ser alcanzado en gran suma de dinero.[66]

Muchas veces de Soto se vio en apuros y recurrió a su mujer para que le brindase socorros. En una de ellas mandó siete navíos a Cuba *a orden de lo que doña Isabel de Bobadilla, su mujer, dispusiese de ellos.*[67] En otra ocasión envió a Diego de Maldonado a La Habana para que pidiese a su mujer bastimentos que necesitaba para continuar su empresa, y así se hizo y doña Isabel hizo pregonar por toda la isla ayuda y le fue dada. *Y para el tiempo señalado se hicieron grandes apercibimientos de enviarle socorro de gente, caballos y armas y las demás cosas necesarias para poblar. Todo lo cual aprestaban las ciudades en común, y los hombres ricos en particular, esforzándose cada cual en su tanto de enviar o llevar lo más y mejor que pudiese para mostrar el amor que a su gobernador y capitán general tenían.*[68]

FRANCISCA PIZARRO—La ilustrísima mestiza

Su persona

Francisca Pizarro se nos presenta como una mujer sufrida y de gran corazón. A pesar de la tutoría de varios parientes, ciertamente fue ella la que crió a sus hermanos y la que veló por los intereses no sólo del padre, sino de toda la familia, incluyendo sus tíos, principalmente de Gonzalo, al que mucho quería. En ella vemos el tesón y firmeza de una María de Toledo al reclamarle a la corona los derechos y privilegios que había heredado de su padre, sobre todo en relación a las encomiendas. El viaje a España no fue idea suya, por bien que lo aprovechó para tal fin. En cuanto a obras de caridad, se le atribuyen muchas de ellas, así grandes como pequeñas, como la limosna de 38 pesos que ofreció estando en Panamá para el convento de San Francisco. A pesar de su linaje inca, el que ostentaba con orgullo, se hizo Pizarro y a esa familia se entregó en hechos y palabras. Por ello se le considera la perfecta mestiza, amante de sus dos linajes por los que sentía igual pasión y reverencia. Quiso mucho a su padre y a sus hermanos, y a su madre tiene que haberla querido no menos, aunque poca mención hizo de ella así en su testamento como en los relatos que se conservan de ella. Se dice que Francisca era sumisa y callada pero no nos da esa impresión. Es más, nos parece haber sido mujer hábil y astuta, decidida al logro de sus propósitos y que siempre supo lo que le correspondía hacer. Mestiza era de nacimiento, pero se crió entre españoles y aprendió a ser como ellos, resolutos y austeros si bien de gran corazón. Fue, como consta, una de las mujeres más influyentes, ricas y poderosas de su época. Mostró siempre gran afición por el buen vestir y no desperdiciaba ocasión para adquirir los más finos y exquisitos vestuarios, como hija que era de tan afamado padre.

Datos biográficos de Francisca Pizarro Yupanqui

Hija adorada de Francisco Pizarro y de su muy querida Inés Huayles Ñusta, la mujer que más amó en su vida. Verdadera mestiza heredera de un marquesado español (marqués de Atabillos. Nota del autor: *Atabillos* es el nombre de los distritos A. Alto y A. Bajo de la provincia de Canta, departamento de Lima, cuya población actual es de unos 4,000 vecinos) ganado por las armas y descendienta por línea materna de la más alta nobleza incaica. Mujer orgullosa de su mestizaje y de su blasón doble que siempre ostentó con dignidad y distinción y, como ha sido llamada, la primera mestiza noble peruana.

Veamos lo del marquesado, según palabras de Julio de Atienza:

CONQUISTA (DE LA)—Perú
Concedido por Don Felipe IV, el 8 de enero de 1631, a don Juan Francisco Pizarro, caballero de la Orden de Calatrava, nieto de Hernando Pizarro, hermano del conquistador del Perú. Lo solicitó don Juan Francisco del Rey mediante un extenso memorial, a cambio del título que se le había dado al conquistador… que juntamente le fue concdido con siete mil quinientos ducados de renta en indios vacos.

Doña Francisca Pizarro, hija del conquistador, casó con su tío carnal, don Hernando Pizarro, obteniendo facultad, por Reales cédulas de 26 de noviembre de 1571 y 27 de mayo de 1577, para fundar mayorazgo, que pasó a su hijo don Francisco Pizarro, que casó con doña Francisca Sarmiento, hija del II Conde de Puñonrostro. Su hijo, don Juan Fernando Pizarro, Señor de la villa de La Zarza, alférez mayor de la ciudad de Trujillo y alcalde perpetuo de sus alcáceres, fue nombrado por Don Felipe IV Marqués de la Conquista.[69]

El nombre completo de su madre era Quispe Sisa, bautizada como Inés Huayles Yupanqui, princesa inca, hija de Huayna Cápac y hermana de Huáscar y Atahualpa, (también llamada Doña Inés Coya. Pizarro le dio el nombre de Inés por su hermana). Vivía en el Cuzco cuando llegaron los viracochas, y por orden de Atahualpa fue llevada a Cajamarca donde se la entregó a Pizarro. En un principio fue sierva en su casa pero pronto se enamoró de ella y se hizo su amante. Pizarro la llamaba *la pizpita*, en recuerdo del pájaro de este nombre de su tierra natal. Casó con ella al estilo indígena. De Cajamarca acompañó a Pizarro al Cuzco y de aquí a Jauja, sin desprenderse de él un instante. Además de Francisca, le dio a Pizarro un hijo llamado Gonzalo nacido en 1535, que heredó la gobernación de Nueva Castilla. También tuvo Pizarro otro hijo de Angelina Yupanqui, hermana de Inés, llamado Gonzalo y nacido en el Cuzco en 1537, y Juan que murió siendo niño. Muerto Francisco Pizarro se casó con Francisco de Ampuero y el matrimonio se trasladó a España. Tuvieron un hijo que no llegó a la edad viril. Francisca nació en Jauja en 1534, posiblemente en diciembre y falleció en 1598 supuestamente en Madrid. Allí en Jauja (primera capital de la gobernación de Pizarro) se conocieron los padres, a donde había ido Pizarro con el nuevo Inca Manco y donde fundó esa ciudad el 25 de abril de 1534. Por cédula real del 10 de noviembre de 1536, el Rey legitimó a Francisca y a su hermano Gonzalo habidos con Inés Huayles.

Siendo muy niña, su padre se la dio a criar a Inés Muñoz, esposa de su medio hermano Francisco Manuel Alcántara. En su testamento, don Francisco dejó dicho que quería que recibiese la mejor educación española y que fuese bien adoctrinada en la fe cristiana, por lo que aprendió a leer escribir en castellano. Tenía por tutor a su tío Gonzalo y al morir éste lo heredó Antonio de Ribera. El padre Cristóbal de Molina le enseñó a tocar el clavicordio y otro la danza. Al casarse su madre con Ampuero, ella y sus hermanos Gonzalo y Francisco permanecieron en poder del padre. Tenía entonces unos tres o cuatro años de edad. Al ser asesinado el Marqués en 1541 tenía Francisca siete años, pudiendo darse perfecta cuenta de la tragedia y sufriendo la pérdida con gran dolor. Esto ocurrido, los soldados de Almagro embarcan a doña Inés, a Francisca y Gonzalo en un navío, y ordenan al piloto que los abandonen en alguna isla desierta, pero éste se compadece de ellos y los lleva al puerto de Manta y los deja en libertad. Se dirige entonces doña Inés a Piura, donde se entera de la venida del gobernador Vaca de Castro; se encuentra con él en el camino entre Quito y Paita y se los lleva consigo a Trujillo. Contaba Francisca entonces con doce años. Queda como heredera absoluta de los bienes y encomiendas del padre al morir su hermano. Antes, en el Cuzco, en el valle de Yucay, el 7 de mayo de 1539, Francisco Pizarro le había cedido a su hija el cacicazco de Chimu y conferido las encomiendas de Huayles y Conchuco. El traslado de este documento se hizo en Lima el 18 de febrero de 1552.

Pasó después a España junto con su hermano Gonzalo y el hijo de Gonzalo Pizarro, Hernando, casado con una india, por orden del presidente Pedro de la Gasca, quien temía que *revolviese la tierra*. Lograba así la Gasca deshacerse de todos los Pizarros sacándolos del Perú. Pero, en realidad, la orden había venido de la corona mediante cédula de 11 de marzo de 1550 por recomendación de la Audiencia de Lima. En la travesía a España Francisca redactó su testamento el 12 de marzo de 1551. La partida a España se había decidido para el 15 de marzo de 1551, cuando contaba sólo con diecisiete años. En el Perú dejaba a su madre, a la que nunca más volvió a ver. El navío hizo escala en Panamá permaneciendo allí hasta el 9 de junio. Antes de partir solicitó a la Audiencia de Lima, el 29 de diciembre de 1550, que le permitieran deshacerse favorablemente de sus propiedades en el Cuzco, Arequipa y otros lugares, autorización que le fue otorgada.[70]

Antes de terminar esta breve biografía, vale incluir aquí estas palabras de Ricardo Palma:

> Y a propósito de esta hija de Francisco Pizarro, parece que la tal fue en el Perú manzana muy codiciada y moza de mucho gancho; pues, por mi cuenta, pasan de cuatro los novios que tuvo, sujetos todos de lo más principal que hubimos entre los conquistadores, y que por ella se dieron de cintarazos dos de los pretendientes, aunque en puridad de verdad la sangre no llegó al río. Cierto es también que ella dejó a todos con un palmo de narices, porque a lo mejor del berrinche se largó a España en 1551 y se casó con su abuelo, que por tal podía pasar descansadamente su tío Hernando.[71]

Entre estas lista de pretendientes, por extraño que parezca, se hallaba su tío Gonzalo que la quería por mujer y que se quejaba de que Francisco de Carvajal no se la había querido dar. Pedro Gutiérrez de Santa Clara nos lo explica así: *Más con todo esto le pesó a Pizarro porque no le había casado con doña Francisca Pizarro, su sobrina, hija del marqués Pizarro, porque había días que lo traía pensado, y lo había platicado con el licenciado Cepeda, y él se lo había estorbado por entonces, diciéndole que primero se coronase por rey, y que luego lo haría.*[72]

Datos biográficos de Hernando Pizarro

Nace antes de 1475 en Trujillo (Cáceres), en la Zarza, residencia de la madre, y donde pasó su infancia junto con sus dos hermanas legítimas, Inés e Isabel y de su medios hermanos, menos Francisco. Fallece en 1578, después de cumplir 103 años. Hijo legítimo de Gonzalo Pizarro, *el Largo*, y de Isabel de Vargas. Acompañó a su padre a las guerras de Italia y también a las de Navarra. En 1530 pasa con su hermano Francisco al Perú junto con sus otros hermanos Juan y Gonzalo. Fue uno de los instigadores de las Guerras Civiles del Perú, profesando siempre gran animosidad hacia Diego de Almagro. Concluída la batalla de las Salinas, viaja a España en el verano de 1539 a solicitar ayuda del Rey y por acusársele de haber envenedado a Diego Alvarado, al que había nombrado Almagro administrador de las tierras conquistadas, se le echa preso por orden del Consejo y se le remite al castillo de la Mota en Medina del Campo donde permaneció hasta 1560. Fue nombrado comendador de Santiago. A diferencia de sus otros hermanos, y en especial de Francisco, obtuvo una buena educación y una posición social elevada. Regresó a Lima en noviembre de 1535 y le nombra don Francisco teniente gobernador del Cuzco. Fue Hernando el que mandó dar garrote a Almagro, vengándose así por haberle hecho prisionero en el Cuzco y por el mal que la había hecho a los hermanos. El Consejo de Indias lo denuncia y regresa a España a enfrentarse a los cargos. Es condenado a destierro en África pero el 14 de mayo se le permuta la sentencia y es remitido prisionero al castillo de la Mota.

Casamiento y descendencia

Llegada Francisca a Sevilla la reclama su tío Hernando y se dirige a Medina del Campo, donde estaba preso. Contaba Francisca con 17 años y su tío frisaba los cincuenta. Al verlo Francisca solo siente por él compasión y el cariño que profesaba a todos los Pizarros. Pronto ese cariño o afecto se hace más profundo y se casan en el castillo de la Mota en 1552, donde permanecen juntos nueve años. Difícil es atribuír esta unión a amor, máxime si se considera la enorme diferencia de edad entre ambos. Afecto, sí, deseo de compañerismo, quizás, el que ella estuviese impresionado por su posición y fama y él por su juventud, muy probable, y que ambos buscasen escapar de la soledad, muy probable también, pero no amor. Por otro lado, no debe extrañar tal matrimonio entre tío y sobrina pues era muy común en aquella época, siempre y cuando se obtuviese la debida autorización papal. Puesto en libertad Hernando en 1561 se trasladan a la Zarza, propiedad familiar de los Pizarros, cerca de Trujillo. En 1566 se le embargaron los bienes a ambos y se reanudaron los pleitos que tomaron mucho tiempo y dinero. En 1571 y 1577 respectivamente, por cédula real de Felipe II, los esposos fundaron el mayorazgo de los Pizarro. En cuanto a descendencia, y a pesar de la avanzada edad de Hernando, tuvieron en total cuatro hijos, tres varones y una hembra, cuyos nombres fueron Francisco, Juan, Gonzalo e Isabel. El tercer varón y la hija murieron en su infancia. Hernando había tenido anteriormente dos o tres hijos naturales con Isabel Mercado, que murió monja en el convento de Santa Clara de Trujillo.

Hecho histórico que le da renombre

Si consideramos todos los contratiempos y sinsabores que confrontaron a Francisca desde muy tierna edad, y las responsabilidades y deberes que cayeron sobre sus hombros a lo largo de su vida, indiscutiblemente que nos encontramos ante una de las mujeres más extraordinarias de América y aun del mundo. Como ya queda dicho repetidas veces, no era aquel mundo propio para mujeres, y menos para niñas, y aún menos para mestizas de linaje o no. Piénsese qe estamos hablando de un Perú, Quito y Panamá a mediados del siglo XVI, y de un ambiente y circunstancia en plena ebullición conquistadora y sin más voz que la del rey que se encontraba a muchos miles de millas de distancia; años de gran confusión, desasosiego, de lucha constante por el poder, de anarquía. Y, entre aquel mundo, una niña la cual, en aquel día funesto de 26 de junio de 1541, asida de la mano de su hermanito, aterrados y temlorosos, sin comprender acaso—¡dulce inocencia!—la conmoción y gritería de los ensangrentados almagristas, capitaneados por Juan de Rada, que salían victoriosos de su siniestro plan. Huérfanos de padre, y de madre (viva pero ausente), la mestiza ilustre comienza su larga y dolorosa trayectoria por un camino escabroso e incierto, de ciudad en ciudad, de casa en casa, hasta llegar a la lejana España, país extraño que la recibe fríamente y donde tiene que vencer los obstáculos de una inmigrante desconocedora de sus costumbres y filosofía de vida. Y de Sevilla a Medina del Campo, al castillo de la Mota, a hacer compañía a su tío, viejo, lleno de amarguras y resabios, pero al menos rico y poderoso, que la recibe cariñosamente y le promete la futura seguridad que ella tanto buscaba. ¿Y cómo no casarse con él a pesar de triplicarle la edad?

Con su tío se le sumaron a los problemas de ella los de él, especialmente los tenidos con la corte y el Consejo de Indias. Los Pizarros—nos referimos al hermano e hijos del conquistador por excelencia, el que le dio a España más riquezas y territorios hasta entonces insuperados—entraron en España por la puerta chica a diferencia del otro extremeño, el marqués del Valle, que entró por la grande, por la grandísima, por la que ni siquiera pasó el gran descubridor genovés sin el que nada de eso hubiese sido posible. España tiene una deuda muy grande con muchos de sus hijos, sobre todo con aquellos que lucharon por su patria y por su rey en Indias. Veinte años estuvo preso Hernando y junto a él Francisca, inmóvil, fiel, dedicada. Llegó a España de diecisiete años y al quedar libre su tío, ahora su esposa, tenía treinta y siete. Vuelta a la casa del padre y de la familia Pizarro, a la casa solariega que con tanto amor y dedicación ellos mismos embellecieron. Allí permanecieron relativamente felices hasta que falleció Hernando quien, antes de morir, le rogó a su esposa que no volviera a casarse y que le guardase fidelidad eterna. ¿Pero, cómo, a los treinta y siete años podía ella cumplir con su deseo? Y así, se volvió a casar después con don Pedro Arias Dávila Portocarrero, celebrándose la boda en la iglesia Santa María la Mayor de Trujillo. Este segundo marido era hijo de los segundos condes de Puñonrostro. La pareja se trasladó a Madrid y allí radicaron diecisiete años, durante los cuales derrocharon gran parte de su fortuna y se vio Francisca obligada a vender muchas de sus propiedades y fincas. La ilustre mestiza falleció el 30 de mayo de 1598, dejando a su marido, además de joyas y el manejo de la casa, dos mil ducados de renta al año. Entre sus muchas obras de caridad debe citarse la donación de cinco mil pesos de oro de su caudal (de los quince mil que costó) para edificar la iglesia catedral de Lima, cantidad en aquellos tiempos muy respetable y que el propio rey reconoce y agradece por cédula de 19 de marzo de 1552. Entre sus actos de valentía merece mencionarse la ocasión en que se unió a los obispos y clérigos para que no ajusticiasen a Juan Velázquez Vela Núñez, hermano del virrey, según había ordenado su tío Gonzalo Pizarro. Junto con Inés Muñoz, mujer de Antonio de Ribera, rogaron al teniente Lorenzo de Aldana que no le matase; y en otra ocasión intercedieron ambas mujeres cuando este Lorenzo de Aldana y Francisco de Carvajal se aprestaban a luchar entre sí, logrando al final calmarlos y hacerlos amigos.

Nunca más volvió Francisca a su tierra natal, ni a ver a su madre o a saber de ella. Sin embargo, sabemos que no olvidaba su origen indígena, y que hablaba con gran cariño tanto de su madre como de sus parientes. A España llegó niña, allí pasó toda su vida y allí murió. La tierra que peor la trató fue en la que deseó vivir. Ironías de la vida…

LEONOR DE ALVARADO— La blasonada mestiza

Su persona

Se abren estas páginas con las siguientes palabras del célebre Bernal Díaz del Castillo:

> … Y una hija que se dice doña Leonor, mujer que ahora es de don Francisco de la Cueva, buen caballero, primo del duque de Alburquerque, y ha habido en ella cuatro o cinco hijos, muy buenos caballeros; y esta señora doña Leonor es tan excelente señora, en fin como hija de tal padre…[73]

Y le siguen estas otras de un testigo:

> …y Alonso de Luarca, conquistador, Alcalde de la Hermandad y vecino de Guatemala, dijo que doña Leonor era "la propia hija del Adelantado don Pedro, porque vio a éste criarla como a tal y se parecía mucho a su padre en condiciones, bondad y rostro."[74]

La muerte de su padre tiene que haber sido un fuerte golpe para Leonor, que contaba entonces sólo con diecisiete años habiendo ya perdido antes a su madre (después de regresar con Alvarado a Guatemala en 1535). Si de Francisca Pizarro se dijo que era la *mestiza ilustre*, ¿qué menos puede decirse de esta otra mestiza aunque no fuese su reino tan rico y poderoso como el de la otra? (Nos referimos a Guatemala, no a México). Vemos aquí un paralelismo entre ambas en cuanto a linaje y posición, y aun si se quiere en carácter y condiciones: sus padres, famosos conquistadores, y sus madres, ambas princesas, una inca y la otra mexicana. Las dos se casaron dos veces con españoles y tuvieron más o menos el mismo número de hijos (Leonor seis y Francisca cinco), y las dos se casaron por primera vez con hombres mucho más maduros que ellas. Este carácter de ambas mestizas, dulce, comprensivo, noble, es francamente sobrecogedor y nos las revela como mujeres de una humanidad excepcional, sobre todo en unos tiempos duros, despiadados, extremadamente egoístas. De tanto sufrir y ver sufrir, entre sus lágimas y las de otros, se les enterneció el corazón y se les fortificó el espíritu, la máxima expresión de benignidad.

El carácter y personalidad de Leonor se irá perfilando en los textos que siguen, sobre todo, a nuestro parecer, en su digno comportamiento al designar la sepultura de sus parientes inmediatos (véase más abajo).

Datos biográficos de Leonor de Alvarado

Nació en Guatemala, en el campamento español de Utatlán, el 22 de marzo de 1524 y falleció hacia 1583, según se deduce al otorgar testamento el 13 de septiembre de ese año. Era hija natural de don Pedro de Alvarado, conquistador de Guatemala, y de Luisa Xiconténcalt, princesa de Tlaxcala, o *Tecuilhuatzin*, su nombre indio o mexicano antes de ser bautizada, a la que llama Diego Muñoz Camargo *hermosa y de buen parecer*. No podía haber más honra para un hijo en aquellos tiempos. Doña Luisa fue la más fiel compañera del gallardo capitán español y nunca lo abandonó en sus jornadas en México, Guatemala o Perú, y en esta última llevó también a su hija Leonor, y los tres regresaron juntos a Guatemala en 1535. A su lado estuvo en la retirada de la *Noche Triste* y con él se fue a Tlaxcala, su pueblo, a reponer fuerzas. Doña Luisa falleció en casa de su hija y Alvarado la hizo enterrar en la iglesia Mayor de la ciudad, como correspondía a tan alta señora.

Casamiento y descendencia

En su novela *La hija del Adelantado*, el escritor guatemalteco José Milla nos presenta una imagen idealizada de Leonor de Alvarado, de ella y de su amor, bien correspondido, por el capitán español don Pedro de Portocarrero. Confesamos no haberla leído, pero el otro escritor guatemalteco, Adrián Recinos, a pesar de reconocer los valores de la obra, se lamenta de la inexactitud histórica de la que padece y nos dice: *El autor de una novela histórica es libre de variar, multiplica o inventar los pormenores de la narración, siguiendo los caprichos de su fantasía. Al hacer uso de esta libertad, sin embargo, debe mantenerse dentro de los límites de los hechos establecidos y comprobados en los documentos históricos, que no le es permitido alterar arbitrariamente. El ilustre escritor don José Milla, que fue a la vez el mejor historiador de Guatemala, podría haber sido llamado ante el tribunal de nuestra historia antigua por haber alterado fundamentalmente la historia de don Pedro d Portocarrero y doña Leonor de Alvarado...*[75]

Ciertamente casó Leonor con Pedro de Portocarrero, pero de lo que se queja Recinos es de que no existió tal pasión en ese casamiento, al menos no por parte de ella, por una sencilla razón: la enorme diferencia de edades entre uno y otro. Don Pedro era ya viejo y achacoso y ella toda una flor rebosante de belleza y juventud. *Portocarrero, que en 1524 era persona respetable y a quien Alvarado llamaba "Don Pedro" desde entonces, debía ser hombre maduro cuando recibió por esposa a doña Leonor. Ella, en cambio, se hallaba a la sazón en la flor de la juventud y, dada la diferencia de edades, es difícil concebir que haya existido entre ellos el amor apasionado que con tan vivos colores pinta el señor Milla en su preciosa novela.*[76]

Tenemos, pues, que se casaron, y que la causa de este enlace fue por disposición de Pedro de Alvarado el cual, ya muerta doña Luisa, no quería dejar a su hija abandonada y sola en Guatemala mientras él partía al Perú. Ha de decirse que entre los dos don Pedros existía una vieja amistad, es más, estaban emparentados pues el padre de Portocarrero, llamado como él, estaba casado con doña Inés de Alvarado, hermana del padre del Adelantado, don Gómez Alvarado Messía. El casamiento tuvo lugar en 1535 ó 1536 y duró muy poco y no hubo sucesión. Ha de decirse, también, que el obispo Marroquín hubiese preferido que se casase con su primo, Juan de Alvarado, y así se lo solicita al Rey en carta de fecha 10 de agosto de 1541 desde la ciudad de Chiapas, pendiente, como se lo dice a Juan, de que se le nombrase gobernador. Pedro de Portocarrero murió entre 1536 y 1539, pues ya cuando Alvarado regresa de España casado con Beatriz de la Cueva en 1539 Leonor estaba viuda.

Muere el Adelantado en México, y sus amigos nombran a su esposa doña Beatriz de la Cueva gobernadora, quien designa a su hermano Francisco de la Cueva Teniente de Gobernador. Llega la fatídica noche del 10 de septiembre de 1541 en que toda la ciudad tiembla y queda sumergida bajo las tenebrosas aguas que se desbordan del volcán del Agua, y allí perece la desconsolada gobernadora con sus damas y doncellas. Leonor logra salvarse asida a las ramas de un árbol e igual fortuna tiene Francisco de la Cueva que se encontraba en su casa.

Casa por segunda vez Leonor con don Francisco de la Cueva, no en 1539, como se tiene pensado, sino hacia 1541, y es probable que lo haya propuesto el Adelantado al ver a su hija viuda cuando regresó de España casado ya con Beatriz de la Cueva. En otras palabras, que Alvarado deseaba juntarlos en matrimonio pero no se llevó a cabo hasta después de su muerte. Veamos la carta que le envía Francisco al Rey con fecha 20 de septiembre de 1541:

> Por la relación que a V.M. envío será informado de las muertes del Adelantado don Pedro de Alvarado y de doña Beatriz de la Cueva, su mujer... Entre las personas que escaparon de la tempestad que sobre esta ciudad vino, como V.M. verá por la relación, fue una doña Leonor de Alvarado, y escapó por muy gran peligro que Nuestro Señor quiso obrar en ella. E yo, visto como quedaba desamparada e huérfana y como su padre había muerto en servicio de V.M., de donde había causado ella quedar huérfana y sin remedio ninguno, acordé de la tomar por mujer e ansí lo hice y me casé luego con ella, porque demás de lo que tengo dicho, viendo la obligación en que V.M. es de favorecer y hacer merced a los hijos del Adelantado por respeto de su padre pues tanto tiempo sirvió a V.M. y murió en su servicio en cosa tan señalada y quedan pobres y huérfanos, pensé en ello servir a V.M.[77]

Veamos estas palabras que Recinos nos dice referente a la gobernación de Francisco de la Cueva:

> La administración de don Francisco de la Cueva como Teniente de Gobernador de Guatemala, fue en lo general favorable para el desarrollo de la Colonia... Cooperó don Francisco en la empresa de poblar la villa de Choluteca y San Jorge de Valle de Olancho en la provincia de Honduras agregada a la gobernación de Guatemala y cesó en sus funciones en junio de 1542, al llegar el Licenciado don Alonso de Maldonado a encargarse del gobierno de orden del Virrey de México; fue Alcalde de la Ciudad de Guatemala en los años 1548, 1558 y 1561 y redactó, en unión de Bernal Díaz del Castillo y dos vecinos más, las Ordenanzas del Ayuntamiento que fueron promulgadas el 30 de enero de 1559.
> Hacia fines de 1576, don Francisco de la Cueva, sintiéndose con la salud quebrantada, dispuso poner en orden sus cosas y otorgó su testamento con fecha 11 de octubre ante el escribano Luis Aceituno. Murió a los pocos días, según se deduce de la providencia del Alcalde ordinario, don Pedro Xirón, dictada el 26 de octubre, en la que manda abrir y publicar el testamento cerrado de dicho caballero.[78]

Leonor y Francisco tuvieron en total seis hijos, fuera de los que murieron infantes, tres varones y tres hembras: don Juan, don Pedro, don Esteban, y doña Beatriz, doña Lucía y doña Paula.

Volviendo a la muerte de Leonor, son muy interesantes estos datos que nos ofrece Recinos:

> Doña Leonor sobrevivió algunos años a su esposo. El 13 de septiembre de 1583 otorgó su testamento ante el escribano Blas de Hidalgo. En él

disponía que se le enterrara "donde lo estaban su padre y su marido, que era en la Capilla Mayor de la Santa Iglesia Catedral." Instituía por sus herederos a sus hijos…, a excepción de su hija doña Beatriz que había muerto y a quien representaba en sus derechos hereditarios su hijo don Martín de Guzmán.[79]

Y no menos interesantes los que siguen:

El 10 de enero de 1568, don Francisco de la Cueva y doña Leonor de Alvarado, su mujer, solicitaron de las autoridades eclesiásticas que se les diera en la nueva Iglesia Catedral una bóveda o arco para trasladar los huesos del Adelantado y los de su esposa doña Beatriz de la Cueva y para que sirviera de sepulcro a sus descendientes. Deseaban poner en el arco la estatua del Adelantado con su correspondiente epitafio y ofrecían por la gracia que solicitaban dos mil ciento cuarenta pesos en censos, para que se fundara con sus réditos una capellanía de misas por las ánimas del Adelantado y su inmediato pariente don Pedro de Portocarrero.
    Con el consentimiento de la Curia Eclesiástica, las tumbas del Adelantado y doña Beatriz y de doña Leonor y don Francisco de la Cueva se construyeron en la primitiva catedral de la ciudad de Guatemala, que hoy se llama la Antigua. Al Adelantado se le había dado sepultura en Guadalajara, México, donde murió el 4 de julio de 1541. Posteriormente fueron trasladados sus restos al convento de Tiripitío, de los religiosos agustinos de la provincia de Michoacán. En 1568, doña Leonor de Alvarado obtuvo licencia para trasladarlos a la catedral de Guatemala. Fuentes y Guzmán dice a este propósito que doña Leonor "labró dos sepulcros en la Capilla Mayor de la Santa Iglesia Catedral de esta ciudad de Goathemala la Nueva; el uno al lado del Evangelio para depósito de las cenizas de su padre y madrastra, trayendo a su costa las de su padre del pueblo de *Chiribito*, a donde las hizo depositar Juan de Alvarado, y las de doña Beatriz de la Cueva, de la Ciudad Vieja; ejecutando su traslación con pompa y fausto muy ilustre; el otro sepulcro, al lado de la Epístola, señaló para sí y para D. Francisco de la Cueva su esposo."[80]

No creemos que se pueda pedir más en el cumplimiento honorable de una hija, hijastra y esposa. Esto dice mucho del carácter de Leonor, del amor y fidelidad que sentía por su familia. Véase, como se dijo antes, que instituía como herederos a todos sus hijos, sin distinción, y que aun en la hija muerta designaba a su nieto para que la representara. Y ahora, muertos su padre y madrastra, los junta, no sin sacrificio, y se incluye ella y el marido en el mismo sepulcro de la catedral. Hermoso proceder de una mestiza, una de las tantas *mestizas ilustres* que engendró nuestra América. Obsérvese, como dato curioso, que a su madre, Luisa, la había enterrado Francisco Pizarro en la misma catedral y que, sin embargo, Leonor no traslada sus restos con los de su padre a pesar de saber lo mucho que se querían, pero sí lo hace con los de la madrastra. Esta actitud incomprensible de Leonor hacia su madre, a la que nunca volvió a mencionar, que nos conste, aguijonea nuestra curiosidad y a la vez nos llena de angustia. Adoración por el padre pero por el otro lado indiferencia hacia la madre. No nos lo explicamos.

Hecho histórico que le da renombre

Con lo dicho debería bastar para dar por sentado la magninimidad de esta mujer. Si se piensa que la gallardía de una mujer ha de encontrarse solamente en las armas, aunque indiscutiblemente tal don la singulariza, ennoblece y le da honra, muchas de las mujeres aquí presentadas carecerían de importancia. Ya se ha dicho, aquí y en muchas otras partes, que el valor en la vida se demuestra de mil maneras, por ejemplo, siendo un buen padre o madre, cumpliendo con las obligaciones y deberes que se nos imponen, siendo un buen ciudadano, etc. Leonor de Alvarado no fue una mujer guerrera, como tampoco lo fue Francisca Pizarro y muchas otras, aunque vivían y respiraban guerras a su derredor; todo el que viviese en aquellos tiempos vivía en guerra constante, ante el peligro personal o el de algún pariente o amigo. Leonor de Alvarado fue otra clase de guerrera, la guerrera silente, eficaz, cumplidora, la que vale tanto como la que se arroja al campo de batalla con rodela y espada en mano o más. Cumplió como tenía que hacerlo y dejó muy en alto su apellido y la honra de sus antepasados por ambas partes. Fue, como su contemporánea peruana, *una mestiza ilustre.*

7

Otras mujeres célebres

En este capítulo nos dedicaremos a dar una relación lo más completa posible de otras mujeres que se destacaron durante aquella época. Hemos logrado reunir en total a unas cuarenta, lo cual tenemos por gran hazaña debido a la mucha escasez de información que existe. No dudamos, sin embargo, de que si hubiésemos contando con más tiempo, digamos con otros dos o tres años, se hubiesen encontrado quizá hasta unas cien. Pero encontrar cien, o doscientas, o más, no quiere decir que tal fuese el número de estas extraordinarias mujeres. Es más, estamos convencidísimos de que existieron miles de mujeres que de una forma u otra lograron realizar hechos memorables. Pero no vale hacerse vanas ilusiones. Estas mujeres, por más que se busque y rastree en cuanto documento histórico pueda existir en el mundo, en los mejores archivos y bibliotecas, jamás verán la luz, quedando para siempre sepultadas en perpetuo silencio.

Antes de comenzar con nuestra relación, hemos de mencionar a un escritor español que dedicó una de sus mejores obras a dar honra y fama a la mujer española de Indias. Su nombre es Don Cesáreo Fernández Duro, Secretario Perpetuo de la Real Academia de la Historia, y su obra *La mujer española en Indias*, disertación leída ante dicha Academia el 1 de julio de 1902. Veamos algunos de sus comentarios acerca de la mujer:

> *Se concibe que un entusiasta admirador de las mujeres en el Nuevo Mundo vaticinara que, andando el tiempo, habían de dominar* (las mujeres) *a los hombres del antiguo, y mejor que, generalizando sin pasión, un moderno pensador francés haya escrito:*
>
> *¡Qué grandeza, que arrojo el de España en el siglo XVI! Jamás vio el mundo energía, actividad y fortuna semejantes. Para los españoles no había obstáculo en los ríos, en las montañas ni en los desiertos. Juntábanse unos cuantos, creaban escuadras, conquistaban imperios, y fundando ciudades discurrían el modo de unir los mares y los climas. Diríase que eran de procedencia de gigantes o de semidioses.*
>
> *Lo mismo iba la mujer a las azarosas exploraciones de costas, estrechos, y*

bahías; en los reconocimientos primeros de Rodrigo de Bastidas por Santa Marta; en los de Vázquez de Ayllón por el sitio en que hoy figura el Capitolio de Washington; en los del estrecho de Magallanes verificados por Pedro Sarmiento; y en las eternas travesías por el Pacífico de Álvaro Saavedra, Villalobos, Vizcaíno, Mendaña, que tropezando con las islas de Salomón, las Marquesas, Nueva Guinea, el mundo polinésico, habían de producir el completo conocimiento de nuestro planeta.

La mujer, seguramente, era turquesa en que se moldearon las energías nacionales. Si en Indias aparece cual queda expuesto, realzadas sus acciones por la lejanía y la grandeza del escenario, enséñanos la Historia que, cualquiera que fuese la posición social, alta o baja, igual se manifestaba por doquiera: doncella, dócil observadora de las disciplinas escritas por el primer Arzobispo de Granada, Fray Hernando de Talavera; casada, dicha, gloria, feliz suerte y bendición de su marido, como la de García del Castañar; madre, cual la pinta Fray Luis de León, criando hijos por manera "que sus buenas obras de ellos eran propios y verdaderos loores de ella.

Comenzamos con nuestra relación.

DOÑA MARÍA DE NIDOS

Nos situamos en Chile, en la ciudad de la Concepción, en el momento en que Francisco de Villagrá es derrotado por los araucanos. Prestas las huestes españolas a evacuar la ciudad ante el temor de una nueva derrota, surge en escena una gallarda española, Doña María de Nidos, que se dirige al jefe español con estas palabras:

Señor General, si vuesa merced desea retirarse por provecho personal, váyase en buena hora; pero deje siquiera que las mujeres defendamos nuestras casas y no nos obligue a solicitar asilo en las ajenas.

Bien fuese por vergüenza o por sensatez, Villagrá y sus tropas recapacitaron y se mantuvieron en su sitio. Caso contrario, la esforzada señora con otras mujeres hubiesen defendido la plaza y al final preservado sus hogares.

DOÑA LORENZA DE ZÁRATE

Al anunciarse en Panamá con gran alboroto la entrada del temido pirata inglés Francis Drake, el *Draque*, como se le llamaba en castellano, el ejército español al mando del General Alonso de Sotomayor le salió al paso dispuestos a vencerle. Cundió el pánico entre los ancianos, enfermos e inválidos, dándose prisa a escapar llevando consigo sus pertenencias. En ese momento, y haciéndose conducir en una silla a la que estaba baldada por su vejez y delicada salud, apareció en la calle Doña Lorenza de Zárate y de tal forma los amonestó que pronto recapacitaron y desistieron de su idea. Díjoles que, en ausencia del Gobernador, ella se les ofrecía para ayudarles si en ello correspondían y así lo hicieron. Esta Lorenza de Zárate fue mujer de Francisco de Irazabal, y durante los muchos años que vivió en Chile demostró en más de una ocasión ser mujer dispuesta y de gran carácter.

DOÑA ANA DE MENDOZA

Poco se sabe de ella pero lo suficiente para que figure en estas páginas. Proyectada la expedición a la Sonora en la Nueva España, pronto se cayó en cuenta de la falta de fondos necesarios para llevarla a cabo. Enterada Doña Ana, y sin titubear, ofreció de su propio haber cien mil pesos, comprometiéndose además a sostener a ochenta soldados por su cuenta, diciendo que esos eran dineros que su marido había ganado con la espada. La expedición pudo realizarse.

DOÑA JUANA DE ZÁRATE

Poquísimo se sabe de esta mujer, lo cual no deja de perturbarnos. Todo lo que hemos alcanzado a saber de ella es que fue nombrada Adelantada de Chile por Carlos V, ofreciéndole además poder escoger entre los títulos de Condesa y Marquesa. Suponemos que, al ser así honrada, se haya debido a algún hecho notable que hiciese. Creemos que merece un mayor esfuerzo de investigación, aunque no quedamos muy esperanzados de lograr éxito.

DOÑA CATALINA DE MONTEJO

De esta mujer sabemos que sucedió a su padre como Adelantado de Yucatán. Su padre era Francisco de Montejo de Salamanca, uno de los capitanes de Juan de Grijalva antes de unirse a las huestes de Cortés. Fue autorizado por el rey para conquistar a Yucatán y llegó a ser su primer gobernador. Casó con Beatriz Álvarez de Herrera con la que tuvo a Catalina y a un hijo, llamado también Francisco.

MARÍA DE ESCOBAR

Era natural de Trujillo, Extremadura, y fue mujer de Diego de Chaves que acompañó a Pizarro al Perú. Sufrió con su marido grandes penalidades y junto a él, y vestida de varón, afrontó el peligro en varias batallas. Era muy diestra en armas y excelente jinete. Fue fiera defensora de Atahualpa y se unió a su marido y a otros para evitar que se ejecutase, llegando a pedirle clemencia a Carlos V. Muerto su marido, se radicó en Lima y se dedicó a la instrucción de los indios que llegaron a adorarla. Fue, además, la que introdujo el trigo y la cebada en el Perú. Más tarde hizo paces con Pizarro quien le concedió tierras en las afueras de Lima, construyendo allí una escuela y una capilla. Creemos que más no se puede pedir de una mujer.

LA NIÑA MILAGROSA

Hemos de relatar aquí brevemente la conducta de una niña ejemplar en uno de los tantos viajes que se hicieron entre España y las Indias. Viajaba esta niña en la nave en la que iba Alonso de Zuazo, encargado de apaciguar los ánimos entre Diego Velázquez y Hernán Cortés. Naufraga la nave y mueren todos los tripulantes menos unas quince personas, salvadas por la niña que, de forma inesperada y milagrosa, logró hallar agua y les dio de beber. Lástima que no sepamos su nombre ni otros detalles que nos permitiesen seguirle la pista y obtener más información sobre ella.

Existió otra valerosa mujer, de la que sólo sabemos que, a punto de sucumbir la plaza de Santiago de Chile, derrumbó ella misma la puerta de la prisión donde estaban cinco caciques y a cada uno de ellos degolló, arrojando sus cabezas por encima de un muro con lo que se espantaron los enemigos y se desbandaron. Doloroso también que no sepamos su nombre.

RAFAELA DE HERRERA

Y aunque esta mujer, mejor dicho, esta niña, se sale de nuestra época, nos vemos obligados a incluirla. Nos referimos a Rafaela de Herrera, hija del capitán José de Herrera, nacida en Cartagena de Indias en 1748. Al apoderarse los ingleses del puerto de San Juan del Norte y atacar el castillo de la Concepción, ven morir los negros y mulatos que lo defendían al capitán Herrera y, llenos de pavor, se rinden al enemigo. Rafaela, que a la sazón contaba con trece años, trató de anirmarles pero, al no lograrlo, se dirigió sola al cañón y lo disparó con tal puntería que hirió de muerte al jefe inglés hundiéndose el buque y muriendo todos sus tripulantes. En ese momento, los negros y mulatos enardecidos por tal actitud heroica cobraron fuerza y desbarataron a las fuerzas enemigas, haciéndoles huir.

La niña, ya hecha mujer, casó luego con Pedro de Mora en Nicaragua y recibió del Emperador renta vitalicia por su heroicidad.

Y también nos toca incluir a **Mariana Pineda**, heroina y mártir durante el reinado de Felipe VII. Esta valiente y excelsa mujer, junto con otras mujeres amigas, fue denunciada y aprendida cuando estaba bordando una bandera constitucional y, aunque intentó escaparse aun estando gravemente enferma, no lo logró y fue finalmente condenada a muerte.

INÉS SUÁREZ

Incluimos a esta bizarra mujer española por deber, pero nos limitaremos a unas pocas palabras por gozar ya de gran fama. Fue la amante de Pedro de Valdivia y su compañera inseparable en todas sus campañas de Chile. Mostró gran valor y fidelidad y quiso a Valdivia con locura. Luchó cuerpo a cuerpo a su lado y jamás flaqueó su espíritu aun en los mayores trances. Fue, indudablemente, una de las mujeres más augustas que haya dado España. Se recomienda la obra *The Conqueror's Lady: Ines Suarez*, por Stella Burke May, publicada por Farrar & Rinehart, Inc., Nueva York, 1930. En ella aparece esta cita del cronista Pedro Mariño de Lovera: *Doña Inés desenvainó la espada y mató a siete caciques demostrando tanto valor como un Roldán o el Cid Ruy Díaz* (pág. xii).

FRANCISCA ENRÍQUEZ DE RIBERA— Condesa de Chinchón

Esta no fue mujer de espada y rodela pero todos le debemos eterna gratitud. Veamos. Fue mujer de Luis Jerónimo Fernández de Cabrera, virrey del Perú en el siglo XVII. Cayó enferma de fiebres y se valió para curarse de un remedio recomendado por los indios, la corteza febrífuga de un árbol llamada *Chinchona* o quina. Con ella se le desapareció la fiebre y pronto curó. Enterado el corregidor Loja, lo comunicó a los jesuitas, quienes en 1631 llevaron la quina a Roma desde donde se difundiós por todo el mundo. A partir de ese momento se le dio a la quina el nombre científico de *chinchona*, en honor a la virreina. Nota: en otras fuentes aparece como el nombre de esta mujer Ana de Osorio, condesa de Chinchón. Otros escritores atribuyen su cura a los jesuitas, considerando lo relatado como leyenda. Uno de estos escritores fue Vargas Ugarte en su obra *Historia del Perú*.

MENCÍA CALDERÓN

Mujer del siglo XVI, esposa del adelantado Juan de Sanabria. Al morir su marido, y en compañía de su hijastro, Diego, prepararon la expedición que habría de llevarles al Río de la Plata. Diego se desvió hacia La Española y ella siguió con su flota hasta arribar a las costas del Brasil. Después se dirigio al Paraguay y fue atacada por corsarios y, tras afrontar grandes peligros, llegó finalmente a Asunción, ciudad fundada por uno de sus acompañantes, Juan de Salazar.

DOÑA MARINA

¡Y cómo no incluir a Doña Marina, a la Malinche! Si mujeres valiosas hubo en América, y las hubo por miles, esta mujer ocupa el primerísima lugar de honor. Por ser famosa en demasía nos limitaremos a decir de ella unas pocas palabras. Era india pura, azteca, hija de un cacique de Olutla, en la región de Coatzacoalcos. Su nombre era algo así como Malinalli, o *Malintzin*, o simplemente *Malinche*, y como tal era conocida por los indios. Enviudada la madre, la vendió a ciertos mercaderes de Xicalanco. En 1519, al llegar Hernán Cortés y sus huestes a tierra mexicana, fue regalada en Tabasco entre veinte otras a Alonso Hernández Puertocarrero que se la entregó luego a Cortés. Y el resto es historia, grande historia de la que Doña Marina fue principal protagonista. Intérprete, consejera, compañera fiel, líder de españoles e indios, querida y respetada por todos, menos entre mucha de su gente de hoy que persiste en mancillar su nombre. Doña Marina no fue antimexicana sino antiazteca, con lo cual representaba el sentir de muchos mexicanos. Se odiaba al azteca, a Moctezuma, y ella se unió a los españoles para derrotarlos. Cierto es que se enamoró de Cortés, y él de ella, lo cual no ha de extrañar dadas las circunstancias. Indudablemente que sin ella Cortés jamás hubiese realizado sus sueños. No vale pensar de otra forma. Y dejémoslo aquí para no caer en otros temas que se apartan de nuestro camino. Doña Marina permanecerá siempre, quiérase o no, entre las mujeres más respetadas y admiradas de la historia de América.

CATALINA DE ERAUSO (O ERAUZO) —
La monja alferez

Bien conocida también, por cuanto nos refiriremos a ella sucintamente. Nacida en 1592 (muere en 1650), en San Sebastián, se escapó a la temprana edad de quince años de un convento de su ciudad natal y, vestida de varón, ejerció varios oficios en distintas ciudades españolas. Pasó luego a América radicándose en Trujillo y Panamá, y llegó a ser soldado en Chile donde se destacó en la batalla de Purén. Tuvo varios roces con la justicia pero siempre se las arregló para escapar de ellos. Se le quiso casar varias veces tomándosele por hombre, pero huye hasta que, herida y encarcelada en Perú (Guananga), se descubre su sexo, o ella lo descubre, y se le encierra en un convento. Vuelve a España y después pasa a Italia, donde consigue del Papa Urbano VIII la deseada autorización para ser hombre. Finalmente vuelve a México sin renunciar nunca a lo que siempre quiso ser. Aun reconociendo sus méritos como mujer valiente y decidida, no vemos en ella nada más que la haga digna de nuestra admiración. Fue una rebelde más que tuvo la suerte de lograr su propósito.

FRANCISCA ZUBIAGA DE GAMARRA— *La Mariscala*

Aunque se sale de nuestra época, debemos mencionar a esta peruana mestiza nacida en el Cuzco en 1803, conocida comúnmente por la Mariscala, esposa del general Agustín Gamarra. Sobresale en ella el haber tomado la plaza de Paria en el Alto Perú, y dirigir la retirada de las tropas de Bermúdez en la batalla sostenida con el presidente Orbegozo. Posteriormente se le prendió en Arequipa por haber participado en una rebelión, embarcándose a Chile disfrazada de hombre, donde murió. En la *obra Apéndice al Diccionario Histórico-Biográfico del Perú*, el autor, Evaristo San Cristóbal, le dedicada varias páginas a esta brava mujer (tomo IV, págs. 511–517, Lima, Librería e Imprenta Gil, S.A., 1938).

BEATRIZ Y FRANCISCA DE ORDÁS (U ORDAZ)

Escasísimos son los datos que existen sobre estas dos mujeres. Se cuenta, solamente, con esta cita de Juan de Torquemada en la que relata el desbarajuste del ejército de Pánfilo de Narváez por Cortés.

> Mandó Cortés a Marquez y a Ojeda que recogieran las armas y las escondiesen, y en ello ya se hacía de día. Dos mujeres, hermanas, llamadas Beatriz y Francisca de Ordás, sabida la prisión de Narváez y la rota de su ejército, desde una ventana a grandes voces dijeron: *vellacos Dominicos, que más os pertenecían las ruecas que las espadas; buena cuenta habéis dado de vosotros; mal [...] las mujeres que vinieron con tales hombres.*[1]

Muy comúnes eran estas amonestaciones que se les hacían a los hombres de conducta poco viril. Como se ha visto, si la mujer no formaba parte de la contienda, impulsaba al hombre para que se comportase según su honra y no desistía hasta que lo lograba. Nada peor se le podía hacer a aquellos férreos y orgullosos hombres, sobre todo viniendo de una mujer. Así, cobraban nuevo esfuerzo y en la gran mayoría de los casos vencían al enemigo. Vése, una vez más, la definitiva participación femenina en la gesta americana. De Beatriz se sabe que era hermana de Diego de Ordáz, el valiente y fiel capitán de Hernán Cortés, y esposa del herrero Hernando Alonso.

ISABEL RODRÍGUEZ

Esta mujer admirable se destacó en las guerras de Tlaxcala. Dejemos que Juan de Torquemada nos relate su hazaña:

> Continuaban las escaramuzas, desafíos y combates, con mucho derramamiento de sangre, y como los castellanos heridos tenían muy poco regalo, y de los indios amigos no había día que no saliesen cientos heridos, proveyó Dios en que una mujer castellana, dicha Isabel Rodríguez, les ataba las heridas y se las santiguaba, diciendo: En el nombre del Padre, del Hijo, y del Espíritu Santo; un solo Dios verdadero; que él te cure y sane, lo cual no lo hacía más de dos veces, y muchas no más de una, y acontecía que los que tenían pasados los muslos iban otro día a pelear; grande argumento de que Dios estaba con los castellanos, que daba salud a tantos por mano de aquella mujer... En esa misma ocasión fue herido de una vara un valiente soldado llamado Magallanes en la garganta, y por la mucha sangre que se le iba se fue al cuartel; echóse en los brazos de aquella piadosa mujer Isabel Rodríguez, y diciendo a Dios me encomiendo murió.[2]

BEATRIZ BERMÚDEZ DE VELASCO

Ya dijimos antes que cuando el español enflaquecía en la guerra la mujer que le acompañaba se lo recriminaba. Tal hizo esta mujer, esposa de Francisco de Olmos la cual, armada de celada, rodela, y espada, al ver que los españoles retrocedían en la batalla contra los mexicanos, se enfrentó a ellos diciéndoles: *¡Vergüenza, castellanos, volved contra gente tan vil y si no queréis, no pasará hombre de aquí que no le mate!* Avergonzados, los españoles arremetieron contra los enemigos y los derrotaron.

CATALINA

Poco se sabe de esta india de Santo Domingo. Pedro Mártir de Anglería nos da algunos detalles. Veamos:

> Al día siguiente, llegándose a las naves el hermano del reyezuelo, ya en nombre de éste, ya por iniciativa propia, logró atraerse a las mujeres; y así, a altas horas de la noche inmediata, la antes nombrada Catalina, deseosa de recobrar su libertad y la de cuantos pudiera, o bien sobornada por las promesas del cacique y de su hermano, atreviose a una empresa mayor que la realizada por la romana Clelia, la cual, huyendo del poder de Porsena, rompió sus ligaduras y atravesó a nado el Tiber, con las restantes jóvenes que estaban en rehenes; pues al paso que ésta se sirvió de un caballo, aquélla, confiada como las otras en el rigor de sus brazos, hubo de recorrer cerca de tres millas de borrascoso mar; tanta era la distancia que, en opinión de todos, separaba la flota de la orilla. Persiguiéronlas los nuestros con los botes más ligeros, orientándose por las mismas luces que desde la playa servían de guía a las fugitivas, y dieron alcance a tres de ellas. Es de suponer que Catalina, con las cuatro restantes, logró reunirse con Guacanasil, pues habiendo el Almirante despachado, así que amaneció, sus emisarios, volvieron éstos con la noticia de haber huido el reyezuelo con sus mujeres y todo su ajuar.[3]

LA GAITANA

No puede dejar de mencionarse a esta muy gallarda cacica colombiana del siglo XVI la cual, al matar el capitán español Pedro de Añasco a su hijo, Timanco, alzó a su tribu de los yalcones y se rebeló contra él haciéndole padecer lento y mortal suplicio. Y esto hizo no sólo por vengar a su hijo, sino también por haber sido traicionada por el hombre al que creía seducido por su escultural belleza. Hoy puede admirarse una estatua de esta mujer en el parque principal de Timaná.

DOÑA ISABEL MANRIQUE—
Aldonza Manrique

Tampoco se sabe mucho de esta mujer. Sabemos que su esposo fue Marcelo de Villalobos, oidor de la Audiencia de Santo Domingo, y que en 1535 obtuvo la gobernación de la isla Margarita (descubierta y nombrada por Cristóbal Colón en honor de su esposa) y que de ella nombró heredera a su hija, Aldonza Manrique. Aldonza casó con el conquistador Pedro Ortiz de Sandoval que llegaba a Santo Domingo del Perú. En 1539 el Consejo de Indias confirmó sus derechos de gobernadora pero no asumió el poder junto con su marido hasta 1542. Al morir el marido en 1546, Aldonza retuvo el título hasta que su hija Marcela, siendo muy joven, casó con Juan Gómez de Villandrando y posteriormente ambos se hicieron cargo de la gobernación. Aldonza nació hacia 1520 y falleció en 1575.

DOÑA LEONOR PORTOCARREO, DOÑA MENCÍA DE SOSA, Y DOÑA INÉS DE VARGAS

Vale plasmar aquí los nombres de estas tres españolas por sus muchas obras de caridad en Lima. Veamos las más importantes: Doña Leonor y Doña Mencía, mujer de Francisco Hernández Girón, fundaron a su costa un monasterio de monjas Agustinas llamado la Encarnación dentro de la jurisdicción del arzobispado. Doña Inés, mujer de Antonio de Ribera, fundó asimismo a su costa el monasterio de la Concepción en la misma ciudad. Si no se ganaron la honra con las armas ciertamente se la ganaron por su altruismo.

DOÑA GERÓNIMA DE ALBURQUERQUE

No nos consta que haya sido española, aunque por el nombre lo parece. De todas maneras, sabemos que tuvo a su cargo la capitanía o gobernación, siendo la más antigua, de la isla de Taramaca, en el Brasil donde había un ingenio azucarero y vivían alrededor de unos cien vecinos.

JUANA MARTÍN Y LA ESPOSA DEL SOLDADO ALONSO VALIENTE

De estas mujeres sólo contamos con una cita de Torquemada recogida por el historiador inglés Sir Arthur Helps. Estas dos mujeres, conjuntamente con la mulata Beatriz Palacios, María de Estrada, y otras, estuvieron presentes en el cerco de México ayudando a Cortés y su ejército contra los aztecas. Al retirarse Cortés a Tlaxcala les rogó que allí quedasen y descansasen, pero le contestaron que no era justo ni honorable que abandonasen a sus maridos y que si ellos habían de morir que ellas morirían a su lado.

LEONOR GOROMAR

Nada de guerrera tuvo esta mujer, pero ha de destacarse por su loable conducta en beneficio de los niños. Fue la que por primera vez presentó en Lima en 1693 un espectáculo público de títeres, haciendo inmensamente populares a dos de ellos, *ño Silverio* y *Chocolatito*. Tal fue su éxito que el virrey Melchor Antonio Portocarrero Lasso de la Vega le dio permiso para que continuase con su empeño.

BEATRIZ HERNÁNDEZ

Veamos lo que nos dice de ella el jesuita Mariano Cuevas en la batalla de Guadalajara: *Señalóse por lo varonil y esforzada Doña Beatriz Hernández. Sacó de la iglesia a todas las mujeres que ahí estaban llorando; se encara con ellas y les dice: "ahora no es tiempo de desmayos," las llevó a la casa fuerte y las encerró. Traía Beatriz un gorguz o lanza en la mano y andaba vestida con unas coracinas, ayudando a recoger toda la gente y animándoles y diciéndoles que fuesen hombres, que entonces vería quién era cada uno y luego se encerró con todas las mujeres y las capitaneó y las tomó a su cargo la guardia de la huerta, puestas sus coracinas, su gorguz y un terciario colgado en la cinta.*[4]

MARIANA DE NAVA

Esta mujer se aportó en Cuba sin saberse de dónde a principios del siglo XVII y se dedicó a curar enfermos de diferentes accidentes por la falta de médicos que había. Fue tan acertada su labor que se le dio cargo permanente con la alegría y consuelo de todos los vecinos de su pueblo.

LEONOR DE GUZMÁN Y MARI LÓPEZ

Estas dos mujeres, la una mujer de Hernando Carmona, y la otra amiga de Balboa, se destacaron heroicamente en la batalla del Río de la Plata entre las huestes españolas dirigidas por Francisco de Mendoza y los indios. Diego Fernández nos relata el episodio: *Estando esta pelea entraron por el fuerte los dos escuadrones o cuadrillas de indios abriendo las dos puertas que estaban cerradas, y como no había más de la ronda y las cuatro calles, entrábanse por los ranchos robando la ropa y andaban discurriendo por las calles; y dos mujeres que había…viendo los indios dentro del fuerte, tomaron sus espadas y rodelas, y varonilmente se fueron a favorecer a las puertas.*[5]

MARÍA CALDERÓN

Fue esta vecina de Arequipa, mujer compleja pero decidida y valiente, gran enemiga de Gonzalo Pizarro durante las cruentas Guerras Civiles del Perú, la cual hizo cuanto estuvo a su alcance por derrotarle a él y a su ejército, principalmente mediante intrigas y otras maniobras secretas y públicas. Pagó con la muerte su osadía, pero cuando se disponían a matarla en su lecho se defendió ella sola gallardamente contra cuatro soldados y dos negros, protegiendo a sus dos pequeños hijos que yacían a su lado. Fue amante esposa de Jerónimo de Villegas, valeroso capitán del bando de Diego Centeno. Al ver entrar a su compadre y asesino Francisco de Carvajal con otros a media noche para agarrotarla, les dirigió estas airadas palabras: *Y bien, ¿qué quiere el borrachón a tales horas en mi casa, no estando aquí mi marido?*[26]

ISABEL DE BOBADILLA (madre)

Difícil es igual el amor que esta mujer sentía por su marido, Pedrarias Dávila, y a lo que estaba dispuesta por permanecer a su lado al trasladarse a las Indias. Dejemos que Pedro Mártir nos hable de ella:

En paz y en guerra mostró ánimo esta marquesa *(Beatriz Fernández de Bobadilla, marquesa de Moya, tía de Isabel),* y con su intervención se realizaron muchas cosas grandes en Castilla. Sobrina suya, como hija de su hermano, es la esposa de Pedro Arias; la cual emulando en magnanimidad a su tía, cuando su marido se preparaba para ir a ignotas regiones del mundo y a vastos derroteros de tierras y mares, le habló en estos términos: "Amado esposo: me parece que nos unimos desde jóvenes con el yugo marital para vivir juntos, no separados. Adonde quiera que te lleve la suerte, ya entre las furiosas ondas del océano, ya en horribles peligros de la tierra, sábete que te he de acompañar yo. Ningún peligro puede amenazarme tan atroz, ningún género de muerte puede sobrevenirme que no sea para mí mucho más llevadero que el vivir separada de ti por tan inmensa distancia. Es preferible morir una vez, y que me echen al mar para que me coman los peces, a la tierra de los caníbales para que me devoren, que no consumirme en luto continuo y perpetua tristeza, esperando no al marido, sino sus cartas. Esta es mi resolución, no tomada temerariamente, ni del momento, ni por arrebato mujeril, sino maduramente pensada. Escoge una de dos cosas: o me cortas el cuello con la espada, o consientes en lo que pido. Ni siquiera me lo impediría un momento el amor de los hijos que Dios nos ha dado (pues dejaban cuatro hijos y cuatro hijas). Les dejaremos los bienes antiguos y los dotales, con que puedan vivir entre los caballeros de su clase. De lo demás ya no me cuido." Cuando esto hubo dicho aquella matrona de ánimo varonil, viéndola su marido resuelta a poner en obra lo que había dicho, no se atrevió a contradecir sus peticiones, sino que alabó el propósito de tal esposa. Siguióle, pues, como a Mitrídades le seguía Ipsicrateya con el cabello tendido. Ama ésta a su marido como la halicarnásea Caria a su difunto, y a Mausolo su Artemisa. Y hemos sabido que la denodada Isabel de Bobadilla, educada con todo regalo, aguantaba el bramido del océano con tanto valor como su marido o cualquiera de los marineros que se habían criado entre las ondas del mar.[7]

INÉS MUÑOZ DE RIVERA Y MARÍA DE CHAVES

Nos encontramos aquí ante la misma dificultad de algunas de las otras mujeres, puesto que tampoco hay suficientes datos sobre ellas. Sabemos que fueron mujeres en extremo dignas y valientes, sobre todo Inés Muñoz, y que contribuyeron, con sus propios dineros, a la fundación del monasterio de Nuestra Señora de la Concepción en Lima y otras obras meritorias. Bernabé Cobo nos da estos detalles que servirán al menos para formarnos una idea cabal de sus insignes personas.

Del monasterio de la Concepción. No fue menos admirable el principio de este monasterio de Nuestra Señora de la Concepción que el primero, puesto caso que en bienes temporales fueron muy desiguales por haber comenzado éste con grandes rentas, cuales eran las que poseían en el siglo sus fundadores. Estas fueron dos señoras, suegra y nuera, de las más principales, ricas y estimadas de esta ciudad y de todo el reino, llamadas doña Inés Muñoz de Rivera, la suegra, y la nuera doña María de Cháves. Fue, pues, su principio de esta manera: la doña Inés Muñoz fue casada con el capitán Francisco Martín de Alcántara, hermano del marqués don Francisco Pizarro; vino a este reino en compañía de su marido y cuñado y los demás conquistadores; hallóse en todos los trabajos y peligros que pasaron en la conquista de esta tierra, con tal varonil pecho y ánimo que no solamente los toleraba sin muestras de flaqueza, sino que alentaba y esforzaba a su cuñado y compañeros para que no desistiesen de la empresa rendidos a las dificultades que se les ponían por delante; de manera que podemos decir muy bien haber tenido esta gran matrona no menos parte en la conquista de este reino que el mismo marqués Pizarro, porque el esfuerzo y ánimo con que él consiguió tan grandes victorias y triunfos, esta señora lo alimentó y sustentó con regalos y comidas que por sí misma le aderezaba, para que pudiese preservar en tantos reencuentros y batallas como cada día con los indios tenía… Vivió la fundadora doña Inés Muñoz hasta tres de junio del año de mil quinientos noventa y cuatro, y murió de edad de ciento y seis años… Debe Lima a esta gran matrona no sólo el beneficio de la fundación de este monasterio, sino otros muchos que de ella como su fundadora y madre tiene recibidos, pues tanta parte tuvo con su industria y trabajo en la pacificación y población de esta tierra. A ella debe el pan de trigo con que se mantiene, y a su segundo marido la abundancia de olivares de que goza, y a entrambos juntos otras muchas frutas y legumbres que con gran diligencia hicieron traer de España y pusieron en su huerta, que hoy posee este monasterio, donde se ve el primer olivo que hubo en este reino traído de España, y lo que no es de menos consideración, el primer obraje de lanas de Castilla que hubo en esta tierra...[8]

Inés Muñoz fue también la que se encargó de la crianza de los hijos de Francisco Pizarro y la que los salvó al ser asesinado por Almagro y sus secuaces, escondiéndolos en un convento en lo que arriesgaba su vida. También tuvo ocasión de enfrentarse a Almagro y decirle en su cara "muy feas palabras."

LA TRISTEMENTE SIN NOMBRE

No, no se trata de un acertijo sino de una triste realidad, la de no conocer el nombre de esta santa negra que echó las bases del primer hospital de América. El hospital se llamaba San Nicolás, fundado en Santo Domingo por fray Nicolás de Ovando año de 1502, cuyos orígenes se le atribuyen a esta negra. Existe un libro de Fray Cipriano de Utrera en el que señala que el Arzobispo Carvajal y Rivera se dirige al Rey Carlos II en carta fechada el 2 de diciembre de 1695, en la que le comunica que *El principio de esta fundación fue un boxio donde hoy está nuestra Señora de Altagracia que era de un negra piadosa que recogía a los pobres que podía y los curaba según su posibilidad por no haber hospitalidad en esta ciudad. Aumentóse por las limosnas de algunos vecinos y su primera iglesia fue esta dicha capilla.*[9]

MARÍA VÉLEZ DE ORTEGA

Poco se sabe de esta mujer, pero así y todo es digna de figurar en estas páginas. Se le conoce como la primera maestra de la Nueva España, pues en su propia casa de la ciudad de Los Ángeles albergaba a cinco niñas huérfanas a las que atendía como si fueran sus propias hijas, criándolas con mucho mimo y educándolas con mucho amor. Era hija de Antón Ruiz de Ortega y de Catalina Martín y natural de Guadalcanal. Había casado con el conquistador Juan Gómez de Peñaparda, con el que tuvo una hija. A pesar de su penuria crió a las cinco niñas a su costa con una dedicación ejemplar.

MARÍA DE ESTRADA

Aquí más que a una mujer nos referimos a un soldado, de los de espada y rodela que se lanzan al campo de batalla a defender su causa con la vida si es menester. Esta buena señora, de más que ánimo varonil, se unió a las huestes de Hernán Cortés en aquella fatídica *Noche Triste*, en la que el gran conquistador extremeño creyó arruinada su empresa y vida. Diego Muñoz Camargo nos describe su valiente comportamiento:

> En esta tan temeraria Noche Triste, mataron a un paje de Hernando Cortés delante de sus ojos, llamado Juan Salazar, donde asimismo se mostró valerosamente una señora llamada María de Estrada, haciendo maravillosos y hazañeros hechos con una espada y una rodela en las manos, peleando valerosamente con tanta furia y ánimo, que excedía al esfuerzo de cualquier varón, por esforzado y animoso que fuera, que a los propios nuestros ponía espanto, y asimismo lo hizo la propia el día de la memorable batalla de Otumba a caballo con una lanza en las manos, que era cosa increíble en ánimo varonil, digno por cierto de eterna fama e inmortal memoria. Esta mujer fue casada con Pedro Sánchez Farfán; tuvo por partimiento el pueblo de Tetela, que está a una parte del volcán. Casó segunda vez con Alonso Martínez, partidor; vivieron en la ciudad de la Puebla de los Ángeles hasta que acabaron.[10]

Era oriunda de Sevilla e hija de Juan Sánchez de Estrada y hermana de Francisco. Llegó a América y se unió con su hermano en Cuba. Gran lástima es que no se sepa más de esta gallarda mujer, como bien dice Muñoz Camargo, merece eterna gloria y debe figurar entre uno de los verdaderos conquistadores de México. Y, como si fuera poco, cuando no peleaba se dedicaba a recoger y curar a los heridos y a darles aliento. Bernal Díaz del Castillo también la menciona junto con otros autores, entre ellos el inglés Helps.

LUISA XICOTÉNCALT (O JICOTENGA)

Aunque ya aparece como madre de Leonor de Alvarado en el capítulo 6, la hemos querido incluir aquí a ella sola por ser tan augusta mujer. Nadie quiso tanto a Pedro de Alvarado y nadie le guardó tanta fidelidad. Es muy probable que si no hubiera muerto antes, él se hubiera casado con ella antes de hacerlo con Beatriz de la Cueva. Le fue dada a Cortés por el cacique de Tlaxcala el Viejo, pero él se la pasó de buen grando a Alvarado para que la cuidase y honrase, con lo cual cumplió. Siguió a Alvarado en todas sus jornadas de la Nueva España y marchó con él a Guatemala cuando fue nombrado gobernador. Después le acompañó al Perú, siendo en todo momento su más fiel consorte y afrontando junto a él todos los peligros y contratiempos. Le dio dos hijos, Pedro, nacido en la Nueva España, y Leonor nacida en Guatemala que se casó después con Francisco de la Cueva, hermano de Beatriz de la Cueva y conde de Alburquerque. De ella sola se podría escribir un magnífico libro.

LA MUJER DE BARBARÁN

A esta mujer le cabe la honra de haber salvado el cadáver de Francisco Pizarro antes de que se le degollase por los soldados de Almagro. Mucho coraje tiene que haber tenido para en ese momento enfrentarse a la turba de asesinos y arrebatarles, con lágrimas en los ojos, el cuerpo inerte del famoso conquistador. Pero así lo hizo y logró, y se valió de la ayuda de un negro para irlo arrastrando, envuelto en un jergón y tirando de una cuerda, hasta la iglesia Mayor. Al día siguiente se le hicieron las exequias pobres en extremo, y a su lado se hallaban esta digna y valerosa mujer y su marido Juan de Barbarán.

JUANA LEYTON

Poco se sabe de esta mujer portuguesa pero el Inca Garcilaso nos ofrece algunos detalles:

> Sabido es que Carbajal quería infinito a su ahijada Juana Leyton, mujer de Francisco Voto, un tunante que traicionó más tarde al padrino pasándose a las filas realistas. Esta Juana era una muchacha portuguesa, hija adoptiva de doña Catalina, la querida que Carbajal trajo al Perú. Juana Leyton fue siempre, cerca del indomable *Demonio de los Andes*, un ángel que salvó muchas vidas e impidió no pocas atrocidades, pues el maestre de campo no desairó jamás ruego o empeño de su mimada Juana.[11]

ISABEL

Mucho daríamos si supiésemos al menos unos cuantos detalles acerca de esta madre ejemplar. Sabemos que fue la madre del conquistador mestizo Francisco Fajardo, cuyo padre fue un hidalgo español, y también sabemos que Isabel fue india *guaiquerí* y que su abuelo era un gran cacique el valle de Maya en la provincia de la tribu de los *caracas*. Sabemos también que acompañó a su hijo en varias jornadas, una de ellas en 1557 tocando en Píritu y volviendo a desembarcar en Chuspe. Se dirigió después con

Francisco al Tocuyo donde éste fue nombrado gobernador de la costa de Burburata a Marcapana y fundó la villa de Rosario. Pronto estalló una rebelión entre los indios dirigidos por el cacique Paisana que envenenó las aguas en las que murió Isabel. Al final Francisco derrotó al tal cacique y le hizo pagar por la muerte de su madre ahorcándolo. Francisco nació en la isla de Margarita y murió en Cumaná en 1564. Se desconoce su fecha de nacimiento.

MAGDALENA DE ANAYA

Nos extraña muchísimo no haber encontrado información alguna acerca de esta mujer, a pesar de haber sido dueña absoluta del gobierno de Quito por cuatro años mientras su esposo, Pedro de Venegas, ocupaba el cargo de gobernador, hecho ocurrido a finales del siglo XVI. Sabemos que Venegas era un Oidor corrupto y que fueron tiempos tumultuosos en aquella ciudad.

BEATRIZ DE PAREDES

Esta es otra mujer, mulata, que se nos escapa y de la que solamente sabemos que estuvo en México y que se dedicaba a curar a los heridos y aun peleaba en lugar de su marido durante la conquista. Ni sabemos el nombre de éste ni de dónde provenían ambos. La pobre Beatriz, quizás por ser mulata, quedará para siempre sepultada en el olvido. Una de las tantas injusticias de la historia.

LAS CACICAS DE MIXTECA

Especial mención merecen estas cacicas de la región de Mixteca, las cuales, según se apunta acertadamente en la obra *Indian Women of Early Mexico*, ocuparon posiciones prominentes en la sociedad de aquel tiempo, y dieron a valer sus derechos ante las autoridades españolas como herederas de tierras y dominios pertenecientes a sus antepasados. *El segundo mito que debe refutarse es que las indígenas eran algo inferior y servil a los hombres. Como queda demostrado por Ana de Sosa, Catalina Peralta, María Saavedra y Juana de Rojas, tal mito no tiene fundamento alguno en lo que se refiere a las cacicas de Mixteca. Sostenían los mismos rangos que sus hermanos y maridos y les sucedieron en sus títulos por derecho propio. Poseyeron riquezas y propiedades y se les tenía en gran estima así por parte de los indígenas como de los españoles. Las cacicas eran enérgicas e influyentes en la vida social, económica y política del oeste de Oaxaca y desempeñaron una función señera en la formación de la sociedad colonial mixteca* (traducción del autor).[12]

DOÑA BEATRIZ HUAYLLAS ÑUSTA

Esta indígena, inca, hija de Guaina-Capac, sobresale por su firmeza de carácter e inflexibilidad cuando se le obliga a tomar una decisión contraria a su voluntad. Al final cede mayormente por complacer a su hermano, pero no sin expresar antes su total inconformidad. Era esposa del soldado español Pedro Bustinza, y al morir éste se le quiere casar con otro a lo que se resiste. Veamos cómo nos lo cuenta Manuel de Mendiburu:

Quedó viuda Doña Beatriz con motivo de aquella desgracia y acabada la guerra tratándose de casar a varias viudas de su posición, pues acostumbraban darles marido contra su voluntad, se les obligó a que contrajese segundas nupcias con hombres ancianos y algunos nada dignos, sólo por aprovechar de los indios y riquezas que tenían, y sin que los pretendientes reparasen en la fealdad o años que dichas mujeres contaran.

El que se le propuso a Doña Beatriz fue un español llamado Diego Hernández quien se decia haber sido sastre en España, aunque sin fundamento, según escribe Garcilaso, quien lo califica de buen soldado y hombre de bien. La princesa rehusó el casamiento diciendo que no era propio lo hiciera con un *ciracamayo* (sastre). En vano trataron de persuadirla el obispo del Cuzco, el capitán Diego Centeno y otras personas respetables congregadas ya para hallarse en el desposorio. Apelaron a la influencia de D. Cristóbal Paullu, su hermano, el cual habló a solas con Doña Beatriz y le aconsejó se prestara al enlace proyectado para que no se ofendieran los españoles y sobreviniesen perjuicios a los que quedaban de la familia real de los incas. Ella se allanó al fin pero no con voluntad; y cuando el obispo que autorizó la ceremonia preguntó a la novia si quería a Hernández por esposo, contestó: *"quizá quiero, quizá no quiero."* Esto no fue inconveniente para que quedase efectuado el matrimonio.[13]

8

Conclusiones: La mujer en la formación de América

Según las *Sagradas Escrituras* puso Dios al hombre y a la mujer en la tierra con el fin de que entre los dos creasen un mundo en el que convivir y multiplicarse, sin que ninguno de los dos reclamase ventaja o superioridad sobre el otro. Ha de afirmarse, pues, que desde el génesis, el hombre y la mujer han constituido la fuerza creadora detrás de toda empresa humana y que, por lo tanto, ambos han sido protagonistas de la historia.

Si tomamos la historia de España, principalmente la moderna, veremos que junto a un Rey Fernando hubo una Reina Isabel y junto a un Emperador una Emperatriz. Y si tomamos la historia de América, veremos asimismo que junto a un Cortés hubo una doña Marina, junto a un Pizarro una doña Inés y junto a un Alvarado una doña Luisa. Cuando Cortés tropezó con la enorme barrera del habla, apareció doña Marina quien la derribó, y fue después su sombra y unió su destino al de él y al final acató abnegadamente la inevitable separación. Después de conquistada Cajamarca, Inés Huayles no se separó un momento de Pizarro, y cuando ocurrió la gran hecatombe de la *Noche Triste* en la retirada de México, Alvarado encontró más que consuelo y apoyo en su fiel compañera doña Luisa. Si protagonistas de aquella incipiente historia de América fueron los hombres, no menos lo fueron las mujeres aun cuando no empuñaran espada o trataran de subyugar imperios. Y si el hombre fue conquistador, también lo fue la mujer, pues con igual esfuerzo y sacrificio compartió la enorme empresa civilizadora. El haberlo hecho mayormente desde su hogar, como esposa y madre, en nada desmerita su participación heroica; es más, le da mucho mayor realce y magnanimidad.

Como ya se habrá visto, cuando Pedrarias Dávila se preparaba para dirigirse a América, quiso dejar a su mujer en España para evitarle sufrimientos y ella le amonestó diciéndole que no, que con él marchaba y que permanecería a su lado, como era su deber, sin reparar en las consecuencias. Igual comportamiento tuvo su hija Isabel con Hernando de Soto al decirle que se quedaba en Cuba con el único propósito de socorrerle cuando fuese menester. Y así, Cortés se aferró de doña Marina y ella de él, y Pizarro de doña Inés y ella de él, y Alvarado de doña Luisa y Valdivia de Inés Suárez. Nunca se negó una mujer a seguir al hombre y nunca fue ésta rechazada, fuese su esposa, amante o concubina. Y ya que mencionamos a las amantes y concubinas, al hablar de la mujer quedan ellas incluidas también, pues por el hecho de no estar casadas de ninguna manera menoscaba su conducta digna y heroica. Todas las mujeres antedichas fueron eso, amantes, y con igual derecho ha de considerárseles protagonistas junto al hombre de la historia de su tiempo. Ni tampoco nos referimos a una sola raza, la española, sino a todas, ésta, más la india, la negra, la mestiza, la mulata. Es decir, que al hablar de los protagonistas de la historia de América, justamente los abarcamos a todos, hombres y mujeres, así como a todas las razas, castas y culturas que la constituían.

Y, así, es injusto y hasta inmoral no reconocer en la mujer su gran valer en toda empresa humana, bien haya sido dentro del hogar o fuera de él, pues en uno y otro siempre cumplió a cabalidad con su deber y cometido.

Notas a capítulos

Introducción

1. Charles F. Lummis, *Los conquistadores españoles del siglo XVI*, Ediciones Araluce, Barcelona, 1959, p. 13.

2. *Diccionario de historia de España*, Revista de Occidente, Madrid, 1968, t.II, p. 785.

3. *Diccionario de Historia de España*, Revista de Occidente, Madrid, 1968, t.II, 498.

4. Francisco Cervantes de Salazar, *Crónica de la Nueva España*, The Hispanic Society of America, Tipografía de la Revista de Archivos, Madrid, 1914, págs. 706–707.

5. Ricardo Palma, *Tradiciones Peruanas*, Aguilar, Madrid, 1957, p. 424.

6. Antonio de Solís y Rivadeneyra, Historia de la conquista de México, en Madrid, en la imprenta de Blas Román, Año de 1776, Dedicación.

7. Miguel de Cervantes, Don Quijote de la Mancha, Saturnino Calleja, Madrid (sf), p. xviii.

8. Padre Feijoo, *Defensa de la mujer*, Primera Parte, Madrid, Imprenta de la Última Moda, 1898, p. 26.

9. Juan de Solórzano y Pereyra, *Política Indiana*, Compañía Ibero-Americana de Publicaciones, Madrid-Buenos Aires (s.f.), t. I, p. 190.

Capítulo 1

1. Lipschutz, *El indianismo y el problema racial en las Américas*, Santiago de Chile, 1944 (citado por Ángel Rosenblat, p. 74).

2. Francisco Morales Padrón, *Manual del historia universal — tomo VI, Historia*

general de América, Espasa Calpe, S.A., Madrid, 1975, p. 502.

3. Juan de Solórzano y Pereyra, *Política indiana*, Compañía Ibero-Americana de Publicaciones, Madrid–Buenos Aires, t. I, p. 448.

4. Salvador de Madariaga, *El auge del imperio español en América*, Editorial Sudamericana, Buenos Aires, 1959, p. 54.

5. Madariaga, *ob. cit.*, p. 48.

6. Ángel Rosenblat, *La población indígena de América, desde 1492 hasta la actualidad*, Buenos Aires, Instituto Cultural Española, 1945, p. 210.

7. Morales Pardón, *ob. cit.*, 40..

8. *Ibid.*

9. *Diccionario de Historia de España*, *ob.cit.*, t.I, p. 1008.

10. Morales Padrón, *ob. cit.*, p. 486.

11. Pedro Aguado Bleye, *Manual de historia de España*, Espasa Calpe, S.A., Madrid, 1974, t.II, págs. 1166–1167.

12. *Obras del Padre Acosta*, Biblioteca de Autores Españoles, Atlas, Madrid, 1954, p. 526.

13. Diego Fernández, *Historia del Perú*, BAE, Atlas, Madrid, 1963, t.II, p. 56.

14. Gómara, *ob. cit.*, t.II, p. 297.

15. Bernal Díaz del Castillo, *Historia verdadera de la conquista de la Nueva España*, Editorial Porrúa, S.A., México, 1974, págs. 43–44.

16. Pedro Mártir de Anglería, *Décadas del Nuevo Mundo*, José Porrúa e Hijos, Sucs, México, 1964, t.I.p. 176.

17. *The Harkness Collection in the Library of Congress: Calendar of Spanish Manuscripts Concerning Peru, 1531–1651*, United States Printing Office, Washington, 1932, p. 254.

213

18. Juan de Solórzano y Pereyra, Ibid, p. 396.

19. *Ibid*, p. 396.

20. Mártir de Anglería, *ob. cit.*, p. 252.

21. Solórzano y Pereyra, *ob. cit.*, p. 400.

22. Solís, *ob. cit.*, págs. 71–72.

Capítulo 3

1. *Los virreyes españoles en América durante el gobierno de la Casa de Austria*, Biblioteca de Autores Españoles, Atlas, Madrid, 1976, t.I, p. 129.

2. Madariaga, *ob. cit.* p. 39–40.

3. Julio de Atienza, *Títulos nobiliarios hispanoamericanos*, M. Aguilar, Editor, Madrid, 1947, págs. 14–15.

4. Carlos Pereyra, *Breve historia de América*, M. Aguilar, Editor, México, 1958, págs. 253–254.

5. Adrián Recinos, *Doña Leonor de Alvarado*, Editorial Universitaria, Guatemala, 1958, págs. 88–89.

6. Salvador de Madariaga, *Vida del muy magnífico señor Don Cristóbal Colón*, Editorial Sudamericana, Buenos Aires (s.f.), p. 306.

7. Palma, *ob. cit.*, p. 411.

8. Morales Padrón, *ob. cit.*, p. 472.

9. Morales Padrón, *ob. cit.*, págs. 472–473.

10. Antonio Vázquez de Espinosa, *Compendio y descripción de las Indias Occidentales*, City of Washington, The Smithsonian Institution, 1948, p. 605.

11. José M. Valega, *El virreinato del Perú: Historia crítica del virreinato en todos sus aspectos*, Editorial Cultura Ecléctica, Lima, 1939, p. 64.

12. *Diccionario de Historia de España, ob. cit.*, t.III, p. 243.

13. Alexander von Humbolt, *Political Essay on the Kingdom of New Spain*, trad. del francés por John Black, London, por Longman et al, 1811, t.II, p. 82.

14. *Ibid.*, p. 197.

15. Valega, *ob. cit.*, p. 128.

16. *Ibid.*, p. 95.

17. Juan López de Velasco, Geografía y descripción universal de las Indias, Biblioteca de Autores Españoles, Atlas, Madrid, 1971, págs. 19–20.

18. *Los virreyes españoles en América durante el gobierno de la Casa de Austria, ob. cit.*, p.141.

19. Madariaga, *ob. cit.*, p. 276.

20. Fray Antonio de Remesal, *Historia general de las Indias Occidentales y particular de la gobernación de Chiapa y Guatemala*, Biblioteca de Autores Españoles, Atlas, Madrid, 1964, t.I, págs. 343–344.

21. Remesal, *ob. cit.*, t.II, p. 437.

22. Vázquez de Espinosa, *ob. cit.*, p. 633.

Capítulo 4

1. *Obras completas del Inca Garcilaso de la Vega*, Biblioteca de Autores Españoles, Atlas, Madrid, 1963, t.II. p. 124.

2. Pedro Cieza de León, *La crónica del Perú*, Austral, Espasa Calpe, S.A., Madrid, 1962, p. 156.

3. Inca Garcilaso, *ob. cit.*, p. 134.

4. Gómara, *ob. cit.*, t.I, p. 337.

5. Madariaga, *ob. cit.*, p. 475.

6. *Ibid.*, págs. 499–500.

7. José Vasconcelos, *Breve historia de México*, Fernández Editores, S.A., México, 1967, t.I, págs. 14–15.

8. Inca Garcilaso, *ob. cit.*, págs. 128–129.

9. Padre Acosta, *ob. cit.*, p. 198.

10. Díaz del Castillo, *ob. cit.*, p. 579.

11. Padre Acosta, *ob. cit.*, p. 566.

12. Gonzalo Fernández de Oviedo, *Historia general y natural de las Indias*, Biblioteca de Autores Españoles, Atlas, Madrid, 1959, t.I, págs. 121–122.

13. Bernardino de Sahagún, *Historia general de las cosas de la Nueva España*, Porrúa, México, 1969, p. 99.

14. *Obras completas de Don Francisco Antonio de Fuentes y Guzmán*, Biblioteca de Autores Españoles, Atlas, Madrid, 1969, t.I, págs. 217, 220–221.

15. Joan Suárez de Peralta, *Noticias históricas de la Nueva España*, Madrid, Imprenta de Manuel G. Hernández, 1878, págs. 225–226.

16. Diego Muñoz Camargo, *Historia de Tlaxcala*, Editorial Innovación, S.A., México, 1978, págs. 154–155.

17. Cervantes de Salazar, *ob. cit.*, p. 259.

18. Fray Bartolomé de las Casas, *Apología histórica sumaria — Obras escogidas de fray Bartolomé de las Casas*, Biblioteca de Autores Españoles, Atlas, Madrid, 1958, t.III, p. 20.

19. *Diccionario de Historia de España, ob. cit.*, t.I, p. 239.

20. López de Velasco, *ob. cit., p. 22.*
21. Lummis, *ob. cit.*, p. 49.
22. *Ibid.*, p. 109.
23. *Ibid.*, págs. 109–110.
24. *Ibid.*, págs. 110–111.
25. *Ibid.*, p. 113.
26. *Ibid.*, p. 116.
27. *Ibid.*, p. 117.
28. *Ibid.*, p. 118.
29. Madariaga, *ob. cit.*, p. 67.
30. *Ibid.*, págs. 60–61.
31. *Ibid.*, p. 461.
32. James Lockhart, *Spanish Peru 1532–1560: A Colonial Society*, the University of Wisconsin Press, Madison, 1968, p. 164.
33. Fray Toribio Motolinia, O.F.M., *Memoriales e historia de los indios de la Nueva España*, Biblioteca de Autores Españoles, Atlas, Madrid, 1970, págs. 146–147.
34. Cuevas, *Historia de la nación mexicana*, Talleres Tipográficos Modelo, México, 1940, p. 209.
35. Motolinia, *ob. cit.*, p. 137.
36. Francisco Javier Clavijero, *Historia antigua de México*, Editorial Porrúa, S.A., México, 1974, p. 218.
37. Oviedo, *ob. cit.*, t.III, p. 151.
38. Muñoz Camargo, ibid, págs. 1251–152.
39. Oviedo, ibid, págs. 123–124.
40. *Ibid.*,, p. 313.
41. *Ibid.*,, p. 320.
42. Américo Vespucio, *El Nuevo Mundo: Cartas relativas a sus viajes y descubrimientos*, Editorial Nova, Buenos Aires, 1931, p. 181.
43. *Ibid.*, p. 149.
44. Fr. Bernardino de Sahagún, *ob. cit.*, t. II, págs. 30ss.
45. López de Velasco, *ob. cit.*, págs. 18–19.

Capítulo 5

1. Díaz del Castillo, *ob. cit.*, p. 159.
2. Juan López de Palacios, *De las islas del Mar Océano*, Fondo de Cultura Económica, México, 1954, págs. 30–31.
3. Christine K. Schaefer, *Geneological Encyclopedia of the Colonial Americas*, Genealogical Publishing Co. Inc., Baltimore, 1998, p. 717.

4. Valega, *ob. cit.*, págs. 220–221.
5. Saco, J.A., *Historia de la esclavitud*, Buenos Aires: Editorial Andina, p. 183.
6. Madariaga, *ob. cit.*, p. 54.
7. *Ibid.*, págs. 59–60.
8. Cuevas, *ob. cit.*, p. 227.
9. Madariaga, *ob. cit.*, p. 264.
10. *Ibid.*, págs. 264–265.
11. *Ibid.*, p. 265.
12. *Ibid.*, p. 269.
13. *Ibid.*, págs. 270–271.
14. Valega, *ob. cit.*, págs. 61–62.
15. Vespucio, Américo, ibid, págs. 209–210–211.
16. Mártir, de Anglería, *ob. cit.*, t.I, p. 117.
17. Mártir, *ob. cit.*, p. 374.
18 Mártir, *ob. cit.*, p. 408.
19. Gabriel Lobo Lasso de la Vega, *Mexicana*, Biblioteca de Autores Españoles, Atlas, Madrid, 1970, págs. xxxvi, xxix, 131.
20. D. José Milla, *Historia de la América Central*, Guatemala, Est. Tip. de "El Progreso," 1879, t. I, págs.xxiii–xxiv.
21. Juan de Torquemada, *Monarquía Indiana*, Editorial Porrúa, S.A., México, 1969, t.I, p. 116.
22. Clavijero, *ob. cit.*, págs. 267–268.
23. Bernardo de Balbuena, *Grandeza mexicana*, Universidad Nacional Autónoma de México, México, 1963, p. 77.
24. Vespucio, *ob. cit.*, p. 109.
25. Mártir, de Anglería, *ob. cit.*, p. 154.
26. Fray Diego Durán, *The History of the Indies of New Spain*, translated, annotated, and with an introduction by Doris Heyden, University of Oklahoma Press, Norman, 1994, p. 563.
27. Bartolomé de Albornoz, Arte de los contratos, Casa de Pedro Huarte, 1573.

Capítulo 6

1. Bartolomé de Las Casas, *Historia de las Indias*, Biblioteca de Autores Españoles, Atlas, Madrid, 1961, t.II, p. 120.
2. Oviedo, *ob. cit.*, t.I, p. 104.
3. Remesal, *ob. cit.*, t.I, págs. 339–340.
4. Las Casas, *ob. cit.*, t. II, p. 120.
5. *Obras de D. Martín Fernández de Navarrete*, Biblioteca de Autores Españoles, Atlas, Madrid, 1955, t. II, p. 197.
6. Luis Arranz Marquez, *Don Diego Colón, almirante, virrey y gobernador de las*

Indias, Consejo Superior de Investigaciones Científicas, Madrid, 1982, t. I, p. 108.

7. Oviedo, *ob. cit.*, p. 104.
8. *Ibid.*, págs. 104–105.
9. Remesal, *ob. cit.*, t. I, p. 339.
10. Recinos, *ob. cit.*, p. 97.
11. Milla, *ob. cit.*, p. 298.
12. Fuentes y Guzmán, *ob. cit.*, t. I, p. 102.
13. Díaz del Castillo, *ob. cit.*, p. 552.
14. Majó Framis, *ob. cit.*, p. 564.
15. Recinos, *ob. cit.*, p. 80.
16. Fuentes y Guzmán, *ob. cit.*, t. I, p. 129.
17. Recinos, *ob. cit.*, p. 88.
18. Fuentes y Guzmán, *ob. cit.*, t. I, p. 129.
19. Remesal, *ob. cit.*, t. I, p. 132.
20. *Ibid.*, t. I, p. 264.
21. *Ibid.*, t. I, p. 265.
22. *Ibid.*, t. I, p. 265.
23. Fuentes y Guzmán, *ob. cit.*, p. 138.
24. Remesal, *ob. cit.*, t. I, p. 258.
25. *Ibid.*, t. I, p. 279.
26. Majó Framis, *ob. cit.*, págs. 594–596.
27. *Ibid.*, p. 596.
28. *Ibid.*, p. 596.
29. Remesal, *ob. cit.*, págs. 275–76.
30. *Ibid.*, p. 279.
31. Fuentes y Guzmán, *ob. cit.*, p. 144.
32. Marqués de Lozoya, *Vida del segoviano Rodrigo de Contreras (1534–1544)*, Biblioteca de Historia Hispano-Americana, Toledo, Imprenta de la Editorial Católica Toledana, 1920, p. 13.
33. Marqués de Lozoya, *ob. cit.*, p. 7.
34. *Ibid.*, p. 12.
35. Pablo Álvarez Rubiano, *Pedrarias Dávila. Contribución al estudio de la figura del "Gran Justador," gobernador de Castilla del Oro y Nicaragua*, Consejo Superior de Investigaciones Científicas, Instituto Gonzalo Fernández de Oviedo, Madrid, 1944, p. 381.
36. Marqués de Lozoya, *ob. cit.*, págs. 13–14.
37. *Ibid.*, págs. 20–21.
38. *Ibid.*, págs. 25–26.
39. *Ibid.*, p. 77.
40. *Ibid.*, págs. 86–87.
41. *Ibid.*, p. 122.
42. *Ibid.*, p. 113.
43. *Ibid.*, págs. 174–175.
44. *Ibid.*, p. 184–185.

45. Palma, *ob. cit.*, págs. 424–425.
46. Jorge Basadre, *El conde de Lemos y su tiempo*, Lima, 1948, págs. 242–243.
47. Valega, *ob. cit.*, p. 77.
48. Lohmann Villena, Guillermo, *El conde de Lemos, virrey del Perú*, Madrid, 1946, p. 118.
49. Valega, *ob. cit.*, p. 78.
50. *Ibid.*, p. 77.
51. *Diccionario de Historia de España*, *ob. cit.*, t. II, p. 998.
52. Nancy O'Sullivan-Beare, *Las mujeres de los conquistadores*, Cía Bibliográfica Española, Madrid, s.f., págs. 264–265. *Austrialia Franciscana: Documentos sobre la expedición de Álvaro de Mendaña para poblar las islas de Salomón (1595–1597). Relaciones de la población de la Isla de Santa Cruz, el fracaso y sus consecuencias inmediatas. Editados por Gerard Bushell, O.F.M. en colaboración con Celsus Kelly O.F.M.*, Franciscan Historical Studies (Australia) y el Archivo Hispano-Americano (Madrid), Madrid, 1973, Documento XVI, Declaraciones de los testigos, p. 138.
53. *Austrialia Franciscana*, *ob. cit.*, p. 138.
54. *Ibid.*, p. 135.
55. *Ibid.*, p. 42.
56. F. Ximénez de Sandoval, *Varia historia de ilustres mujeres*, Madrid, 1949 s.f., págs. 153–159.
57. *Austrialia Francisca*, *ob. cit.*, págs. 9–10.
58. Austrialia Franciscana, Ibid, p. 37.
59. Fernández Duro, *ob. cit.*, p. 25.
60. Oviedo, *ob. cit.*, t. II, p. 153.
61. Majó Framis, *ob. cit.*, t. II, p. 130.
62. Oviedo, *ob. cit.*, t. II, p. 153.
63. *Ibid.*, t. III, págs. 252–253.
64. Majó Framis, *ob. cit.*, p. 800.
65. Inca Garcilaso, *ob. cit.*, t. I, p. 268.
66. *Ibid.*, p. 271.
67. *Ibid.*, p. 285.
68. *Ibid.*, p. 353.
69. Atienza, *ob. cit.*, págs. 139–141.
70. *The Harkness Collection*, *ob. cit.*, p. 183.
71. Palma, *ob. cit.*, p. 128.
72. Pedro Gutiérrez de Santa Clara, *Crónicas del Perú*, Biblioteca de Autores Españoles, Atlas, Madrid, 1963, t. III, p. 399.
73. Díaz del Castillo, *ob. cit.*, p. 134.
74. Recinos, op. cit., p. 15.

75. *Ibid.*, p. 11.
76. *Ibid.*, p. 26.
77. *Ibid.*, págs. 41–42.
78. *Ibid.*, págs. 48–49.
79. *Ibid.*, págs. 49–50.
80. *Ibid.*, págs. 50–51.

Capítulo 7

1. Torquemada, *ob. cit.*, p. 488.
2. *Ibid.*, págs. 558–559.
3. Mártir de Anglería, *ob. cit.*, t.I, p. 122.
4. Cuevas, *ob. cit.*, p. 205.
5. Fernández, *ob. cit.*, t.I, p. 104.
6. Juan Cristóbal Calvete de Estrella, *Crónicas del Perú. Rebelión de Pizarro en el Perú y Vida de Don Pedro Gasca*, Biblioteca de Autores Españoles, Atlas, Madrid, 1964, t. IV, p. 130.

7. Mártir de Anglería, *ob. cit.*, p. 171.
8. Bernabé Cobo, *Obras del P. Bernabé Cobo*, Biblioteca de Autores Españoles, Atlas, Madrid, 1964, t. II, págs. 129–131.
9. Fray Cipriano de Utrera, *Dilucidaciones históricas*, Cap. XLI, p. 332. (Citado por Nancy O'Sullivan-Beare en *Las mujeres de los conquistadores*, Compañía Bibliográfica Española, Madrid, s.f., p. 40.)
10. Muñoz Camargo, *ob. cit.*, págs. 220–221.
11. Inca Garcilaso, *ob. cit.*, p. 96.
12. *Indian Women of Early Mexico*, editado por Susan Schroeder y otros, University of Oklahoma Press, Norman, 1997.
13. Manuel de Mendiburu, *Diccionario Histórico-Biográfico del Perú*, Lima, Imprenta "Enrique Palacios," 1932, t. III, págs. 157–158.

Bibliografía

A Fidalgo of Elvas (lvas, Gentleman of). *The Discovery of Florida. Being a True Relation of the Vicissitudes that Attended the Governor Don Hernando De Soto and some of the Nobles of Portugal in the Discovery of Florida, now just given by a Fidalgo of Elvas.* Translated by Buckingham Smith, with a new introduction by George P. Hammond. Grabhorn, 1946.

Ademan, Joseph. *Famous Women (500 Brief Biographical Sketches).* New York: Lonow, 1926.

Aguilar y de Cordoba, Diego de. *El Marañón.* Madrid: Atlas, 1990.

Aiton, Arthur Scott. *Antonio de Mendoza, First Viceroy of New Spain.* Durham NC: Duke University Press, 1927.

Alcázar, José de. *Historia de España en América.* Madrid: Imprenta Herres de José Quesada, 1898.

Alvarado Tezozomoc, Hernando. *Crónica mexicana,* México, Editorial Leyenda, 1944.

Alvaro Rubiano, Pablo. *Pedrarias Dávila.* Madrid: Consejo Superior de Invstigaciones Científicas, Instituto Gonzalo Fernández de Oviedo, 1944.

Andagoya, Pascual de. *Narratives of the Proceedings of Pedrarias Dávila in the Province of Tierra Firme or Castilla del Oro, and of the Discovery of the South Sea and the Coast of Peru and Nicaragua.* Trad. y ed. y con apuntes e introducción por Clements R. Markman. Hakluyt Society. Facsimile Reprint, New York: Burt Franklin, 1970.

André, Marius. *El fin del imperio español en América.* Madrid: Cultura Española, 1939.

Archivo Ducal de Alba: Papeles de América en el Archivo Ducal de Alba. Catalogados por Leoncio López-Ocón y Paloma Calle bajo la dirección de Francisco de Solano. Madrid: Ediciones de Cultura Hispánica, 1991.

Arciniegas, Germán. *El continente de siete colores: Historia de la cultura en América Latina.* Buenos Aires: Editorial Sudamericana, 1970.

Aretz, Gertrude. *Mujeres famosas en la historia universal.* Trad. Diego A. de Santillán. Buenos Aires: Editorial El Ateneo, 1948.

Argüello, Alfonso. *Historia de León Viejo.* León: Editorial Antorcha, 1969.

Arrate y Acosta, José Martín Félix de. *Llave del Nuevo Mundo.* México: Fondo de Cultura Económica, 1949.

Avendaño y Loyola, Fray Andrés de. *Relation of the Two Trips to Peten.* Translated by Bowditch and Rivera, Culver City, Ca.: Labyrinthos, 1987.

Ayala, Manuel Josef de. *Diccionario de gobierno y legislación de Indias. Colección de Documentos Inéditos para la Historia de Iberoamérica.* Madrid: Compañía Ibero-Americana de Publicaciones, 1929.

Azara, Félix de. *Viajes por la América Meridional.* Trad. de Francisco de las Barras de Aragón, Madrid: Espasa-Calpe, 1934.

Baher, D.R. *Bibliografía hispanoamericana. Libros antiguos y modernos referentes a América y España.* Buenos Aires: Librería Panamericana, 1947.

Ballesteros y Beretta, Antonio. *Historia de España y su influencia en la historia universal.* Barcelona: Salvat Editores, 1926.

Barcia, Carballido, y Zúñiga, Andrés González de. *Ensayo cronológico para la historia general de la Florida*, Madrid: Nicolás Rodríguez Franco, 1723.

Bayle, Constantino. *España en Indias: Nuevos ataques y nuevas defensas*. Bibliotheca Hispana Missionum Vol.VII. Vitoria: Editorial Illuminare, 1934.

Bernales Ballesteros, Jorge. *Lima, la ciudad y sus monumentos*. Sevilla: Escuela de Estudios Hispano-Americanos, 1972.

Bertrand, Luis. *Historia de España*. Córdoba: Suc. de Juan Gili, 1933.

Betanzos, Juan de. *Suma y narración de los Incas*. Biblioteca de Autores Españoles, Madrid: Atlas, 1987.

Bocacio, Johan. *De las mujeres ilustres en romance, facsímil de la edición de Zaragoza de 1494*.

Bourne, Edward Gaylord. *Spain in America*. New York: Barnes & Noble, 1904.

Bowser, Frederick P. *Esclavo africano en el Perú colonial*. México: Siglo XXI Editores, 1977.

Brownrigg, Edwin Blake. *Colonial Latin American Manuscripts and Transcripts in the Obadiah Rich Collection, An Inventory and Index*. New York: The New York Public Library & Readex Books, 1978.

Busto Duthurburu, José Antonio del. *Breve historia de los negros del Perú*. Lima: Fondo Editorial del Congreso del Perú, 2001.

_____. *La conquista del Perú*. Lima: Librería Studium, 1988.

_____. *Francisco Pizarro, el marqués gobernador*. Madrid: Ediciones Rialp, 1966.

Calderón Quijano, José. *Los virreyes de España en el reinado de Carlos III*, Sevilla: Escuela de Estudios Hispanos, 1987.

Cameron, Roderick. *Viceroyalties of the West*. Boston: Little, Brown and Company, 1968.

Castro, Cristóbal. *Mujeres del Imperio*. Madrid: Espasa Calpe, 1941.

_____. *Mujeres extraordinarias, mujeres de la historia, mujeres contemporáneas*. Madrid: Renacimiento, 1929.

Catálogo de la sección colonial del Archivo Histórico. Lima, Perú, República del Perú, Ministerio de Hacienda y Comercio, Imprenta Torres Aguirre, 1944.

Cereceda, Juan Dantin. *Exploradores y conquistadores de Indias*. Madrid:, Inst. Escuela, 1934.

Cereceda, Raúl. *Historia del imperio español y de la hispanidad*. Madrid: Razón y Fe, 1940.

Cervantes de Salazar, Francisco. *México en 1554 y tumulto imperial*. México: Editorial Porrúa, 1963.

Chevalier, Michel M. *Isthme de Panama, Extrait des Annales des ponts et chaussés*. Paris, 1844.

Clendinnen, Inga. *Ambivalent Conquest: Maya and Spaniard in Yucatan, 1517–1570*. Cambridge and New York: Cambridge University Press, 1987.

Cohen, F.S. *Derecho indígena: contribución española al sistema legal de Estados Unidos*. Washington DC: Editions of the National Indian Institute, Department of the Interior, 1942.

Colón, Fernando. *Historia del almirante don Cristóbal Colón en la cual se da particular y verdadera relación de su vida y de sus hechos, y del descubrimiento de las Indias Occidentales, llamadas Nuevo Mundo*. Madrid: Imprenta de T. Minuesa, 1892, 2 vols.

Concolocorvo. *El lazarillo de ciegos caminantes: Desde Buenos Aires hasta Lima*. Buenos Aires: Ediciones Argentinas Solar, 1942.

Cortés, Hernán. *Cartas de relación*. Fa. ed. Colección Austral. Madrid: Espasa Calpe, 1982.

Crespo, José Santiago. *Blasones y linajes de Galicia*. Ediciones Boreal, 1997. 4 vols.

Cuadra, Pablo Antonio. *Promisión de México*, México: Editorial Jus, 1945.

Cuevas, Mariano. *Historia de la iglesia en México*. México: Ediciones Cervantes, 1942. 5 vols.

_____. *Historia de la nación mexicana*. México: Talleres Tipográficos Modelo, 1940.

De Aguilar, Fray Francisco. *Relación breve de la conquista de la Nueva España escrita por Fray Francisco de Aguilar de la Orden de Predicadores*. México: José Porrúa e Hijos, 1954.

de Espinosa, Antonio Vázquez. *Compendium and description of the West Indies*. Translated by Charles Upson Clark. Washington DC: Smithsonian Institution, 1942.

de la Sagra, R. *Historia física, política y natural de la isla de Cuba*. Paris: Bertrand, 1840.

de la Viñaza, Conde. *Bibliografía española de las lenguas indígenas de América*, Madrid, Ediciones del Establecimiento Tipográfico "Sucesores de Rivadeneyra," 1892.

Delgado, Jaime. *El amor en la América Prehispánica*. Madrid: Instituto González de Oviedo, Homenaje a Ciriaco Pérez-Bustamante, 1969.

Del Valle-Arizpe, Artemiso. *Virreyes y virreinas de la Nueva España. Tradiciones y leyendas y sucedidos del México virreinal*. México City: Editorial Jus, 1947.

De Oviedo y Baños, José. *The Conquest and Settlement of Venezuela*. Berkeley: University of California Press, 1987.

De Tena, Torcuato Luca. *The Sconda Life of Captain Contreras*. Boston: Houghton Mifflin Co., 1960.

de Valdeavellano, Luis G. *Historia de España*. Madrid: Manuales de la Revista de Occidente, 1963, 2 vols.

Descripción del virreinato del Perú: Crónica inédita de comienzos del siglo XVII. Edición, prólogo y notas de Boleslao Lewin. Rosario, Argentina: Ediciones de la Universidad Nacional del Litoral, 1958.

Díaz Soler, Luis M. *Historia de la esclavitud negra en Puerto Rico*. San Juan: Editorial Universitaria, Universidad de Puerto Rico, 1974.

Durán, Padre Fray Diego. *Historia de las Indias de Nueva España y Islas de Tierra Firme*. Mexico: Editorial Porrúa, 1967. 2 vols.

Duyckinck, E.A. *Portrait Gallery of Eminent Men and Women of Europe and America, Embracing History, Statesmanship, Naval and Military Life, Philosophy, the Drama, Science, Literature, Art, with Biographies*. New York: Johnson, Wilson and Company, 1873. 2 vols.

Eguiguren, Luis A. *Derecho del Perú colonial: Crisis de derecho y justicia*. Biblioteca del IV centenario de la Universidad de San Marcos. Lima: Empresa Gráfica T. Schevch, 1964.

Elliot, H.H. *Imperial Spain 1469–1716*. New York: New American Library, 1966.

Fernández de Castillejo, Federico. *El amor en la conquista: Malitzin*. Buenos Aires: Emecé, 1943.

Fernández de Enciso, Martín. *Descripción de las Indias Occidentales sacada de la Suma Geográfica de este autor y reimpresa con un prólogo bibliográfico*. Ed. José Toribio Medina. Santiago de Chile: Elsevier, 1897.

Fernández del Castillo, Francisco. *Don Pedro de Alvarado*. México Sociedad Mexicana de Geografía y Estadística, 1945.

Fernández de Palencia, Diego. *Primera y segunda parte de la historia del Perú*. Sevilla: Casa de Hernando Díaz, 1571.

Fernández de Quirós, Pedro. *La Australia del Espíritu Santo*. London: CUP, Hakluyt Society, 1966.

Ferrandis Torres, Manuel. *El mito del oro en la conquista de América*, Madrid: Editorial Reus, 1933.

Fiske, John. *The Discovery of America*. Boston: Houghton Mifflin & Co., 1892. 2 vols.

Frezier, Amédée François. *A Voyage to the South Sea and Along the Coast of Chili and Peru in the year 1712–1713 and 1714. Particularly Describing the Genius and Constitution of the Inhabitants as well as Indians and Spaniards: Their Customs and Manners, their Natural History*. London: John Osborn, 1735.

Gandía, E. de. *Historia crítica de los mitos y leyendas de la conquista americana.*, Buenos Aires: Ediciones del Centro Difunsor de Libros, 1946.

García Carraffa, Alberto y Arturo. *Enciclopedia heráldica y genealógica hispanoamericana*, 1919–1962. 67 vols.

Gayangos, Don Pascual de. *Cartas y relaciones de Hernán Cortés al Emperador Carlos V*. París: Imprenta de los Ferr, 1866.

_____. *Catalogue of the Manuscripts in the Spanish Language in the British Museum*. London: Trustees of the British Museum, 1877.

Giner, P. *Mujeres de América*. Barcelona: Guarner, Taberner y Compañía, 1905.

Gómez Canedo, Lino. *Los archivos de la historia de América: Período colonial español, I & II*. México: Instituto Panamericano de Geografía e Historia, 1961. 2 vols.

González de Mendoza, Juan. *Historia de las cosas más notables, ritos y costumbres del gran reino de la China*. Madrid: M. Aguilar, s.f.

González Palencia, Ángel. *La España del Siglo de Oro*. Madrid: Saeta, 1940.

Grun, Richard. *The Timetables of History.* New York: Simon and Schuster, 1982.

Guerra y Sánchez, Ramiro. *Historia de la nación cubana.* La Habana, 1952. 10 vols.

———. *Manual del historia de Cuba.* La Habana: Cultural, 1938.

Guiteras, Pedro José. *Historia de la Isla de Cuba.* La Habana: Cultural, 1927–28. 3 vols.

Gutiérrez de Santa Clara. *Historia de las Guerras Civiles del Perú (1544–1548) y de otros sucesos de las Indias,* Madrid: Ediciones de la Librería General de Victoriano Suárez, 1904–10. 4 vols.

Harmon, Seth, y Shumway, Harry I. *Sons of the Admiral: The story of Diego and Fernando Columbus.* Boston: L.C. Page, 1940.

Hazard, Samuel. *Santo Domingo, Past and Present with a Glance at Hayti.* New York: Harper and Brothers, 1873.

Henríquez Ureña, Pedro. *Historia de la cultura en la América Hispánica.* México: Fondo de Cultura Económica, s.f.

Herráez de Escariche, Julia. *Beneficencia de España en Indias.* Sevilla: Consejo Superior de Investigaciones Científicas, 1949.

Herrera, Antonio de. *Historia general de los hechos de los castellanos en las Islas y Tierra Firme del Mar Océano.* Madrid: 1601. 4 vols.

Hervás y Panduro, Lorenzo. *Catálogo de las lenguas de las naciones conocidas, y numeración división, y clases de éstas según la diversidad de sus idiomas y dialectos.* Madrid: Imprenta de la Administración del Real Arbitrio de Beneficencia, 1800–1805. 6 vols.

Historia de España. dirigida por Don Ramón Menéndez Pidal. Madrid: Espasa Calpe, 1935–1982. 46 vols.

Horne, Charles Francis. *Great Men and Famous Women.* Ed. Selmar Hess. New York: Selmar Hess, 1894.

Huarte y Echenique, Amalio. *Apuntamienos sobre el Adelantamiento de Yucatán.* Salamanca: 1909.

Ibarra Grasso, D.E. *Lenguas indígenas americanas.* Buenos Aires: Editorial Nova, 1958.

Iguínez, Juan B. *Bibliografía biográfica mexicana.* México: Secretaría de Relaciones Exteriores (Monografías Bibliográficas Mexicanas, Número 18), 1930.

Índice de documentos de la Nueva España existentes en el Archivo de Indias de Sevilla. Tomo I. México: Monografías Bibliográficas Mexicanas, 1928.

Jiménez de la Romera. *Cuba, Puerto Rico y Filipinas.* Barcelona: Daniel Cortezo, 1887.

José Toribio de Medina. *The Discovery of the Amazon.* New York: Dover, 1988.

Juarros, Domingo y Cadena, Felipe. *Compendio de la historia de la ciudad de Guatemala: Edición y estudio preliminar del académico de número Ricardo Toledo Palomo.* Guatemala: Imprenta de Luna, 1857–1858.

Junco, Alfonso. *España en carne viva.* México: Editorial Botas, 1946.

Kelly, Celsus, ed. *Calendar of Documents. Spanish Voyages to the South Pacific from Alvaro de Mendaña to Alejandro de Malaspina and the Franciscan Missionary Plans for the Peoples of the Austral Islands.* Madrid: Franciscan Historical Studies (Australia) in Association with Archivo Ibero-Americano, 1965.

Landa, Fray Diego de. *Relación de las cosas de Yucatán.* México: Editorial Porrúa, 1973.

Lavalle, José Antonio. *Galería de retratos de los gobernadores y virreyes del Perú.* Barcelona: 1909.

León Pinelo, Antonio de. *Velos antiguos y modernos en los rostros de las mujeres, sus conveniencias y daños.* Ilustración de la Real Premática de las Tapadas por Relator del Consejo de Indias. Madrid: Juan Sánchez, 1641.

A Letter of Pedro de Alvarado Relating to His Expedition to Quito. New York: New York Museum of the American Indian, Heye Foundation, 1917.

Leviller, Roberto. *El imperio incaico: Descripción de sus divisiones, montañas y caminos. Nómina de Tribus.* Buenos Aires: Editorial Espasa-Calpe Argentina, 1946.

———. *Repertorio de los documentos procedentes del Archivo de Indias.* Madrid: 1920.

Lipschutz, A. *El indioamericanismo y el problema racial en las Américas.* Santiago de Chile: Editorial Nascimiento, 1944.

Lizárraga, Reginaldo de, y Toribio de Ortiguera. *Descripción breve de toda la tierra del Perú, Tucumán, Río de la Plata y Chile: Jornada del Río Marañón.* Ed. de Mario Hernández Sánchez-Barba, Biblioteca de Autores Españoles. Madrid: Atlas, 1968.

Loayza, F.A. *Memorias de los virreyes que han gobernado el Perú durante el tiempo del coloniaje español.* Lima: Librería Central de Felipe Bailly, 1859. 6 vols.

Lohmann Villena, Guillermo. *Los americanos en las órdenes nobiliarias.* Madrid: Consejo Superior de Investigaciones Científicas. 1947. 2 vols.

_____. *El conde de Lemos, virrey del Perú.* Madrid: Escuela de Estudios Hispano-Americanos, 1946.

López de Caravantes, Francisco. *Noticia general del Perú.* Biblioteca de Autores Españoles. Madrid: Atlas, 1985–89. 6 vols.

López de Vargas Machuca, Tomás. *Atlas geographico del reyno de España e islas adyacentes con una breve descripción de sus provincias.* Madrid: A. Sanz, 1757.

Luján Muñoz, Jorge. *Guía del archivo general de Guatemala.* Guatemala: Ministerio de Educación, 1982.

Lummis, Charles F. *Los exploradores españoles del siglo XVI: Vindicación de la acción colonizadora española en América.* Traducido al español por Arturo Cuevas. Barcelona: Ediciones Araluce, 1959.

M. de Odriozola. *Documentos históricos del Perú.* Lima: Ediciones de la Imprenta del Estado, 1873.

Maetzu, Ramiro de. *Defensa de la Hispanidad.* Valladolid: Aldús, 1938.

Majó Framis, R. *Vida de los navegantes y conquistadores españoles del siglo XVI.* Madrid: Aguilar 1950. 3 vols.

Mañé, J. Ignacio Rubio. *Introducción al estudio de los virreyes de la Nueva España 1535–1746.* México: Ediciones Selectas, 1955.

Martín, Luis. *Daughters of the Conquistadores: Women of the Viceroyalty of Peru.* Albuquerque: University of New Mexico Press, 1983.

Martínez, José Luis. *Pasajeros de Indias: Viajes trasatlánticos en el siglo XVI.* Madrid: Alianza Editorial, 1983.

Mazenod, Lucienne de. *Las mujeres célebres.* Barcelona: Gustavo Gili, 1966.

Méndez Silva, Rodrigo. *Catálogo real y genealógico de España, ascendencias y descendencias de nuestros católicos príncipes y monarcas supremos: Reformado y añadido en esta última impresión con noticias, curiosos orígenes de familias, consejos, órdenes, dignidades eclesiásticas.* Madrid: Mariana del Valle, 1656.

Mendiburu, Manuel de. *Diccionario histórico-biográfico del Perú.* Lima: Enrique Palacios, 1931.

Mendieta, Fray Jerónimo de. *Historia eclesiástica indiana.* Biblioteca de Autores Españoles. Madrid: Atlas, 1973. 2 vols.

Menéndez Pidal, Ramón. *Los españoles en la historia.* Buenos Aires: Espasa Calpe, 1959.

_____. *La idea imperial de Carlos V.* Madrid: Espasa Calpe, 1973.

Milla, José. *La hija del Adelantado. Memorias de un abogado.* Guatemala: E. Goubaud, 1898.

_____. *Historia de la América Central: Desde el descubrimiento por los españoles (1502) hasta su independencia (1821).* Guatemala: Establecimiento Tipográfico "El Progreso," 1879–1882. 2 vols.

Molina, Antonio de. *Antigua Guatemala.* Guatemala: Unión Tipográfica, 1943.

Montero, Rosa. *Historia de mujeres.* Madrid: Alfaguara, 1995.

Montesinos, Fernando de. *Memorias antiguas historiales del Perú.* London: Hakluyt Society, 1991.

Morell de Santa Cruz, Pedro Agustín. *Historia de la isla y catedral de Cuba.* La Habana: Imprenta Cuba Intelectual, 1929.

Morison, Samuel Eliot. *Admiral of the Ocean Sea.* Boston: Little Brown and Company, 1942.

Mugaburu, Josephe de. *Chronicle of Colonial Lima. The Diary of Josephe and Francisco Mugaburu, 1640–1697.* Norman: University of Oklahoma Press, 1975.

Muñoz, Juan Bautista. *Catálogo de la colección de Juan Bautista (Documentos interesantes para la historia de América.* Madrid: Real Academia de la historia, 1954–56. 3 vols.

Muzquiz, José Luis. *El Conde de Miguel de Chinchón virrey del Perú*. Madrid: Universidad de Sevilla, 1945.

Navarrete, Martín Fernández de. *Colección de los viajes y descubrimientos que hicieron por mar los españoles desde fines del siglo XV*. Biblioteca de Autores Españoles. Madrid: Atlas, 1964. 3 vols.

Navarro Lamarca, C. *Apuntes de historia mexicana*. Buenos Aires: Ángel Estrada y Cía, 1894.

Neuhaus Rizo Patrón, Carlos. *Las Mariscalas*. Lima: 1997.

Nieto y Cortadellas, Rafael. *Los descendientes de Cristóbal Colón (obra genealógica)*. La Habana: Sociedad Colombista Panamericana, 1957.

Noguez, Xavier. *Bibliografía sobre historia de América: Obras existentes en la Biblioteca Nacional*. México: Instituto de Investigaciones Bibliográficas, UNAM, 1974.

Nueva colección de documentos inéditos para la historia de España y de sus Indias. Publícanla Don Francisco de Zabálburu y Don José Sancho Rayon. Madrid: M.G. Hernández, 1892–96. 6 vols.

Nuix, Don Juan. *Reflexiones imparciales en las Indias contra los pretendidos filósofos y políticos*. Madrid: Joaquín Ibarra, 1780.

Obregón, Baltasar. *Historia de los descubrimientos de la Nueva España*. Sevilla: Alfar. Col. Universitaria, 1997.

Ocharte, Pedro. *México 1563*. Madrid: Ediciones de Cultura Hispánica, 1945, Vol. III.

Oliva, Anello (Pazos Varela y Varela y Orbegoso). *Libro primero del manuscrito original del R.P. Anello Oliva S.J., Historia del reino y provincias del Perú*. Lima: Imp. San Pedro, 1895.

Orellana, Francisco de. *Relación del nuevo descubrimiento del famoso Río Grande que descubrió por muy gran ventura el Capitán Francisco de Orellana*. Biblioteca Amazonas. Vol. 1. Transcripción de Fernández de Oviedo y don Toribio Medina. Quito, Ecuador: 1942.

Orozco y Berra, Manuel. *Los conquistadores de México*. México: Editorial Pedro Robredo, 1938.

_____. *Historia antigua y de la conquista de México*. México: Editorial Porrúa, 1978. 4 vols.

_____. *Historia de la dominación española en México*. Biblioteca Mexicana de Obras Inéditas, 8, 9, 10, 11. Antigua Librería Robredo de José Porrúa e Hijos, 1938.

Ortega y Pérez Gallardo, Ricardo. *Estudios genealógicos*. México: Imprenta de Eduardo Dublán, 1902.

Otárola, Alfredo J. *Cunas de ilustres linajes: Descendencias de Domingo Martínez de Irala y otras de la época de la conquista. Orígenes de primitivas dinastías medievales*. Buenos Aires: Caso Pardo, 1970.

Ots-Capdequi, José María. *Bosquejo histórico de la mujer española en Indias*. Madrid: Editorial Reus, 1920.

_____. *El estado español en las Indias*. México: Fondo de Cultura Económica, 1941.

Palafox y Mendoza, Juan de. *Tratados mexicanos*. Madrid: Atlas, 1968.

_____. *Virtudes de los indios*. Ediciones de Imprenta de Tomás Minuesa de los Ríos, 1893.

Paula García Peláez, Francisco de. *Memorias para la historia del antiguo reino de Guatemala*. Guatemala: Biblioteca Goathemala, 1968. 3 vols.

_____. *Memorias para la historia del antiguo reino de Guatemala*. Guatemala: Biblioteca Goathemala de la Sociedad de Geografía e Historia de Guatemala, 1958. 3 vols.

Paz, Julián. *Catálogos de manuscritos de América existentes en la Biblioteca Nacional*. Madrid: Patronato de la Biblioteca Nacional, Tipografía de Archivos, 1933.

Pereyra, Carlos. *Las huellas de los conquistadores*. Madrid: Consejo de la Hispanidad, 1942.

Pérez Bustamante, Ciriaco, *Compendio de historia de España*. Biblioteca de Autores Españoles. Madrid: Atlas, 1974.

_____. *La fundación de un imperio (España en América)*. Madrid: Editorial Redención, 1940.

Pescatello, Ann M. *Power and Pawn: The Female in Iberian Families, Societies, and Cultures*. Westport CT: Greenwood, 1976.

Piferrer, Francisco. *Tratado de heráldica y blasón*. Madrid: Ed. Ramón Campuzano, 1858.

Pizarro, Pedro. *Relation of the Discovery and Conquest of the Kingdoms of Peru*. New York: Cortes Society, 1921. 2 vols.

Pomar-Zurita. *Relaciones de Tezcoco y breve relación de los señores de la Nueva España: Varias relaciones antiguas, siglo XVI.* Mesoamérica: Editorial Salvador Chávez Hayhoe, 1941.

Ponce, Fray Alonso. *Viaje a Nueva España.* México: Secretaría de Educación Pública, 1947.

Porras Barrenechea, Raúl. *Antología del Cuzco.* Lima: Librería Internacional del Perú, 1961.

Prado, Javier. *Estado social del Perú durante la dominación española: Estudio histórico-sociológico.* Lima: 1941.

Prado y Ugarteche, M.J. *Disertación que para optar el grado de Doctor presenta a la Facultad de Letras.* Lima: Ediciones de la Imprenta y Librería del Universo de Carlos Prince, 1888.

Prescott, William H. *The Conquest of Mexico.* Garden City NY: International Collectors Library, 1934. 2 vols.

_____. *History of the Conquest of Peru.* Philadelphia: J.B. Lippincott & Company, 1882. 2 vols.

Priego, Zelis Clavijero. *Tesoros documentales de México, siglo XVIII.* México: Editorial Galatea, 1944.

Prieto de Zegarra, Judith. *Así hicieron las mujeres el Perú.* Lima: Talleres Gráficos E.R.V., 1965.

Puga, Vasco de. *Provisiones, cédulas, instrucciones para el gobierno de la Nueva España.* Madrid: Ediciones Cultura Hispánica, 1945.

Puigross, Rodolfo. *La España que conquistó el Nuevo Mundo.* Buenos Aires: Ediciones Siglo Veinte, 1965.

Pulgar, Hernando del. *Claros varones de España.* Madrid: Salvat, 1971.

Quintana, M.J. *Vida de españoles célebres.* Madrid: Espasa Calpe, 1959.

Quirós, Pedro Fernández de. *The Voyages of Pedro Fernández de Quirós 1595–1606.* Trad. por Sir Clements Markman. London: Hakluyt Society, 1904. 2 vols.

Recinos, Adrián. *Pedro de Alvarado: Conquistador de México y Guatemala.* México: Fondo de Cultura Económica, 1952.

Ricard, Robert. *Conquista espiritual de México.* México: Editorial Jus and Polis, 1947.

Riera y Sans, Pablo. *Diccionario geográfico, estadístico, histórico, biográfico, postal, municipal, militar, marítimo y eclesiástico de España y sus posesiones de ultramar.* Barcelona: Heredero de P. Riera, 1881–87. 12 vols.

Riva-Agüero, José de la. *Aclaración histórica: La Casa de los condes de Puñonrostro.* Madrid: La Época, 16 de noviembre de 1926.

Rivet, P. *La Langue Tunebo.* Paris: Societé des Americanistes de Paris, Nouvelle Serie, I, XVI, 1924.

Robertson, James Alexander. *List of Documents in Spanish Archives Relating to the History of the United States, Which Have Been Printed or of Which Transcripts Are Preserved in American Libraries.* Washington DC: Carnegie Institution of Washington, 1910.

Robertson, William. *The History of America.* Philadelphia: Johnson & Warner, 1812.

_____. *The History of the Discovery and Settlement of America.* New York: Harper & Brothers, 1850.

Rosenblat, A. *La población indígena y el mestizaje en América.* Buenos Aires: Editorial Nova, 1954.

Rubio Mañé, J. Ignacio. *La casa de los Montejo en Mérida de Yucatán.* México: 1941.

_____. *Introducción al estudio de los virreyes de Nueva España 1535–1746.* México: UNAM, 1963.

Rujula, José. *Francisco de Montejo y los adelantados de Yucatán. Genealogía de los condes y duques de Montellano.* México: 1949.

Saco, José Antonio. *Historia de la esclavitud.* Buenos Aires: Editorial Andina, 1965.

_____. *Historia de la esclavitud de la raza africana en el Nuevo Mundo y en especial en los países Américo-Hispanos.* La Habana: Cultural, 1938.

_____. *Historia de la esclavitud de los indios en el Nuevo Mundo seguida de la historia de los repartimientos y encomiendas.* La Habana: Cultural, 1932.

Saínz de Robles, Federico Carlos. *Ensayo de un diccionario de mujeres célebres.* Madrid: Aguilar, 1959.

Salazar de Mendoza, Pedro. *Origen de las dignidades seglares de Castilla y León: Estudio preliminar de Enrique Soria Meca.* Edición facsímil. Granada: Universidad de Granada, 1998.

Sánchez Albornoz, Claudio. *España, un enigma histórico.* Buenos Aires: Editorial Sudamericana, 1962. 2 vols.

Sánchez Albornoz, Nicolás. *Historia de la Nueva España por el esclarecido conquistador Hernán Cortés, aumentada con otros documentos y notas por Francisco Antonio Lorenzana.* Edición facsímil. México: Secretaría de Hacienda y Crédito Público, 1981. 4 vols.

_____. *La población en América Latina.* Madrid: Alianza Editorial, 1973.

Sánchez Alonso, B. *Fuentes de la historia española e hispanoamericana,* Madrid: Consejo Superior de Investigaciones Científicas, 1952.

_____. *Historia de la historiografía española: Ensayo de un examen de conjunto.* Madrid: 1941–50. 3 vols.

Sancho, Pedro. *An Account of the Conquest of Peru.* New York: The Cortes Society, 1969.

Sarmiento de Gamboa, Pedro. *History of the Incas.* Cambridge: Hakluyt Society, 1907.

_____. *Viajes al estrecho de Magallanes (1579–1584): Recopilación de sus relaciones sobre los dos viajes al Estrecho y de sus cartas y memoriales.* Buenos Aires: Emecé Editores, 1959. 2 vols.

Schoenrich, Otto. *The Legacy of Christopher Columbus.* Glendale CA: Arthur H.Clark, 1949. 2 vols.

Segura Graiño, Cristina. *Diccionario de mujeres célebres.* Madrid: Espasa Calpe, 1998.

Sepúlveda, Juan Ginés de. *Tratado sobre las causas justas de las guerras contra los indios.* México: Fondo de Cultura Económica, 1941.

Serrano y Sanz, M. *Historiadores de Indias.* Madrid: Bailly, Balliere e Hijos, 1909. 2 vols.

Serrano y Sanz, Manuel. *Aspectos para una biblioteca de escritoras españolas desde el año 1401 al 1833.* Madrid: Biblioteca Nacional Rivadeneyra, 1903–1905. 2 vols, reimpresión.

_____. *Preliminares del gobierno de Pedrarias Dávila en Castilla del Oro (Orígenes de la dominación española en América. Estudios históricos).* Madrid: Bailly-Bailliere, 1918.

_____. *Relaciones históricas y geográficas de América Central.* Madrid: Librería General de Victoriano Suárez, 1908.

Solano y Pérez-Lila, Francisco. *Historia eclesiástica indiana.* Biblioteca de Autores Españoles. Madrid: Atlas, 1973. 2 vols.

Spain and Spanish America in the Libraries of the University of California, A Catalogue of Books. Berkeley: The General and Departmental Libraries, University of California, Berkeley, 1928.

Spain and Spanish America in the University of California Libraries. Berkeley: University of California Library, 1928. 2 vols.

Stone, Samuel Z. *The Heritage of the Conquistadors.* Lincoln: University of Nebraska Press, 1990.

Tenebaum, Barbara A., ed. *Encyclopedia of Latin American History and Culture.* New York: Charles Scribner's Sons, 1996. 5 vols.

Thomas, Hugh. *Quién es quién de los conquistadores.* Trad. de Dolores Udina et al. Barcelona: Salvat, 2001.

Tudela Bueso, Juan Pérez. *Sumario de la natural y general historia de las Indias: Edición facsímil de la de Toledo de 1526.* Madrid: Espasa Calpe/Instituto González de Oviedo, 1978.

Urbanski, Edmund Stephen. *Hispanoamérica, sus razas y civilización.* New York: Eliseo Torres and Sons, 1972.

Utrera, Fray Cipriano de. *Los restos de Cristóbal Colón en Santo Domingo.* Santo Domingo: Taller, 1977.

Valcárcel, L.E. *La religión de los antiguos peruanos.* Lima: Ediciones de la Imprenta del Museo Nacional, 1939.

Vargas, José María. *Historia del Ecuador.* Quito: Centro de Publicaciones Pontificia Universidad Católica, 1977.

Vargas Machuca, Bernardo de. *Apología y discursos de las conquistas occidentales.* Ávila: Junta de Castilla y León, 1993.

Vargas Ugarte, Rubén. *Historia general del Perú.* Lima: Carlos Milla Batres, 1966. 6 vols.

Vasconcelos, José. *Hernán Cortés, creador de la nacionalidad.* México: 1944.

_____. *La raza cósmica.* Madrid: Aguilar, 1966.

Vázquez, Francisco. *Crónica de la provincia del Santísimo Nombre de Jesús de Guatemala de la Orden de N. Seráfico padre San Francisco en el reino de la Nueva España.* Guatemala: Biblioteca Goathemala, 1937–1944. 3 vols.

Vázquez de Tapia. Bernardino, *Relación de méritos y servicios del conquistador.* México: Editorial Polis, 1939.

Vedia, Enrique. *Historiadores primitivos de Indias.* Biblioteca de Autores Españoles, Madrid: Atlas, 1877. 2 vols.

Vega, José J. *Gobernantes hispanos de América.* Biblioteca Hispana, Phoenix (s.f.).

Velasco, Juan de. *Historia moderna del reyno de Quito y crónica de la provincia de la Compañía de Jesús del mismo reyno.* Quito: Biblioteca Amazonas, 1941.

Vetancourt, Agustín de. *Teatro mexicano: Descripción breve de los sucesos exemplares de la Nueva España en el Nuevo Mundo Occidental de las Indias.* Madrid: José Porrúa Turanzos, 1969. 4 vols.

Villacorta C., J. Antonio. *Bibliografía guatemalteca.* Guatemala: Tipografía Nacional, 1944.

_____. *Historia de la capitanía de Guatemala.* Ca. 1942.

Vives, J. Vicens. *Bibliografía histórica de España e Hispanoamérica.* Barcelona: Teide, 1950.

Wright, R.R. *Negro Companions of the Spanish Explorers.* The American Anthropologist Society Magazine, 4 (1902), pp. 217–28.

Xerez, Francisco. *Verdadera relación de la conquista del Perú.* Madrid: Ed Caja, Biblioteca Americana, Historia 16, 1972.

Ximénez, Francisco. *Historia de la provincia de San Vicente de Chiapa y Guatemala de la Orden de Predicadores.* Guatemala: Biblioteca Goathemala, 1929–31. 3 vols.

Ximénez de Sandoval, F. *Varia historia de ilustres mujeres.* Madrid: Gráficas España, 1949.

Zorita, Alonso de. *Historia de la Nueva España: facsímil de la edición de Madrid de 1909.* 1999.

Índice

CPSIA information can be obtained at www.ICGtesting.com
Printed in the USA
BVOW021638140713

325457BV00005B/43/P